MES
MÉMOIRES

PAR

ALEXANDRE DUMAS

CINQUIÈME SÉRIE

PARIS
MICHEL LÉVY FRÈRES, LIBRAIRES ÉDITEURS
RUE VIVIENNE, 2 BIS, ET BOULEVARD DES ITALIENS, 15
A LA LIBRAIRIE NOUVELLE

1863

Tous droits réservés

COLLECTION MICHEL LÉVY

OEUVRES COMPLÈTES

D'ALEXANDRE DUMAS

ŒUVRES COMPLÈTES
D'ALEXANDRE DUMAS
PARUES DANS LA COLLECTION MICHEL LÉVY

Amaury	1
Ange Pitou	2
Ascanio	2
Aventures de John Davys	2
Les Baleiniers	2
Le Bâtard de Mauléon	3
Black	1
La Bouillie de la comtesse Berthe	1
La Boule de Neige	1
Bric-à-Brac	2
Un Cadet de famille	3
Le Capitaine Pamphile	1
Le Capitaine Paul	1
Le Capitaine Richard	1
Catherine Blum	1
Causeries	2
Cécile	1
Charles le Téméraire	2
Le Chasseur de sauvagine	1
Le Château d'Eppstein	2
Le Chevalier d'Harmental	2
Le Chevalier de Maison-Rouge	2
Le Collier de la reine	3
Le Comte de Monte-Cristo	6
La Comtesse de Charny	6
La Comtesse de Salisbury	2
Les Confessions de la marquise	2
Conscience l'innocent	2
La Dame de Monsoreau	3
Les Deux Diane	3
Dieu dispose	2
Le Drames de la mer	1
La Femme au collier de velours	1
Fernande	1
Une Fille du régent	1
Les Frères corses	1
Gabriel Lambert	1
Gaule et France	1
Georges	1
Un Gil Blas en Californie	1
La Guerre des femmes	2
Histoire d'un casse-noisette	1
L'Horoscope	1
Impressions de voyage : Suisse	3
— L'Arabie Heureuse	3
— Les Bords du Rhin	2
— Quinze jours au Sinaï	1
— Le Véloce	2
— De Paris à Cadix	2
— Le Speronare	2
— Une année à Florence	1
Impressions de voyage :	
— Le Capitaine Arena	1
Ingénue	2
Isabel de Bavière	2
Italiens et Flamands	2
Ivanhoe de Walter Scott (trad)	2
Jane	1
Jehanne la Pucelle	1
Les Louves de Machecoul	3
Madame de Chamblay	2
La Maison de glace	2
Le Maître d'armes	1
Les Mariages du père Olifus	1
Les Médicis	1
Mes Mémoires	8
Mémoires de Garibaldi	2
Mémoires d'une aveugle	2
Mémoires d'un Médecin. — Joseph Balsamo	5
Le Meneur de loups	1
Les Mille et un fantômes	1
Les Mohicans de Paris	4
Les Morts vont vite	2
Napoléon	1
Une Nuit à Florence	1
Olympe de Clèves	3
Le Page du duc de Savoie	2
Le Pasteur d'Ashbourn	2
Pauline et Pascal Bruno	1
Le Père Gigogne	2
Le Père la Ruine	1
La Princesse Flora	1
Les Quarante-Cinq	3
La Reine Margot	2
La Route de Varennes	1
Le Salteador	1
Salvator (suite et fin des Mohicans de Paris)	5
Souvenirs d'Antony	1
Les Stuarts	1
Sultanetta	1
Sylvandire	1
Le Testament de M. Chauvelin	1
Théâtre complet	10
Trois Maîtres	1
Les Trois Mousquetaires	2
Le Trou de l'Enfer	1
La Tulipe noire	1
Le Vicomte de Bragelonne	6
La Vie au désert	2
Une Vie d'artiste	1
Vingt ans après	3

POISSY. — TYP. DE A. BOURET.

MÉMOIRES
DE
ALEXANDRE DUMAS

CXII

Je passe du secrétariat aux archives. — M. Bichet. — Côté par lequel je ressemble à Piron. — Mes moments perdus. — M. Pieyre et M. Parseval de Grandmaison. — Une scène qui manque au *Distrait*. — La Peyrouse. — Succès intime.

Ce fut dans le jardin du Luxembourg que je fis connaissance avec Méry. On me présenta à lui. Nous nous accolâmes l'un à l'autre comme le fer à l'aimant; et, depuis, je ne sais lequel de nous deux est le fer, lequel de nous deux est l'aimant, mais nous ne nous sommes plus quittés.

J'étais déjà avancé dans mon drame de *Christine;* je lui en dis deux ou trois cents vers peut-être, et il m'encouragea fort. J'avais grand besoin de cet encouragement.

Je venais de subir une mutation. Me voyant incorrigible, et ayant appris que j'achevais un grand drame, Oudard m'avait fait passer du secrétariat aux archives.

C'était une disgrâce.

J'étais là avec un bon petit vieillard de quatre-vingts ans, nommé M. Bichet, toujours vêtu comme en 1788, c'est-à-dire d'une culotte de satin, de bas chinés, d'un habit de drap noir et d'une veste de soie à fleurs. Le reste de son costume était complété par des manchettes et un jabot. La tête, encadrée dans une neige de cheveux blancs terminés par une petite queue, était colorée, ouverte, bienveillante. Il voulut me recevoir rudement et ne put pas en venir à bout. Ma politesse extrême envers lui l'avait désarmé. Il m'indiqua ma place, et chargea ma table de toute la besogne que l'absence d'un commis avait laissé amasser depuis un mois.

Au bout de trois jours, la besogne était terminée.

J'allai la lui porter dans son cabinet, et lui en demandai d'autre.

— Comment, d'autre? s'écria-t-il.
— Sans doute.
— Et pourquoi cela?
— Parce que j'ai fini celle que vous m'aviez donnée.
— Tout entière?...
— Tout entière.
— Oh! oh! oh! fit M. Bichet.

Et il prit ma besogne comme un homme qui se dit en lui-même : « Cela doit être joliment gâché! »

M. Bichet se trompait : je m'étais piqué d'honneur.

Chaque rapport, chaque expédition, chaque copie lui arrachait une exclamation de plaisir.

— Mais, en vérité, disait-il, mais, en vérité, c'est très-bien! très-bien, monsieur, très-bien! Vous avez une écriture dans le genre de celle de Piron, monsieur.

— Diable! c'est bien de l'honneur pour moi. Vous connaissez donc l'écriture de Piron?

— Il a été expéditionnaire cinq ans à nos archives, monsieur.

— Ah! vraiment!... Comment, j'ai cette ressemblance avec lui?

— Vous en avez encore une autre, à ce qu'on dit.
— Laquelle, monsieur?
— Vous faites des vers.
— Hélas!

Il s'approcha de moi, et, d'un air coquin :
— Sont-ils dans le genre des siens, les vers que vous faites?
— Non, monsieur.

— Ah ! je crois bien ! c'est que c'était un gaillard, Piron !... Je l'ai vu, moi, chez madame de Montesson... Vous ne l'avez pas connue, vous, madame de Montesson ?

— Si fait, monsieur ; mon père m'a conduit chez elle, lorsque j'étais tout enfant.

— Une femme charmante, monsieur, une femme charmante, qui recevait la meilleure société de Paris.

— Maintenant, monsieur, lui demandai-je, si vous voulez avoir la bonté de me donner du travail ?

— Quel travail ?

— Dame ! du travail.

— Mais il n'y en a plus !

— Comment, il n'y en a plus ?

— Sans doute, puisque vous avez tout expédié.

— Eh bien, mais que vais-je faire ?

— Ce que vous voudrez, monsieur.

— Comment, ce que je voudrai ?

— Oui... A mesure que la besogne viendra, je la mettrai sur votre bureau, et vous la tiendrez au courant.

— Mais, alors, dans mes moments perdus ?...

— Jeune homme, jeune homme ! à votre âge, il faut perdre le moins de moments possibles.

— C'est aussi mon avis, monsieur, et vous en eussiez été convaincu, si vous m'aviez laissé finir...

— Ah ! ah !

— Je voulais vous demander si, dans mes moments perdus, je pouvais travailler à ma tragédie ?

Remarquez que je disais *tragédie* au lieu de *drame;* je tenais à ne pas épouvanter M. Bichet.

— Vous faites donc une tragédie ? me dit-il.

— Hum !... je ne sais pas si je dois vous l'avouer.

— Pourquoi pas ?... Je n'y vois point de mal. J'ai mon vieil ami Pieyre qui a fait une comédie.

— Oui, monsieur, et même assez remarquable : *l'École des Pères.*

— Vous la connaissez ?

— Je l'ai lue.

— Bon!... Et puis j'ai encore mon autre vieil ami Parseval de Grandmaison qui fait des poëmes épiques.

— Oui... *Philippe-Auguste,* par exemple.

— Vous l'avez lu?

— Non, je l'avoue.

— Eh bien, je disais donc que l'un faisait des comédies, et l'autre des poëmes épiques, et qu'ils n'en étaient pas plus malhonnêtes gens pour cela.

— Tout au contraire, monsieur, car ce sont deux excellents hommes.

— Vous les avez vus?

— Jamais.

— Hum... hum...

Et M. Bichet parut ruminer quelque chose dans sa tête.

— Bon!... dit-il au bout d'un instant.

— Alors, monsieur, vous n'avez, pour le moment, rien autre chose à me dire?

— Rien.

— D'ailleurs, je suis à mon bureau, et, si vous avez besoin de moi...

— C'est cela, allez.

Je repris ma place tout joyeux. A part Lassagne et Ernest que je perdais, ma disgrâce était une faveur.

J'avais été prévenu par le garçon de bureau que, quand j'arriverais avant onze heures, je ne le trouverais pas, et que, lorsque je resterais plus tard que quatre, il m'enfermerait en s'en allant.

En outre, plus de portefeuille, toutes mes soirées à moi, et un chef qui ne m'empêchait pas de faire des tragédies!

Je me mis, séance tenante, à travailler à *Christine.*

Je ne saurais dire depuis combien de temps je travaillais, lorsque le garçon de bureau vint me prévenir que M. Bichet me priait de passer à son cabinet.

Je m'empressai de m'y rendre.

Cette fois, M. Bichet n'était plus seul; il avait, à sa droite, un petit et, à sa gauche, un grand vieillard.

Placés comme ils étaient, les trois juges devant lesquels je semblais être appelé ne figuraient pas mal Minos, Éaque et Rhadamanthe.

Je m'inclinai assez surpris.

— Tenez, le voici, dit M. Bichet. Il a, ma foi, une très-belle écriture, une écriture qui ressemble à celle de Piron, et, en trois jours, il m'a fait la besogne de quinze.

— Qu'est-ce que vous m'avez déjà dit que faisait monsieur? demanda le grand vieillard.

— Parbleu, des vers!

— Ah! oui, c'est vrai, des vers...

J'eus une illumination.

— C'est à M. Parseval de Grandmaison que j'ai l'honneur de parler? demandai-je.

— Oui, monsieur, me répondit-il.

Puis, se tournant vers l'autre vieillard :

— Imaginez-vous, mon cher Picyre, dit-il, que je suis si distrait, qu'il m'est arrivé, l'autre jour, la chose la plus extraordinaire.

— Que vous est-il donc arrivé?

— Imaginez-vous que j'avais oublié mon nom.

— Bah! fit M. Bichet.

— Votre nom, à vous?... votre propre nom? demanda M. Picyre.

— Mon nom, à moi, mon propre nom! C'était au contrat de mariage de... chose... vous savez, qui a épousé la fille de chose?...

— Comment voulez-vous que je vous aide, sur de pareils renseignements?

— Eh! mon Dieu! la fille de chose... qui est mon collègue à l'Académie... qui fait des comédies... qui a fait... je ne sais plus, moi, ce qu'il a fait... Une pièce que Mercier avait déjà faite, vous savez bien?...

— Alexandre Duval?...

— Eh bien, c'était au contrat de chose... qui a épousé sa fille... un architecte... qui a fait un ouvrage sur chose... qui a été brulée... dans cette éruption du Vésuve, où est mort chose...

— Ah! oui, Marois, qui a fait un ouvrage sur Pompéi, où est mort Pline? hasardai-je timidement.

— C'est justement cela!... Merci, monsieur.

Et il s'étendit tranquillement dans son fauteuil, après m'avoir gracieusement salué.

— Eh bien, mais, dit M. Bichet, achevez donc votre histoire, mon cher ami.

— Quelle histoire?

— Mais l'histoire que vous racontiez.

— Je racontais donc une histoire?

— Sans doute, dit M. Pieyre, vous racontiez, mon cher ami, qu'au contrat de mariage de Marois, qui épousait la fille d'Alexandre Duval, vous aviez oublié votre nom.

— Ah! c'est vrai... Eh bien, oui, voici : Tout le monde signait; je me dis : « Cela va être à mon tour de signer. » Je me prépare, je cherche mon nom; crac! je ne m'en souviens plus. Je réfléchis que je vais être obligé de demander à mon voisin comment je m'appelle, ce qui sera humiliant pour moi. C'était au rez-de-chaussée : la porte donnait sur le jardin. Je me précipite dans le jardin, en me frappant le front, et en me disant : « Mais, malheureux! mais, malheureux! comment t'appelles-tu? » Ah bien, oui! je n'aurais eu qu'à dire mon nom pour ne pas être pendu, que j'aurais été pendu bel et bien. — Pendant ce temps-là, mon tour était venu de signer. On me cherche; Alexandre Duval m'aperçoit dans le jardin. « Allons, bon! dit-il, voilà ce diable de Parseval de Grandmaison qui est pris du démon poétique, au moment de signer... Eh! Parseval de Grandmaison! « C'est cela, m'écriai-je, c'est cela : Parseval de Grandmaison! Parseval de Grandmaison! Parseval de Grandmaison! » J'arrivai jusqu'à la table, et je signai.

— C'est une scène qui manque au *Distrait,* dis-je en souriant.

— Oui, monsieur, bien certainement, elle manque, et, si vous faisiez des vers, je vous dirais : « Ajoutez-la. »

— Mais, dit M. Bichet, il fait des vers, puisque c'est pour qu'il vous dise des vers que vous l'avez fait appeler.

— Ah! c'est vrai... Eh bien, jeune homme, voyons, dites-nous des vers.

— Quelque chose de votre tragédie.

— Ah! vous faites une tragédie?

— Oui, monsieur.

— Sur quel sujet? demanda M. Parseval de Grandmaison.

— Sur Christine.

— Beau sujet! Chose en a fait une sur le même sujet... bien mauvaise, ah! bien mauvaise!

— Pardon, messieurs, j'aimerais mieux vous dire autre chose que des vers de ma tragédie.

Les vers de ma tragédie étaient des vers de drame qui n'eussent probablement pas été fort du goût de ces messieurs.

— J'aimerais mieux, continuai-je, vous dire une ode.

— Oh! oh! une ode! fit M. Parseval de Grandmaison.

— Oh! oh! une ode! fit M. Pieyre.

— Oh! oh! une ode! fit M. Bichet.

— Va pour l'ode, dit M. Parseval. Sur quoi votre ode, jeune homme?

— Vous savez que, depuis quelque temps, on s'occupe fort de la Peyrouse? Les journaux ont même annoncé dernièrement qu'on avait retrouvé des traces de son naufrage...

— Ont-ils annoncé cela? demanda M. Bichet.

— Oui, oui, fit M. Pieyre.

— Je l'ai beaucoup connu, moi, la Peyrouse, fit M. Parseval de Grandmaison.

— Moi aussi, dit M. Pieyre.

— Moi, je ne l'ai pas connu, dit M. Bichet; mais j'ai connu Piron.

— Ce n'est pas la même chose, dit M. Parseval.

— Voyons votre ode, jeune homme, dit M. Pieyre.

— La voici, monsieur, puisque vous le voulez.

— Allez! allez! fit le papa Bichet, et n'ayez pas peur.

Je rassemblai toutes mes forces, et, d'une voix assez assurée, je dis les vers suivants, dans lesquels on pourra remarquer, je crois, quelques progrès :

LA PEYROUSE.

Le ciel est pur, la mer est belle !
Un vaisseau, près de fuir le port,
Tourmente son ancre rebelle,
Fixée au sable, qu'elle mord.
Il est impatient d'une onde
Plus agitée et plus profonde ;
Le géant voudrait respirer !
Il lui faut pour air les tempêtes ;
Il lui faut les combats pour fêtes,
Et l'Océan pour s'égarer.

Silencieux et solitaire,
Un homme est debout sur le pont ;
Son regard, fixé vers la terre,
Trouve un regard qui lui répond.
Sur le rivage en vain la foule,
Comme un torrent, s'amasse et roule,
Il y suit des yeux de l'amour
Celle qui, du monde exilée,
Doit désormais, triste et voilée,
Attendre l'heure du retour (1).

Son œil se trouble sous ses larmes,
Et, pourtant, ce fils des dangers
A vu de lointaines alarmes,
A vu des mondes étrangers :
Deux fois le cercle de la terre,
Découvrant pour lui son mystère,
Des bords glacés aux bords brûlants,
Sentit, comme un fer qui déchire,
La carène de son navire
Sillonner ses robustes flancs.

---

(1) Madame de la Peyrouse avait promis à son mari de rester voilée jusqu'à son retour ; madame de la Peyrouse a tenu parole, et a gardé son voile jusqu'à la mort.

Et la fortune enchanteresse
Ne l'entraînait pas sur les flots ;
L'espoir de la douce paresse
Ne berçait pas ses matelots.
Dédaigneux des biens des deux mondes,
Il ne fatiguait pas les ondes
Pour aller ravir, tour à tour,
L'or que voit germer le Potose,
L'émeraude à Golconde éclose,
Et les perles de Visapour.

C'est une plus noble espérance
Qui soutient ses travaux divers.
Sa parole, au nom de la France,
Court interroger l'univers.
Il faut que l'univers réponde !
Dans son immensité féconde,
Peut-être cherche-t-il encor
Quelque désert âpre et sauvage,
Quelque délicieux rivage,
Que garde un autre Adamastor.

Il le trouvera ! Mais silence !
Du canon le bruit a roulé ;
Au haut du mât, qui se balance,
Un pavillon s'est déroulé.
Comme un coursier dans la carrière
Traîne un nuage de poussière
Que double sa rapidité,
Le vaisseau s'élance avec grâce,
A sa suite laissant pour trace
Un large sillon argenté.

Bientôt ses mâtures puissantes
Ne sont plus qu'un léger roseau ;
Ses voiles flottent, blanchissantes,
Comme les ailes d'un oiseau.
Puis, sur la mouvante surface,
C'est un nuage qui s'efface,
Un point que devinent les yeux,
Qui s'éloigne, s'éloigne encore,

Ainsi qu'une ombre s'évapore...
Et la mer se confond aux cieux.

Alors, lentement dans la foule,
Meurt le dernier cri du départ ;
Silencieuse, elle s'écoule
En s'interrogeant du regard.
Puis l'ombre, à son tour descendue,
Occupe seule l'étendue.
Rien sur la mer, rien sur le port ;
Au bruit monotone de l'onde,
Pas un bruit humain qui réponde :
L'univers fatigué s'endort !

Les ans passent, et leur silence
N'est interrompu quelquefois
Que par un long cri qui s'élance,
Proféré par cent mille voix.
On a, sur un lointain rivage,
Trouvé les débris d'un naufrage...
Vaisseaux, volez sur cet écueil !
Les vaisseaux ont revu la France ;
Mais les signes de l'espérance
Sont changés en signes de deuil !

Hélas !... combien de fois, trompée,
La France reprit son espoir !
Tantôt, c'est un tronçon d'épée
Qu'aux mains d'un sauvage on crut voir ;
Tantôt, c'est un vieil insulaire
Séduit par l'appât du salaire,
Qui se souvient, avec effort,
Que d'étrangers d'une autre race
Jadis il aperçut la trace
Dans une île... là-bas... au nord.

Que fais-tu loin de ta patrie,
Qui t'aimait entre ses enfants,
Lorsque, pour ta tête chérie,
Elle a des lauriers triomphants ?

> Pour toi, la mer s'est-elle ouverte ?
> Dors-tu sur un lit d'algues vertes ?
> Ou, par un destin plus fatal,
> Sens-tu tes pesantes journées
> Rouler sur ton front des années
> Qu'ignore le pays natal ?
>
> Et, pourtant, te dictant ta route,
> Un roi t'a tracé ton chemin ;
> Mais du ciel le pouvoir, sans doute,
> A heurté le pouvoir humain.
> Et, tandis qu'à leur ignorance
> Du retour sourit l'espérance,
> Dieu, sur les tables de la loi,
> A deux différentes tempêtes
> A déjà voué les deux têtes
> Du navigateur et du roi !...

J'avais suivi avec la plus grande attention sur le visage de mes auditeurs l'effet produit. M. Parseval clignait les paupières et tournait brusquement ses pouces l'un autour de l'autre ; M. Pieyre écarquillait les yeux, et souriait, la bouche toute grande ouverte. Le papa Bichet, aussi curieux que moi de l'impression reçue par ses deux amis, voyant que cette impression était bonne, branlait joyeusement la tête en répétant tout bas :

— Comme Piron ! comme Piron !

Quand j'eus fini, les applaudissements éclatèrent, à la suite desquels toute sorte d'encouragements me furent donnés.

Je ne savais plus où j'en étais. Figurez-vous Ovide exilé chez les Thraces, trouvant un soleil plus beau que celui de Rome, et, sur des tapis de fleurs plus odorantes que celles de Pœstum, sous des ombrages plus frais que ceux de Tibur, des applaudissements pour ses *Tristes* et ses *Métamorphoses*.

Je remerciai le dieu qui, sans le vouloir, m'avait fait ce repos.

On verra qu'il ne devait pas durer longtemps.

CXIII

Le peintre Lethière. — Madame Hannemann. — Gohier. — Andrieux. — Renaud. — Desgenettes. — Larrey, Augereau et la momie d'Égypte. — Les soldats de la nouvelle école. — Mon éducation dramatique. — Je passe dans les bureaux forestiers. — Le cabinet aux bouteilles vides. — Trois jours hors du bureau. — Comparution devant M. Deviolaine.

Cependant, comme je l'ai dit, j'étais devenu maître de ma soirée, je n'avais plus de portefeuille, et je profitais de ma liberté pour courir un peu le monde.

Ma mère s'était souvenue d'un ancien ami de mon père, et, à tout hasard, nous étions allés lui faire une visite. Celui-là appartenait à la bonne catégorie, et nous reçut à merveille; — c'était le fameux peintre Lethière, auteur de *Brutus condamnant ses fils*, héroïsme qui m'avait toujours semblé un peu spartiate, mais qui m'a été expliqué, depuis, par la *Lucrèce* de M. Ponsard.

M. Ponsard a révélé le premier ce grand mystère conjugal, que les fils de Brutus étaient, non pas les fils de Brutus, mais seulement les enfants de l'adultère: en leur faisant trancher la tête, Brutus ne se dévoue pas, il se venge!

M. Ponsard, comme on le voit, mérite d'être non-seulement de l'Académie, mais encore des Inscriptions et Belles-Lettres.

Cet ancien ami de mon père était donc l'auteur du beau tableau de *Brutus condamnant ses fils*.

Il avait fait un portrait de mon père au moment où un de ses chevaux tombe tué sous lui par un boulet; en outre, mon père lui avait servi de modèle pour son *Philoctète* de la chambre des députés.

La réception fut bientôt faite : il nous ouvrit les deux bras; nous embrassa, ma mère et moi; nous invita à regarder sa maison comme la nôtre, et particulièrement le jeudi, jour où notre couvert nous attendrait toujours à sa table.

Cette dernière offre nous fit grand plaisir. Qu'on ne s'y trompe pas! nous en étions à apprécier, comme économie, un diner pris hors de chez nous.

M. Lethière était à la fois un beau talent, un bon cœur et un charmant esprit. Il avait, alors, près de lui, comme âme de la maison, une jeune femme blonde, grande, mince, presque toujours vêtue de noir, qu'on appelait mademoiselle d'Hervilly, et qui, sous ce nom, a fait de la peinture et de la littérature; qu'on a appelée depuis madame Hannemann, et qui, sous ce nom, a fait de la médecine. C'était un esprit froid, un cœur sec, mais une volonté arrêtée.

Je crois madame veuve Hannemann aujourd'hui fort riche.

Cette personne, fort supérieure du reste, faisait les honneurs de la maison aux vieux amis de M. Lethière dont quelques-uns avaient été les amis de mon père.

Ces vieux amis étaient : M. Gohier, l'ancien président du Directoire; Andrieux, Desgenettes, un peintre nommé Renaud, et quelques autres.

Desgenettes, qui avait beaucoup connu mon père en Égypte, me prit tout d'un coup en grande amitié, et, de son côté, me fit connaître Larrey.

J'aurai plusieurs fois occasion de parler de ce dernier et de son fils, un de mes bons amis, auquel le siége d'Anvers fut une glorieuse occasion de prouver, en 1832, qu'il était bien le fils de son père.

De tous ces hommes, le plus remarquable pour moi était Gohier. Contre les lois de la perspective, certaines personnes médiocres, mais qui, portées par des circonstances suprêmes, ont occupé de hautes positions, grandissent en s'éloignant. Or, il m'était impossible de ne pas voir un homme remarquable dans l'homme qui avait présidé Barras, Roger-Ducos, Moulin, Sieyès, et qui avait, par conséquent, été un instant le premier des cinq rois qui avaient gouverné la France. Je me trompais : M. Gohier était un brave et digne homme qui savait de l'histoire ce qu'on ne peut se dispenser d'en apprendre, qui n'avait aucune vue politique, aucune profondeur de jugement.

Je ne puis pas mieux le comparer qu'à notre Boulay (de la Meurthe), que l'histoire enregistrera comme ayant été trois ans vice-président de la République, sans que lui-même ait eu l'air de s'en douter un instant, — pas même le 2 décembre!

Gohier haïssait cordialement Bonaparte; mais cette haine n'était ni philosophique ni politique; elle était toute personnelle. Il ne pouvait point pardonner au futur premier consul le rôle ridicule qu'il lui avait fait jouer, au 18 brumaire, en l'invitant à déjeuner chez Joséphine, et en s'invitant à dîner chez lui, tandis qu'il changeait la face du gouvernement.

Je n'ai pas besoin de faire le portrait d'Andrieux : tout le monde a connu ce petit vieillard ratatiné, avec sa petite voix et ses petits yeux, auteur de petites fables, de petites comédies et de petits contes, qui est mort en laissant une petite réputation, et en donnant, jusqu'à l'âge de quatre-vingts ans, de petites espérances.

Renaud était un vieux peintre qui avait fait autrefois *la Jeunesse d'Achille*, tableau assez estimé. Il avait vieilli en peignant du nu. Dans sa vieillesse, il ne faisait plus que des Grâces, des naïades, des nymphes, tout cela tournant au public des... dos bleus et roses.

Desgenettes était un vieux paillard très-spirituel et très-cynique, moitié soldat, moitié médecin, estimant fort, au naturel, tous ces *dos* de déesse dont le père Renaud faisait des copies, racontant à tout moment, avec beaucoup de verve, des histoires graveleuses ou sales. Il y avait beaucoup du XVIIIe siècle en lui.

Larrey, tout au contraire, avait l'aspect sévère d'un puritain : il portait de longs cheveux coupés à la mode des princes mérovingiens; il parlait lentement et gravement. On sait que l'empereur avait dit de lui que c'était le plus honnête homme qu'il eût connu.

Outre une bonté parfaite qu'il épanchait facilement sur les jeunes gens, Larrey était, pour nous autres, une curieuse chronique. Pas une des célébrités de l'Empire qu'il n'eût connue; la plupart des bras et des jambes coupés l'avaient été de son fait, et il avait recueilli de ces choses toujours curieuses parce qu'elles sont l'expression du caractère ou le secret de l'âme, les premières paroles des blessés, les dernières paroles des mourants.

Il racontait parfois des anecdotes qui, sans méchanceté aucune, donnaient une idée de l'ignorance de ces hommes brodés et empanachés, cœurs de lion pour la plupart, mais, pour la plupart aussi, esprits médiocres et infiniment moins éclatants dans les salons que sur les champs de bataille.

En revenant d'Égypte, Larrey avait rapporté un objet tombé, depuis, dans le domaine public, mais qui, à cette époque, appartenait encore à la haute curiosité scientifique; c'était une momie.

Il rencontre Augereau.

— Ah! lui dit-il, viens donc dîner demain avec moi; je te montrerai une momie que j'ai rapportée des Pyramides.

— Volontiers, dit Augereau.

Augereau arrive dîner le lendemain.

— Eh bien, cette momie, dit-il au dessert, pourquoi ne l'avons-nous pas vue encore?

— Parce qu'elle est dans mon cabinet, dit Larrey; suis-moi, et tu la verras.

Larrey passe le premier, Augereau le suit avec curiosité. Arrivé dans le cabinet, Larrey va à la boîte, dressée contre la muraille, l'ouvre et met à découvert la momie.

Alors, Augereau s'approche, et, la touchant du doigt:

— Tiens, dit-il dédaigneusement, elle est morte!

Larrey fut si étourdi de cette exclamation, qu'il ne songea pas même à faire ses excuses à Augereau de l'avoir dérangé pour lui faire voir une chose aussi peu intéressante qu'une *momie morte*.

Tout ce monde-là, pourtant, était littéraire, non pas personnellement, non pas par goût, mais par tradition. Nul n'avait encore oublié que Bonaparte signait ses proclamations de l'armée d'Égypte, et que Napoléon, chaque fois qu'il rencontrait M. de Fontanes, l'abordait en lui disant:

— Eh bien, monsieur de Fontanes, m'amenez-vous un poëte?

Au reste, tous ces poëtes qui avaient échappé à l'œil de M. de Fontanes et à la munificence de Napoléon, leur jour était venu, leur heure était arrivée ; ils poussaient, blondissants et dorés comme les épis au mois d'août ; leurs noms commençaient, dans le présent, cet immense retentissement qu'ils devaient avoir dans l'avenir. Ils s'appelaient Lamartine, Hugo, de Vigny, Sainte-Beuve, Méry, Soulié, Barbier, Alfred de Musset, Balzac ; ils alimentaient déjà de leur séve ou plutôt de leur sang cette large et unique source de poésie à laquelle le XIXe siècle tout entier, France, Europe et univers, devait s'abreuver.

Mais le mouvement n'était pas seulement dans cette pléiade que je viens de nommer ; toute une milice combattait, concourant à une œuvre générale par des attaques particulières ; c'était à qui battrait en brèche la vieille poétique.

Dittmer et Cavé publiaient *les Soirées de Neuilly ;*
Vitet, *les Barricades* et *les États de Blois ;*
Mérimée, le *Théâtre de Clara Gazul.*

Et remarquez bien que tout cela était en dehors du théâtre, en dehors des représentations, de la lutte réelle.

La lutte réelle, c'était moi et Hugo — je parle chronologiquement — qui allions l'engager.

Aussi, je m'y préparais, non-seulement en continuant ma *Christine*, mais encore en étudiant l'humanité tout entière à côté de l'individualité.

J'ai dit l'immense service que m'avaient rendu les acteurs anglais ; Macready, Kean, Young, étaient venus tour à tour compléter l'œuvre commencée par Kemble et miss Smithson.

J'avais vu *Hamlet, Roméo, Shylock, Othello, Richard III, Macbeth ;* j'avais lu, j'avais dévoré, non-seulement le répertoire de Shakspeare, mais encore tout le répertoire étranger ; j'avais reconnu que, dans le monde théâtral, tout émane de Shakspeare, comme, dans le monde réel, tout émane du soleil ; que nul ne pouvait lui être comparé ; car, venu avant tous les autres, il était resté aussi tragique que Corneille, aussi comique que Molière, aussi original que Calderon, aussi penseur que Gœthe, aussi passionné que Schiller. Je reconnus que ses ouvrages, à lui, renfermaient autant de types que les ouvrages de tous les autres réunis; je reconnus, enfin, que c'était l'homme qui avait le plus créé, après Dieu.

Je l'ai dit, du jour où j'avais vu, dans la personne des artistes anglais, les hommes de théâtre oubliant qu'ils étaient sur un théâtre; cette vie factice rentrant dans la vie positive, à force d'art; cette réalité de paroles et de gestes qui faisait, des acteurs, des créatures de Dieu avec leurs vertus et leurs vices, leurs passions et leurs faiblesses; de ce jour-là, ma vocation avait été décidée; j'avais senti que cette spécialité à laquelle chaque homme est appelé m'était offerte. J'eus en moi une confiance qui m'avait manqué jusqu'alors, et je m'étais élancé hardiment vers cet avenir contre lequel j'avais toujours craint de me briser.

Mais, en même temps, je ne m'étais pas abusé sur les difficultés de la carrière à laquelle je vouais ma vie; je savais que, plus que toute autre, elle exigeait des études profondes et spéciales; que, pour expérimenter avec succès sur la nature vivante, il faut avoir longuement étudié la nature morte. Je ne me contentai donc pas d'une première étude; je pris, les uns après les autres, ces hommes de génie qui ont nom Shakspeare, Molière, Corneille, Calderon, Gœthe et Schiller; j'étendis leurs œuvres comme des cadavres sur la pierre d'un amphithéâtre, et, le scapel à la main, pendant des nuits entières, j'allai, jusqu'au cœur, chercher les sources de la vie et le secret de la circulation du sang. Je devinai, enfin, par quel mécanisme admirable ils mettaient en jeu les nerfs et les muscles, et par quel artifice ils modelaient ces chairs différentes destinées à recouvrir des ossements qui sont tous les mêmes.

Car l'homme n'invente pas. Dieu lui a livré la création; c'est à lui de l'appliquer à ses besoins; le progrès n'est que la conquête journalière, mensuelle, séculaire de l'homme sur la matière. Chacun arrive à son tour et à son heure, s'empare des choses connues de ses pères, les met en œuvre par des combinaisons nouvelles, puis meurt après avoir ajouté, à la somme des connaissances humaines qu'il lègue à ses fils, quelque parcelle nouvelle, — une étoile à la voie lactée!

C'était donc, non-seulement l'œuvre dramatique, mais encore l'éducation dramatique que je menais à sa fin.

Je me trompe, l'œuvre est terminée un jour ; l'éducation jamais !

Mon œuvre allait être terminée, quand, au bout de deux mois de tranquillité et d'encouragement dans mes pauvres archives, je reçus du secrétariat l'avis que, ma place étant une sinécure, ou à peu près, elle était supprimée, et que j'eusse à me tenir prêt à passer dans les bureaux forestiers, c'est-à-dire chez M. Deviolaine.

Cet orage dont j'étais menacé depuis si longtemps éclatait donc enfin sur ma tête.

Je pris congé les larmes aux yeux du petit papa Bichet, et de ses deux amis MM. Pieyre et Parseval de Grandmaison, qui promirent de me suivre de leur sympathie partout où je serais.

Le lecteur connaît M. Deviolaine. Depuis cinq ans que j'étais dans l'administration, on en faisait mon épouvantail. J'entrai donc dans ma nouvelle famille bureaucratique sous de mauvais auspices.

La lutte commença au moment même de l'entrée.

On avait voulu me colloquer dans une immense salle où travaillaient déjà cinq ou six de mes camarades, et je m'étais révolté contre cette mesure. Mes camarades qui n'y voyaient point malice, avaient eu beau m'expliquer qu'ils trouvaient, dans cette réunion, l'avantage de tuer, par la causerie, le temps, cet ennemi mortel des employés ; moi, je ne craignais rien tant que cette causerie, qui faisait leurs délices, à eux, et mon supplice, à moi ; car cette causerie était une distraction à ma pensée unique, croissante, éternelle.

Non, tout au contraire de ce grand bureau émaillé de surnuméraires, de commis et de commis d'ordre, j'avais lorgné une espèce de niche séparée par une simple cloison de la loge du garçon de bureau, et dans laquelle celui-ci enfermait les bouteilles qui avaient contenu de l'encre, et qui lui revenaient quand elles étaient vides.

J'en demandai la mise en possession.

Autant aurait valu demander l'archevêché de Cambrai, qui venait de vaquer.

Ce fut, à cette demande, une clameur qui s'éleva depuis le garçon de bureau jusqu'au directeur général. Le garçon de bureau demanda aux employés de la grande chambre où il mettrait désormais ses bouteilles vides; les employés de la grande chambre demandèrent au sous-chef de bureau — celui-là même qui ne savait pas ce que c'était que Byron — si je me croyais déshonoré de travailler avec eux; le sous-chef demanda au chef si j'étais venu à la direction des forêts pour y donner des ordres ou pour en recevoir; le chef demanda au directeur général s'il était dans l'habitude qu'un employé à quinze cents francs eût un cabinet séparé comme un chef de bureau à quatre mille. Le directeur général répondit que, non-seulement ce n'était point dans les usages administratifs, mais encore qu'aucun précédent ne militait en ma faveur et que ma prétention était monstrueuse!

J'étais en train de mesurer la longueur et la largeur du malheureux recoin dont l'usufruit faisait, en ce moment, toute mon ambition, lorsque le chef de bureau descendit fièrement de la direction générale, porteur de l'ordre verbal dont la signification devait faire rentrer dans les rangs l'employé indiscipliné qui avait eu un instant l'espoir ambitieux d'en sortir.

Il le transmit aussitôt au sous-chef, qui le transmit aux employés de la grande chambre, qui le transmirent au garçon de bureau. Il y avait liesse générale dans la direction; un camarade allait être humilié, et, s'il ne supportait pas humblement son humiliation, il allait perdre sa place!

Le garçon de bureau ouvrit la porte qui conduisait de sa loge à la mienne; il venait de faire une tournée générale dans l'administration, et rapportait toutes les bouteilles vides qu'il avait pu déterrer.

— Mais, mon cher Féresse, lui dis-je en le regardant avec inquiétude, comment voulez-vous que je tienne ici avec toutes ces bouteilles, ou bien que toutes ces bouteilles tiennent ici avec moi, — à moins que je ne m'établisse dans l'une d'elles, comme avait fait le Diable boiteux?

— Voilà justement la chose, répondit Féresse d'un ton goguenard en posant les nouvelles bouteilles près des anciennes; c'est que M. le directeur général n'écoute pas de cette oreille-là : il veut que je garde cette chambre pour moi seul, et il n'entend pas que le dernier venu fasse la loi.

Je marchai à lui le sang au visage.

— Le dernier venu, si peu de chose qu'il soit, lui dis-je, est encore votre supérieur ; il a donc droit que vous lui parliez la tête découverte. Chapeau bas, drôle!

En même temps, j'envoyai, du revers de ma main, le feutre du pauvre diable s'aplatir contre la muraille, et je sortis.

Tout cela s'était passé en l'absence de M. Deviolaine; par conséquent, je n'avais pas le dernier mot de l'affaire. M. Deviolaine ne devait être de retour que dans deux ou trois jours; je résolus donc de rentrer chez ma pauvre mère, et d'y attendre ce retour.

Mais, avant de quitter l'administration, j'allai conter ce qui venait de se passer à Oudard, qui me dit qu'il n'y pouvait rien, et à M. Pieyre, qui me dit qu'il n'y pouvait pas grand'chose.

Ma mère fut désolée : cela ressemblait fort à mon retour de chez maître Lefèvre, en 1823. Elle courut chez madame Deviolaine. Madame Deviolaine était une femme excellente, mais à vues étroites ; elle ne comprenait pas qu'un commis eût d'autre ambition que celle d'être commis principal ; un commis principal, d'autre ambition que celle d'être sous-chef; un sous-chef, que celle d'être chef, et ainsi de suite. Elle ne promit donc rien à ma mère ; d'ailleurs, la pauvre femme n'avait pas grand pouvoir sur son mari, et, comme elle le savait parfaitement, elle essayait rarement d'user du peu qu'elle avait.

De mon côté, j'avais prié Porcher de passer à la maison. Je lui avais montré ma tragédie presque finie, et je lui avais demandé si, en cas d'accident, il ne pouvait pas m'avancer une certaine somme.

— Dame ! avait répondu Porcher, une tragédie !... Si c'était un vaudeville, je ne dis pas !... Enfin, *faites-la recevoir*, et l'on verra.

Faites-la recevoir ! En effet, là était toute la question..

Ma mère revint. Cette réponse de Porcher n'était pas de nature à la rassurer.

J'écrivis à M. Deviolaine, priant que ma lettre lui fût remise à son retour, et j'attendis.

Nous passâmes trois jours d'angoisses ; mais, pendant ces trois jours, je restai couché et travaillai incessamment.

Pourquoi restai-je couché ? Cela demande explication.

Lorsque j'étais au secrétariat, lorsque j'allais au bureau à dix heures du matin pour n'en sortir qu'à cinq heures du soir ; quand j'y retournais à huit heures pour n'en sortir qu'à dix ; quand j'avais fait huit fois par jour le chemin du faubourg Saint-Denis, n° 53, à la rue Saint-Honoré, n₀ 216, j'étais tellement fatigué, qu'il était rare que je pusse travailler debout. Alors je me couchais et je m'endormais, après avoir préparé mon travail sur la table, à côté de mon lit ; je dormais deux heures, et, à minuit, ma mère me réveillait pour s'endormir à son tour.

Voilà pourquoi je travaillais couché.

De ce travail couché j'avais pris une telle habitude, que, longtemps après avoir conquis ma liberté, je continuai de travailler couché, toutes les fois que je faisais du théâtre.

Peut-être cette explication suffira-t-elle pour que les physiologistes se rendent compte de cette espèce de brutalité de passion qu'on a remarquée dans mes premiers ouvrages, et qu'à bon droit, peut-être, on m'a reprochée.

J'y contractai encore une autre habitude, celle d'écrire mes drames en écriture renversée : cette habitude, je ne l'ai pas perdue comme l'autre, et, encore aujourd'hui, j'ai une écriture pour mes drames et une écriture pour mes romans.

Pendant ces trois jours, j'avançai énormément *Christine*. Le quatrième jour, je reçus une lettre de M. Deviolaine, qui m'invitait à passer à son bureau.

Je m'empressai de m'y rendre. Cette fois-là, le cœur ne me

battait même pas; j'avais envisagé les choses au pis, et j'étais préparé à tout.

— Ah! te voilà donc, sacrée tête de fer! s'écria M. Deviolaine en m'apercevant.

— Oui, monsieur, me voilà.

— Ah! ah! monsieur!

Je ne répondis pas.

— Nous sommes donc trop grand seigneur pour travailler avec tout le monde? continua M. Deviolaine.

— Vous vous trompez... tout au contraire, je ne suis pas assez grand seigneur pour travailler avec les autres, puisque j'ai besoin de travailler seul.

— Et tu demandes un bureau seul, pour n'y rien faire, que tes ordures de pièces?

— Je demande un bureau seul, pour avoir le droit de penser en travaillant.

— Et, si je ne te le donne pas, ce bureau seul?

— Je me ferai écrivain public. Vous savez que je n'ai pas d'autre ressource.

— Aussi, tu peux te vanter que, si je ne t'envoie pas tout de suite à ton échoppe, ce n'est pas pour toi, c'est pour ta mère.

— Je ne l'ignore pas, et je vous en suis reconnaissant pour elle.

— Eh bien, prends-le donc, ton bureau! Mais je te préviens d'une chose...

— Vous me donnerez une besogne double de celle des autres?

— Parfaitement.

— Ce sera une injustice, voilà tout; mais, comme je ne suis pas le plus fort, je la subirai.

— Une injustice! une injustice! s'écria M. Deviolaine; sais-tu que je n'en ai jamais fait une seule, injustice?

— Il y a commencement à tout, à ce qu'il paraît.

— A-t-on vu! mais a-t-on vu ce bigre-là! continua M. Deviolaine en se promenant de long en large dans son bureau; a-t-on vu! a-t-on vu!...

Puis, revenant à moi :

— Eh bien, non, on ne t'en fera pas, d'injustice; eh bien, non, on ne te donnera pas plus de besogne qu'aux autres; seulement, on t'en donnera autant, et on veillera à ce que tu la fasses! et c'est M. Fossier que je chargerai de cette inspection.

Je fis un mouvement de lèvres.

— Ah çà! as-tu quelque chose contre M. Fossier, à présent?

— Non; je le trouve laid, voilà tout.

— Eh bien, après?

— Eh bien, j'aimerais mieux qu'il fût beau, pour lui d'abord, pour moi ensuite.

— Mais que t'importe que M. Fossier soit laid ou beau?

— Quand j'ai affaire trois ou quatre fois par jour à un visage, j'aime mieux qu'il soit agréable que désagréable.

— Mais qui m'a donc bâti un j....-f.... pareil? vous verrez qu'il faudra lui faire des chefs de bureau à son goût... Allons, allons! va-t'en à ton cabinet, et tâchons de réparer le temps perdu.

— J'y vais; mais, auparavant, une promesse, monsieur.

— Je crois qu'il va m'imposer des conditions, ma parole d'honneur!

— Celle-là, vous l'accepterez, j'en suis sûr.

— Voyons, que désirez-vous, monsieur le poëte?

— Je désire que, chaque jour, vous vous assuriez par vous même, et de la besogne que j'aurai faite, et de la façon dont elle sera faite.

— Eh bien, je te le promets... Et à quand ta première représentation?

— Il me serait difficile de vous le dire; mais, ce dont je puis vous répondre, c'est que vous y serez.

— Oui, j'y serai, et plutôt avec deux clefs qu'une, sois tranquille... Ainsi, tiens-toi bien!

Et il me fit un geste de menace sur lequel je sortis.

M. Deviolaine me tint parole. Il me distribua une large besogne, mais sans me surcharger.

Seulement, comme il me l'avait promis, M. Fossier venait

CXIV

Achèvement de *Christine*. — Un protecteur, s'il vous plaît. — Nodier me recommande à Taylor. — Le commissaire royal et l'auteur d'*Hécube*. — Lecture officieuse devant Taylor. — Lecture officielle devant le comité. — Je suis reçu par acclamation. — Ivresse du triomphe. — Comme on écrit l'histoire. — Incrédulité de M. Deviolaine. — Picard. — Son opinion sur ma pièce. — Opinion de Nodier. — Relûte au Théâtre-Français et réception définitive.

Tout cela n'empêcha point *Christine* de se terminer.
Mais à peine eus-je écrit ce fameux dernier vers :

Eh bien, j'en ai pitié, mon père... Qu'on l'achève!

que je me trouvai aussi embarrassé qu'une pauvre fille qui vient d'accoucher en dehors de tout légitime mariage. Que faire de l'enfant bâtard, né en dehors de l'Institut et de l'Académie? L'étouffer comme ses aînés? C'était bien dur! D'ailleurs, la petite fille avait une apparence de force qui lui donnait tout à fait l'air viable; l'exposer, c'était bien, cela; mais il fallait un théâtre qui la recueillît, des acteurs qui la vêtissent, un public qui l'adoptât.

Ah! si Talma n'était pas mort!

Mais Talma était mort, et je ne connaissais personne au Théâtre-Français.

Par M. Arnault, peut-être me serait-il possible d'y arriver? Mais il demanderait à prendre connaissance de l'œuvre en faveur de laquelle on réclamerait son intérêt, et il n'en aurait pas lu dix vers, qu'il la rejetterait loin de lui, comme ce pauvre M. Drake avait fait du serpent à sonnettes qui l'avait mordu à Rouen.

J'allai trouver Oudard.

Je lui avouai que mon œuvre était terminée, et je lui demandai hardiment une lettre pour le Théâtre-Français.

Oudard me refusa, sous le prétexte qu'il n'y connaissait personne.

J'eus beau lui dire que sa recommandation comme chef du secrétariat de M. le duc d'Orléans serait toute-puissante.

Il me répondit, à l'instar de madame Méchin, qui ne voulait pas mettre son argent à des canons de calibre :

— Je ne mettrai point mon *influence* à cela!

J'avais vu quelquefois venir dans les bureaux du secrétariat un homme à épais sourcils et à long nez, qui prenait du tabac comme un Suisse. Cet homme apportait périodiquement les quatre-vingt-dix billets de toutes places que M. Oudard avait le droit de distribuer chaque mois, à raison de trois par jour. J'ignorais ce qu'était cet homme; je demandai qu'on me recommandât à lui.

On me répondit que c'était le souffleur.

J'attendis ce souffleur, je le surpris au passage, et je le priai de me dire comment on arrivait à l'insigne honneur de lire devant le comité du Théâtre-Français.

Il me répondit qu'il fallait déposer ma pièce chez l'examinateur; mais il ajouta qu'il y en avait tant de déposées avant la mienne, que, le moins que j'aurais à attendre, ce serait un an!

On sait si je pouvais attendre un an!

— Mais, lui demandai-je, n'y a-t-il pas moyen d'abréger toutes ces formalités?

— Ah dame! sans doute, me répondit-il, si vous connaissez M. le baron Taylor.

Je le remerciai.

— Il n'y a pas de quoi, me dit-il.

Et il avait raison, il n'y avait pas de quoi, car je ne connaissais nullement M. le baron Taylor.

— Connaissez-vous le baron Taylor? demandai-je à Lassagne.

— Non, me répondit-il; mais Charles Nodier est son ami intime.

— Eh bien?

— Eh bien, ne m'avez-vous pas dit que vous aviez, à une représentation du *Vampire*, causé toute une soirée avec Charles Nodier?

— Sans doute.

— Écrivez à Charles Nodier.

— Bah! il m'aura oublié.

— Il n'oublie rien; écrivez-lui.

J'écrivis à Charles Nodier. Je lui rappelais les Elzévirs, le rotifer, les vampires, et, au nom de sa bienveillance tant vantée pour la jeunesse, je le suppliais de me recommander au baron Taylor.

On comprend avec quelle impatience j'attendis une réponse.

Ce fut le baron Taylor qui me répondit. Il m'accordait ma demande, et fixait mon audition à cinq ou six jours de là.

Il me demandait, en même temps, pardon de l'heure qu'il me fixait, mais ses nombreuses occupations lui laissaient si peu de temps, que c'était à sept heures du matin seulement qu'il pouvait me recevoir.

Quoique je sois l'homme le moins matineux de Paris peut-être, je fus prêt à l'heure dite. — Il est vrai que je n'avais pas dormi de la nuit.

Taylor demeurait, à cette époque, rue de Bondy, n° 42, au quatrième.

Son appartement se composait d'une antichambre pleine de bustes et de livres; d'une salle à manger pleine de tableaux et de livres; d'un salon plein d'armes et de livres, et d'une chambre à coucher pleine de manuscrits et de livres.

Je sonnai à la porte de l'antichambre avec un battement de cœur effroyable. La bonne ou la mauvaise disposition d'esprit d'un homme qui ne me connaissait pas, qui n'avait aucun motif d'être bienveillant pour moi, qui ne me recevait que par pure complaisance, allait décider de mon avenir. Si ma pièce lui déplaisait, c'était une prévention contre tout ce que je pourrais lui apporter plus tard, et j'étais presque au bout de mon courage et de ma force.

J'avais sonné, — bien doucement, il est vrai, — et l'on ne

m'avait pas répondu; je sonnai une seconde fois, aussi doucement que la première; on ne me répondit point encore.

Et, cependant, en prêtant l'oreille, il me semblait entendre un bruit annonçant qu'il se passait quelque chose d'extraordinaire dans l'appartement : c'étaient des sons confus et glapissants qui tantôt avaient l'air d'accès de colère, et tantôt, retombant dans le mat, formaient la basse d'une musique monotone et continue. Je ne pouvais deviner ce que cela voulait dire; je craignais de déranger Taylor en ce moment, et néanmoins c'était bien l'heure fixée par lui pour le rendez-vous. — Je sonnai plus fort. — J'entendis qu'on ouvrait une porte; en même temps, ce bruit intérieur et inconnu qui m'intriguait si singulièrement depuis dix minutes m'arriva plus mugissant que jamais. Enfin, la porte s'ouvrit, et une vieille bonne parut.

— Ah! monsieur, me dit-elle d'un air consterné, vous rendez un fier service à M. le baron, en arrivant. Il vous désire bien, allez!

— Comment cela?

— Entrez, entrez!... ne perdez pas une minute!

Je me précipitai dans le salon, et trouvai Taylor pris dans sa baignoire, comme un tigre dans une fosse, et ayant près de lui un monsieur qui lui lisait une tragédie d'*Hécube*.

Ce monsieur avait forcé la porte, quelque chose qu'on eût pu lui dire. Il avait surpris Taylor comme Charlotte Corday avait surpris Marat, et le poignardait dans le bain; seulement, l'agonie du commissaire du roi était plus longue que ne l'avait été celle du tribun du peuple. La tragédie avait deux mille quatre cents vers!

Lorsque le monsieur m'aperçut, il comprit qu'on venait lui arracher sa victime; il se cramponna à la baignoire en criant :

— Il n'y a plus que deux actes, monsieur! il n'y a plus que deux actes!

— Deux coups d'épée! deux coups de couteau! deux coups de poignard! choisissez, parmi les armes qui sont ici, — et il y en a de toutes les espèces, — choisissez celle qui coupe le mieux, et égorgez-moi tout de suite!

— Monsieur, répondait l'auteur d'*Hécube*, le gouvernement

vous a nommé commissaire du roi, c'est pour entendre ma pièce; il est dans vos attributions d'entendre ma pièce, vous entendrez ma pièce!

— Eh! voilà justement mon malheur! s'écriait Taylor en se tordant les bras. Oui, monsieur, je suis commissaire du roi, pour mon malheur!... Mais vous et vos pareils serez cause que je donnerai ma démission; vous et vos pareils serez cause que je partirai, que je quitterai la France. On m'offre une mission en Égypte, je l'accepterai; je remonterai les sources du Nil jusqu'à la Nubie, jusqu'aux montagnes de la Lune, — et je vais chercher mon passe-port.

— Vous irez en Chine si vous voulez, répondit le monsieur; mais vous irez après avoir entendu ma pièce.

Taylor, comme un athlète vaincu, poussa un long gémissement, me fit signe de passer dans la chambre à coucher, et, retombant au fond de sa baignoire, pencha avec résignation la tête sur sa poitrine.

Le monsieur continua.

La précaution qu'avait prise Taylor de mettre une porte entre lui, son lecteur et moi, était une précaution inutile; je ne perdis pas un mot des deux derniers actes d'*Hécube*. — Dieu est grand et miséricordieux : qu'il fasse paix à son auteur!

Enfin, la pièce achevée, sur la prière de Taylor, le monsieur se leva et consentit à s'en aller.

J'entendis la vieille qui fermait la porte à double tour derrière lui.

Le bain avait profité de la lecture pour se refroidir, et Taylor rentra dans sa chambre à coucher tout grelottant; j'aurais donné un mois de mes appointements pour qu'il trouvât son lit bassiné.

Et cela est concevable : on conviendra qu'un homme à moitié gelé, qui vient d'entendre cinq actes, ne se trouve naturellement pas dans une situation d'esprit favorable à en entendre cinq autres.

— Hélas! monsieur, lui dis-je, je tombe dans un bien fâcheux moment, et je crains que vous ne soyez guère disposé à m'entendre, du moins avec l'indulgence dont j'aurais besoin.

— Oh! monsieur, je ne dis pas cela pour vous, me répondit Taylor, puisque je ne connais pas encore votre ouvrage; mais comprenez-vous quel supplice cela est, d'entendre, tous les jours que Dieu fait, de semblables choses?

— Tous les jours?

— Et plutôt deux fois qu'une! Tenez, voici mon bulletin pour le comité d'aujourd'hui. On nous lit un *Épaminondas*.

Je poussai un soupir. Ma pauvre *Christine* était prise entre deux feux croisés classiques.

— Monsieur le baron, hasardai-je timidement, si vous voulez que je revienne un autre jour?

— Oh! ma foi, non, dit Taylor, et, puisque nous y sommes...

— Eh bien, lui dis-je, je vais vous lire un acte seulement, et, si cela vous fatigue ou vous ennuie, vous m'arrêterez.

— A la bonne heure, murmura Taylor, vous avez plus de compassion que vos confrères. Allons, c'est bon signe... Allez, allez, je vous écoute.

Je tirai en tremblant ma pièce de ma poche; elle formait un volume effrayant. Taylor jeta les yeux sur cette immense chose avec un tel sentiment d'effroi, que je m'écriai:

— Ah! monsieur, ne vous effrayez pas, le manuscrit n'est écrit que d'un côté.

Il respira.

Je commençai.

J'avais les yeux si troublés, que je ne voyais rien; j'avais la voix si tremblante, que je ne m'entendais pas moi-même.

Taylor me rassura; il n'était guère habitué à une pareille modestie.

Je repris ma lecture, et j'achevai tant bien que mal mon premier acte.

— Eh bien, faut-il continuer, monsieur? demandai-je d'une voix faible et sans oser lever les yeux.

— Mais oui, mais oui, dit Taylor; c'est, ma foi, très-bien!

Je me repris à la vie, et je lus mon second acte avec plus de courage que le premier. Lorsque j'eus fini, ce fut Taylor lui-même qui me demanda le troisième, puis le quatrième, puis le cinquième.

J'avais une énorme envie de l'embrasser : il en fut quitte pour la peur.

La lecture achevée, Taylor sauta à bas de son lit.

— Vous allez venir au Théâtre-Français avec moi, dit-il.

— Et pourquoi faire, mon Dieu?

— Pour prendre votre tour de lecture le plus vite possible.

— Vraiment! je lirai au comité?

— Pas plus tard que samedi prochain.

Taylor appela :

— Pierre!

Un vieux domestique entra.

— Tout ce qu'il me faut pour m'habiller, Pierre.

Puis, se retournant de mon côté :

— Vous permettez? demanda-t-il.

— Si je permets, je le crois bien!...

Le jeudi suivant, — car Taylor n'avait pas voulu attendre au samedi, et avait convoqué un comité extraordinaire, — le jeudi suivant, soit par l'effet du hasard, soit que Taylor eût vanté l'ouvrage outre mesure, le comité était au grand complet : hommes et femmes en grande toilette, comme s'il se fût agi d'une soirée dansante.

Ces femmes coiffées en chapeau ou en fleurs, ces hommes en habit, ce grand tapis vert, ces regards de curiosité qui se fixaient sur moi, tout, jusqu'au verre d'eau solennel que Granville but à ma place, — ce qui me sembla assez bizarre, — concourait à m'inspirer une émotion profonde.

Christine n'était point ce qu'elle est aujourd'hui : c'était une simple pièce romantique par la forme, mais classique par le fond. Elle était réduite à cinq actes; tout se passait à Fontainebleau, et avec l'unité de temps, de lieu et d'action, recommandée par Aristote. Chose plus étrange encore! elle ne renfermait pas le rôle de Paula, qui est aujourd'hui la meilleure création de l'ouvrage, et surtout le véritable ressort dramatique. Monaldeschi trahissait l'ambition, mais non l'amour de Christine.

Cependant, j'ai vu peu d'ouvrages avoir à la lecture un succès pareil. On me fit répéter trois fois le monologue de

Sentinelli, et la scène de Monaldeschi. J'étais dans l'ivresse. On me reçut par acclamation.

Seulement, trois ou quatre des bulletins portaient cette restriction :

« Une seconde lecture ou la communication du manuscrit à un auteur qui ait la confiance de la Comédie.

Le résumé des délibérations fut que la Comédie-Française recevait la tragédie de *Christine*; mais, vu les grandes innovations qu'elle contenait, ne s'engageait à la jouer qu'après une nouvelle lecture ou la communication du manuscrit à un auteur qu'elle désignerait elle-même.

Tout cela avait un peu passé comme un brouillard devant moi. J'avais, pour la première fois, vu de près les reines tragiques et comiques : mademoiselle Mars, mademoiselle Leverd, mademoiselle Bourgoin, madame Valmonzey, madame Paradol et mademoiselle Demerson, charmante soubrette pleine de finesse, jouant Molière avec une franchise, et Marivaux avec un fini que je n'ai vus qu'à elle.

Je savais que j'étais reçu, c'était tout ce que je voulais savoir : il y avait des conditions, je les accomplirais ; il y avait des difficultés, je les surmonterais.

Aussi, je n'attendis point la fin des conférences. Je remerciai Taylor; je sortis du théâtre léger et fier, comme lorsque ma première maîtresse m'avait dit : « Je t'aime! » Je pris ma course vers le faubourg Saint-Denis, toisant tous ceux que je rencontrais, et ayant l'air de leur dire : « Vous n'avez pas fait *Christine*, vous! vous ne sortez pas du Théâtre-Français, vous! vous n'êtes pas reçu par acclamation, vous! » Et, dans ma préoccupation joyeuse, je prenais mal mes mesures pour sauter un ruisseau, et je tombais au milieu ; je ne voyais pas les voitures, et je me jetais dans les chevaux. En arrivant au faubourg Saint-Denis, j'avais perdu mon manuscrit ; mais peu m'importait! je savais ma pièce par cœur.

J'entrai d'un bond dans l'appartement. Ma mère, qui ne me voyait jamais qu'à cinq heures, jeta un cri.

— Reçu par acclamation, ma mère! reçu par acclamation ! m'écriai-je.

Et je me mis à danser autour de l'appartement, où il n'y avait pas beaucoup d'espace pour danser.

Ma mère crut que j'étais devenu fou. Je ne lui avais pas dit que je dusse lire, de peur d'un échec.

— Et que va dire M. Fossier? s'écria ma pauvre mère.

— Ah! ma foi, répondis-je sur l'air de *Malbrouck*, M. Fossier dira ce qu'il voudra, et, s'il n'est pas content, je l'enverrai promener!

— Prends garde, mon pauvre ami, dit ma mère en secouant la tête, c'est toi qu'il enverra promener, et il faudra bien que tu y ailles.

— Eh bien, maman, tant mieux! cela me fera du temps pour mes répétitions.

— Et si ta pièce tombe, et que ta place soit perdue, que deviendrons-nous?

— Je ferai une autre pièce qui réussira.

— Et, en attendant, il faudra vivre.

— Diable! c'est bien malheureux qu'il faille vivre; heureusement que, dans sept ou huit jours, nous avons les gratifications.

— Oui; mais, en attendant les gratifications, que tu ne tiens pas encore, crois-moi, mon ami, retourne à ton bureau, afin qu'on ne se doute de rien, et ne te vante à personne de ce qui est arrivé.

— Je crois que tu as raison, ma mère; et, quoique j'aie demandé congé à M. Deviolaine pour toute la journée, je vais aller à mon bureau. Il est deux heures et demie. Bah! j'aurai encore le temps d'expédier la besogne de la journée.

Et je me remis à courir du côté de la rue Saint-Honoré. Au reste, cela me faisait grand bien ; j'avais besoin d'air et de mouvement, j'étouffais dans notre petit appartement.

Je trouvai une pile de rapports qui m'attendaient; je me mis à la besogne : à six heures, tout était expédié.

Seulement, la colère de Féresse contre moi avait monté jusqu'à la haine : je l'avais forcé d'attendre jusqu'à six heures que j'eusse écrit la dernière ligne.

Jamais je n'avais écrit si vite et si bien.

Je relus tout à deux fois, tremblant d'avoir fourré dans mes rapports quelques vers de *Christine*.

Ils étaient, comme d'habitude, purs de toute poésie.

Je les remis à Féresse, qui s'en alla, grognant comme un ours, les porter sur le bureau de M. Fossier.

Puis je revins près de ma pauvre mère, tout émotionnée et toute tremblante du grand événement qui venait de signaler cette journée.

C'était le 30 avril 1828.

Je passai la soirée, la nuit et la matinée du lendemain à refaire un autre manuscrit.

A dix heures, en arrivant à l'administration, je trouvai Féresse sur la porte de sa loge. Il m'y attendait depuis huit heures du matin, quoiqu'il sût bien que je n'arriverais qu'à dix.

— Ah! vous voilà, dit-il ; vous avez donc fait une tragédie, vous ?

— Qui vous a dit cela ?

— Tiens, parbleu! c'est le journal.

— Le journal ?

— Oui, lisez plutôt.

Et il me passa, en effet, un journal sur lequel je lus les lignes suivantes :

« Aujourd'hui, le Théâtre-Français a reçu, par acclamation et à l'unanimité, une tragédie en cinq actes, en vers, d'un jeune homme qui n'a encore rien fait.

» Ce jeune homme appartient à l'administration de M. le duc d'Orléans, qui lui a aplani toutes les difficultés, et qui l'avait fortement recommandé au comité de lecture. »

On voit avec qu'elle exactitude la presse quotidienne débutait sur mon compte ; depuis ce temps, la tradition ne s'est pas perdue.

Néanmoins, tout inexacte qu'elle était dans ses détails, la nouvelle était vraie au fond ; elle venait de circuler de corridor en corridor, et d'étage en étage. C'étaient, de bureaux à bureaux, des allées et des venues, comme si madame la duchesse d'Orléans fût accouchée de deux jumeaux. Je reçus des compliments de tous mes collègues, les uns sincères, les autres goguenards; il n'y eut que mon chef de bureau dont je n'aperçus pas même le bout du nez. En revanche, comme il m'envoya de la besogne quatre fois plus que d'habitude, il était évident qu'il avait lu le journal.

M. Deviolaine arriva à deux heures. A deux heures cinq minutes, il m'envoyait chercher.

J'entrai chez lui, le nez en l'air, la main sur la hanche.

— Ah ! te voilà, farceur ! me dit-il.

— Oui, me voilà.

— C'était donc pour faire des fredaines que tu m'avais demandé congé, hier?

— Ma besogne en a-t-elle souffert?

— Ce n'est point là la question.

— Si fait, monsieur Deviolaine, c'est là toute la question, au contraire.

— Mais tu n'as donc pas vu qu'ils se moquaient de toi ?

— Qui cela?

— Les comédiens.

— En attendant, ils ont reçu ma pièce.

— Oui; mais ils ne la joueront pas.

— Ah ! par exemple !

— Et puis, quand ils la joueraient, ta pièce...

— Eh bien?

— Il faudra encore qu'elle plaise au public.

— Pourquoi voulez-vous qu'elle ne plaise pas au public, puisqu'elle a plu aux comédiens ?

— Allons donc ! tu vas me faire accroire que toi, avec ton éducation à trois francs par mois, tu réussiras, quand des gens comme M. Viennet, comme M. Lemercier, comme M. Lebrun, tombent à plat?... Allons donc !

— Mais il me semble qu'au lieu de préjuger, il serait plus juste d'attendre.

— Ah! oui, attendre dix ans, vingt ans! J'espère bien que je serai crevé avant que ta pièce soit jouée : cela fait que je ne la verrai pas.

En ce moment, Féresse ouvrit traîtreusement la porte.

— Pardon, monsieur Deviolaine, dit-il, mais c'est un *comédien* — il appuya sur ce mot — qui demande M. Dumas.

— Un comédien! quel comédien? demanda M. Deviolaine.

— M. Firmin, de la Comédie-Française.

— Oui, répondis-je tranquillement, il joue Monaldeschi.

— Firmin joue dans ta pièce?

— Le rôle de Monaldeschi, oui... Oh! c'est très-bien distribué : Firmin joue Monaldeschi ; mademoiselle Mars, Christine...

— Mademoiselle Mars joue dans ta pièce?

— Sans doute.

— Ce n'est pas vrai.

— Voulez-vous que je vous le fasse dire par elle-même?

— Tu crois que je vais me déranger pour m'assurer que tu mens?

— Non, elle viendra ici.

— Mademoiselle Mars viendra ici?

— Elle aura cette complaisance pour moi, j'en suis sûr.

— Mademoiselle Mars?

— Dame! vous voyez que Firmin...

— Tiens, fiche-moi le camp! car, ma parole d'honneur, tu me fais tourner la tête!... Mademoiselle Mars!... mademoiselle Mars, se déranger pour toi? Allons donc!... mademoiselle Mars!

Et il leva les bras au ciel comme un homme désespéré qu'une pareille folie eût pu entrer dans la tête d'un membre de sa famille.

Je profitai de ce geste dramatique pour m'esquiver.

Firmin m'attendait effectivement. Il avait employé le temps à faire un examen des localités, et à s'assurer que les fenêtres de mon bureau donnaient justement sur les fenêtres de la Comédie-Française ; ce qui offrait de grandes facilités pour mes futures communications.

Il venait, pour ne pas perdre un temps inutile, m'offrir de me conduire chez Picard, qui lirait mon manuscrit. Picard étant investi de toute la confiance de la Comédie-Française, la Comédie-Française s'en rapporterait à ce qu'il dirait.

J'avais une profonde répugnance pour Picard. Picard, à mon avis, avait autant rapetissé la comédie que Scribe avait grandi le vaudeville. Il était impossible que Picard comprît *Christine,* ni comme forme, ni comme fond. Je me débattis donc autant que je le pus contre cet arbitrage de Picard.

Mais Firmin connaissait si bien Picard, mais Picard aimait tant les jeunes gens, mais Picard était de si bon conseil, que, pour ne pas, à mon début, contrarier Firmin, je me laissai aller.

Il fut convenu que, le soir, à quatre heures et demie, Firmin me reviendrait prendre, et que nous irions chez Picard.

A quatre heures et demie, nous partions. *Christine* était proprement recopiée. Moi qui avais mis du soin pour les pièces de Théaulon, qu'on se figure si je m'étais appliqué pour la mienne!

Le manuscrit était roulé et noué avec un joli ruban tout neuf que ma mère m'avait donné.

Où demeurait Picard? Ma foi, je n'en sais plus rien, et ne veux pas perdre de temps à chercher son adresse. Quelque part qu'il demeurât, nous arrivâmes chez lui.

Sa vue correspondait à merveille à l'idée que je m'étais faite de lui : c'était un petit bossu à longues mains, ayant de petits yeux brillants, et un nez pointu comme celui d'une fouine.

Il nous reçut avec cette politesse railleuse qui lui était particulière, et que beaucoup prenaient pour une spirituelle bonhomie. Nous causâmes dix minutes; il fit semblant d'ignorer parfaitement la nouvelle qu'il savait depuis le matin; nous lui exposâmes le motif de notre visite, il nous invita à lui laisser le manuscrit, et à revenir huit jours après.

Il nous dirait son humble avis sur cette importante affaire, nous priant d'avance de l'excuser si les petites comédies classiques lui avaient rapetissé le jugement à l'endroit des *grandes machines romantiques*.

Cet exorde ne présageait rien de bon.

Nous revînmes huit jours après. Picard nous attendait; nous le retrouvâmes assis dans le même fauteuil, avec le même sourire sur les lèvres.

Il nous fit asseoir, s'informa poliment de notre santé; et, allongeant ensuite ses longs doigts sur son bureau, il en enveloppa mon manuscrit, soigneusement roulé et ficelé par lui.

Puis, avec un charmant sourire :

— Mon cher monsieur, me dit-il, avez-vous quelques moyens d'existence?

— Monsieur, répondis-je, je suis commis à quinze cents francs chez M. le duc d'Orléans.

— Eh bien, si j'ai un conseil à vous donner, allez à votre bureau, mon cher enfant, allez à votre bureau!

Après une semblable déclaration, la conversation ne pouvait être bien longue. Nous nous levâmes, Firmin et moi, nous saluâmes et nous sortîmes.

C'est-à-dire que je sortis; Firmin resta un instant après moi : il voulait avoir un avis plus détaillé sans doute.

A travers la porte entre-bâillée, j'aperçus Picard qui haussait les épaules avec une telle énergie, que la tête semblait lui sortir de la poitrine..

Le moderne Molière était fort laid ainsi! sa figure surtout avait une expression de méchanceté remarquable.

Était-ce bien un avis consciencieux que Picard nous avait donné? Firmin en fut convaincu; j'en doutai toujours. Il était impossible qu'un homme d'esprit, si étroit que fût cet esprit, ne vît point, je ne dirai pas même une œuvre remarquable dans *Christine,* mais des œuvres remarquables au delà de *Christine.*

Le lendemain, j'allai chez Taylor. Je lui portais le manuscrit avec les annotations de Picard. Ces annotations consistaient dans des croix, dans des accolades, dans des points d'exclamation qu'on pouvait appeler des points de stupéfaction. Certains vers surtout paraissaient avoir abasourdi l'auteur de *la Petite Ville* et des *Deux Philibert*.

Ceux-ci avaient obtenu l'honneur de trois points d'exclamation :

CHRISTINE.

> Vous êtes Français, vous ; mais ces Italiens,
> L'idiome mielleux qui détrempe leurs âmes
> Semblerait fait exprès pour un peuple de femmes ;
> D'énergiques accents ont peine à s'y mêler.
> Un homme est là ; l'on croit qu'en homme il va parler :
> Il parle, on se retourne, et, par un brusque échange,
> A la place d'un homme, on trouve une louange. — !!!

C'était à ce dernier vers qu'étaient accolés les trois malheureux points d'exclamation qui voulaient dire tant de choses.

Du reste, la critique de Picard était laconique. Après les vers suivants venait un point d'interrogation gigantesque :

> Sur le chemin des rois, l'oubli couvre ma trace ;
> Mon nom, comme un vain bruit, s'affaiblit dans l'espace :
> Ce n'est plus qu'un écho par l'écho répété,
> Et j'assiste vivante à la postérité.
> Je crus que plus longtemps — mon erreur fut profonde !
> Mon abdication bruirait dans le monde...
> Pour le remplir encore un but m'est indiqué ;
> Je veux reconquérir cet empire abdiqué.
> Comme je la donnai, je reprends ma couronne,
> Et l'on dira que j'ai le caprice du trône ! — ?

point d'interrogation qui voulait bien certainement dire : « Peut-être que l'auteur a compris ; mais, moi, je ne comprends pas. »

Après le dernier vers :

> Eh bien, j'en ai pitié, mon père... Qu'on l'achève !

était écrit le mot IMMPOSSIBLE.

Était-ce la *pièce* qui était *impossible?* Était-ce seulement le *vers*?

Picard avait eu la délicatesse de me laisser dans le doute.

Je racontai l'aventure à Taylor, et lui montrai les notes de Picard.

— C'est bien, me dit-il, laissez-moi la pièce, et revenez demain matin.

Je lui laissai la pièce, assez contrit d'ailleurs. Je commençais à apprendre, à mes dépens, qu'au théâtre, tout au contraire de la nature, les joies sont pour l'enfantement, et qu'après l'enfantement, commencent immédiatement les douleurs.

Je n'avais garde de manquer au rendez-vous de Taylor; à huit heures du matin, j'étais chez lui.

Il me montra mon manuscrit. Nodier avait écrit dessus, de sa main :

« Je déclare sur mon âme et conscience que *Christine* est une des œuvres les plus remarquables que j'aie lues depuis vingt ans. »

— Vous comprenez, me dit Taylor, j'avais besoin de cela pour marcher dans ma force. Vous relirez samedi, tenez-vous prêt.

— Monsieur le baron, lui dis-je, j'ai un bureau; à ce bureau, l'on est d'autant plus sévère pour moi que je fais de la littérature, ce qui, en matière de bureaucratie, est un crime impardonnable. Pourrais-je lire dimanche, au lieu de lire samedi?

— C'est contre toutes les habitudes, mais j'essayerai.

Trois jours après, je reçus mon bulletin pour le dimanche suivant.

L'assemblée était encore plus nombreuse que la première fois, et la pièce fut encore plus acclamée, s'il était possible, qu'elle ne l'avait été à la lecture précédente.

On alla aux voix.

La pièce était reçue à l'unanimité, sauf quelques corrections dont j'aurais à m'entendre avec M. Samson.

Par bonheur, nous ne nous entendîmes pas, M. Samson et moi.

Je dis par bonheur, car cette mésintelligence amena une refonte entière de l'ouvrage, qui gagna, à ce remaniement, le prologue, les deux actes de Stockholm, l'épilogue à Rome, et le rôle tout entier de Paula.

Quand nous en serons là, nous raconterons ces transformations, qui laissèrent bien loin derrière elles les *Métamorphoses* d'Ovide, dont M. Villenave venait de publier une splendide édition.

Parlons un peu de M. Villenave, un des hommes les plus instruits et les plus originaux de l'époque; parlons de sa fille, de son fils, de sa femme et de sa maison, personnages et choses qui eurent une grande influence sur cette première partie de ma vie.

CXV

Cordelier-Delanoue. — Une séance de l'Athénée. — M. Villenave. — Sa famille. — Les cent trente-deux Nantais. — Cathelineau. — La chasse aux *bleus.* — Forest. — Une page d'histoire. — Sauveur. — Le comité royaliste. — Souchu. — La tombe miraculeuse. — Carrier.

Lors des premières représentations des acteurs anglais, — lequel temps coïncidait avec mes séances du soir au bureau du secrétariat, — j'avais fait la connaissance d'un jeune homme nommé Cordelier-Delanoue.

Cette connaissance s'était faite tout naturellement. Nous publiions *la Psyché*, à cette époque; Delanoue nous avait envoyé une pièce de vers intitulée *Hamlet;* nous l'avions insérée dans notre journal; il était venu nous remercier, et Adolphe et moi nous étions liés avec lui.

Moi surtout. — Delanoue était fils d'un général de la Révolution qui avait autrefois connu mon père : cette circonstance avait été une cause de rapprochement entre nous; nos sympathies dramatiques et politiques avaient fait le reste.

Un soir, Delanoue était venu me voir à mon bureau et m'avait proposé, tandis que le courrier du Palais-Royal allait à Neuilly et en revenait, de me conduire à l'Athénée.

J'ignorais tant de choses, qu'on ne sera pas étonné, je l'espère, que j'ignorasse ce que c'était que l'Athénée.

M. Villenave y donnait, ce soir-là, une séance littéraire.

J'ignorais ce que c'était que M. Villenave ; ce qui m'était un peu plus permis que d'ignorer ce que c'était que l'Athénée.

J'acceptai, cependant. A cette époque, je n'avais pas cette horreur des nouvelles connaissances qui m'est venue depuis. On me promettait de la littérature et des littérateurs ; avec cette promesse-là, on m'eût fait passer sur le tranchant du rasoir qui sert de pont au paradis de Mahomet.

Aujourd'hui, j'y passerais encore, tout enclin aux vertiges que je suis, mais ce serait pour fuir ce que j'allais chercher à cette époque.

Les séances de l'Athénée se tenaient, autant que je puis me le rappeler, dans une salle basse du Palais-Royal dont l'entrée était rue de Valois.

On y parlait de toute sorte de choses qui eussent été assommantes dans un salon, et qui, à l'Athénée, n'étaient qu'ennuyeuses.

Ceux qui disaient ces choses ennuyeuses avaient, de droit, un certain nombre de billets qu'ils distribuaient à leur famille, à leurs amis et à leurs connaissances.

Ils auraient pu dire ces choses-là tout seuls ; mais ils préféraient, je ne sais pourquoi, qu'il y eût des auditeurs.

Ce soir-là, la salle était pleine. M. Villenave était fort répandu dans le monde ; d'ailleurs, ses séances avaient une certaine réputation.

De quoi traitait celle-là? Si j'étais condamné à être pendu, et qu'il fallût le dire pour racheter ma vie, je serais pendu.

C'était, selon toute probabilité, une étude sur quelque mort médiocre qui servait de prétexte à celui qui la faisait pour donner quelques coups de patte aux vivants.

M. Villenave tenait la tribune : il parlait debout, éclairé

par deux candélabres, et avait un verre d'eau sucrée près de lui.

C'était un beau vieillard qui pouvait avoir, à cette époque, soixante-six ou soixante-huit ans. Il avait de magnifiques cheveux blancs coquettement roulés sur les tempes, des yeux pleins d'un feu tout méridional, et, malgré son grand corps, un peu courbé en avant par l'habitude du bureau, quelque chose de distingué et d'élégant dans le geste et dans les manières.

Je m'étais modestement arrêté près de la porte, pour deux raisons :

La première, c'est que j'étais encore trop inconnu pour me croire le droit de déranger qui que ce fût au monde, même l'orateur ;

La seconde, parce que, ayant à retourner à mon bureau à neuf heures et demie, il m'était, pour sortir incognito comme j'étais entré, plus commode d'être près de la porte que partout ailleurs.

Delanoue, plus familier que moi avec les auditeurs, m'avait quitté pour aller coqueter avec eux, pendant les courts intervalles où la séance était suspendue afin de donner le temps à M. Villenave de reprendre haleine.

L'heure de mon courrier arrivée, je m'esquivais tout doucement pour aller le recevoir à mon bureau, lorsque Delanoue, accourant à moi, me rejoignit sous le péristyle.

Il était chargé par la famille Villenave de m'inviter à venir, après la séance, prendre une tasse de thé avec elle et chez elle.

Le bien qu'avait dit de moi mon ami Delanoue me valait cet honneur.

Restait à savoir où demeurait la famille Villenave.

— Rue de Vaugirard, 82.

Ouf ! c'était un peu loin, pour moi qui demeurais rue du faubourg Saint-Denis, 53.

Heureusement que, pendant mes cinq ans de séjour, je m'étais familiarisé avec les rues de Paris, et que je ne me croyais plus obligé, comme lors de mon premier voyage, de prendre un fiacre pour aller de la place du Palais-Royal à la rue des Vieux-Augustins.

L'invitation transmise par Delanoue avait été faite avec tant de grâce et d'insistance, que je n'en acceptai pas moins.

J'allai tout courant à mon bureau ; je reçus mon courrier, et je revins.

Pendant la demi-heure qu'avait duré mon absence, la séance avait pris fin, et je retrouvai M. Villenave dans un petit salon attenant à la grande salle, où il recevait les compliments de ses familiers.

Delanoue me présenta à M. Villenave et à sa famille.

La famille Villenave se composait :

De madame Villenave, petite vieille fort gracieuse, fort spirituelle et fort instruite dans le monde, mais fort grognon dans l'intimité, souffrante qu'elle était, comme Anne d'Autriche, d'un cancer dont elle est morte ;

De Théodore Villenave, grand et vigoureux garçon, auteur, à cette époque, de différentes poésies fugitives, et traducteur d'un *Wallenstein*, qui devait faire, pendant trois ou quatre ans, grand bruit dans les coulisses du théâtre de l'Odéon, avant de paraître sur la scène, où il obtint un succès d'estime;

De madame Mélanie Waldor, femme d'un capitaine d'infanterie au service et en garnison, lequel ne faisait que de courtes et rares apparitions à Paris, où ceux qui le connaissaient parlaient de lui comme d'un brave et loyal militaire ; madame Mélanie Waldor, ainsi que son frère, composait des poésies fugitives, qu'elle publiait dans les journaux du temps; comme son frère, elle a fait, depuis, une pièce qui a été représentée avec succès sous le titre de *l'École des Jeunes Filles*;

Enfin d'Élisa Waldor, qui n'était, à cette époque, qu'une charmante petite tête de chérubin avec de beaux cheveux dorés et bouclés, et qui, depuis, est devenue une grande belle femme deux fois mariée, et, je l'espère, deux fois heureuse (1).

(1) Hélas! depuis l'époque où ces lignes ont été écrites, la mort est intervenue au milieu de la vie et du bonheur de la pauvre enfant, et,

Tout ce monde-là s'en retournait patriarcalement à pied, accompagné de cinq ou six amis qui, comme moi, allaient rue de Vaugirard prendre une tasse de thé et grignoter un gâteau.

En ma qualité d'étranger, j'eus le poste d'honneur, c'est-à-dire que je donnai le bras à madame Waldor. Vu la longueur de la route, c'était un moyen de faire connaissance.

Au reste, ne nous étant jamais vus, ne nous étant jamais parlé, ce long trajet n'eût pas été sans embarras pour nous deux, si Delanoue ne se fût mis en tiers dans la conversation, de la place du Palais-Royal à la rue de Vaugirard.

Ce fut un grand service qu'il rendit à chacun de nous, et dont chacun de nous lui sut gré au fond du cœur.

Quelle étrange chose que ces rencontres fortuites, et combien il m'eût étonné, celui qui m'eût dit que cette famille, que je ne connaissais pas deux heures auparavant, qui m'était complétement étrangère, allait, pour deux ou trois ans, presque devenir la mienne, et que ce chemin qui m'avait paru si long, de la rue du Faubourg-Saint-Denis à la rue de Vaugirard, je le ferais, à l'avenir, tous les jours deux fois!

Au reste, j'avais hâte d'arriver pour causer avec M. Villenave. Je ne sais comment et à quelle occasion une brochure de lui m'était, un jour, tombée sous la main; cette brochure

---

un jour, à Bruxelles, j'ai lu dans un journal ces lignes, froides comme cet acier que le moyen âge a mis aux mains d'un squelette :

« Madame Bataillard, fille de madame Mélanie Waldor, vient de mourir à la suite d'une longue et douloureuse maladie. Le convoi aura lieu demain. Ceux de ses amis qui n'auraient pas reçu de lettre de faire part, sont invités à se réunir à onze heures à la maison mortuaire. »

L'invitation malheureusement m'arrivait trop tard; et moi qui, parmi tous ses amis, avais bien certainement pour elle un des cœurs les plus tendres, je n'ai eu ni la consolation de la voir avant sa mort, ni celle de l'accompagner au tombeau.

La rieuse enfant, la belle jeune fille, la femme sérieuse et intelligente qui devait nous suivre de loin, nous qui l'avions vue naître, est partie la première, et nous attend!

avait été publiée par lui en 1794, et était intitulée *Relation des noyades de cent trente-deux Nantais.*

Dès que j'avais aperçu M. Villenave, j'avais pensé à la brochure, et, du moment où j'avais pensé à la brochure, je m'étais bien promis de mettre la conversation sur Carrier, sur Nantes et sur les cent trente-deux Nantais.

Ce n'était pas chose difficile que de faire causer M. Villenave; seulement, sa causerie ressemblait beaucoup à un discours. Il fallait, quand il causait, le laisser aller, ne pas l'interrompre, et l'écouter religieusement.

En effet, il s'était trouvé à Nantes en 1793, c'est-à-dire en même temps que Jean-Baptiste Carrier, de sanglante mémoire.

Dieu nous garde d'excuser le moins du monde le terrible proconsul et les horreurs commises par lui! Mais, il faut le dire, un abominable exemple lui avait été donné par les Vendéens eux-mêmes. Ce sont de rudes guerres que ces guerres de prêtres, et, on le sait, ou plutôt on ne le sait pas, les commencements de l'insurrection furent tout aux mains des prêtres; les nobles ne s'y mêlèrent que plus tard, et, quand ils s'y mêlèrent, l'assassinat devint un peu plus humain : il se changea en fusillade.

Le premier qui joua un rôle dans toute cette sanglante bagarre fut Cathelineau, — un sacristain.

« Quand il fut décidé, dit Machiavel, qu'on assassinerait Julien de Médicis dans l'église de Sainte-Marie-des-Fleurs, on choisit, pour cet assassinat, des hommes d'Église, afin qu'ils fussent moins impressionnés par la majesté du lieu. »

Chose étrange et cependant inconstestable, c'est que, lorsque ces hommes de paix, de charité, d'amour, se mettent à se faire bourreaux, ce sont les plus raffinés bourreaux qu'il y ait au monde; témoin les *in-pace* des couvents, témoin les cachots de l'inquisition, témoin les massacres d'Alby, témoin les auto-da-fé de Madrid, témoin Jeanne d'Arc, témoin Urbain Grandier!

C'était un solide *gars*, que ce Cathelineau, comme on dit entre Angers et Saint-Laurent. Il ne s'écoula que trois mois entre le jour où il tira son premier coup de fusil et le jour où il fut tué; ces trois mois suffirent à lui faire un nom historique;. — non pas qu'il fût de haute taille, non pas qu'il eût de grandes manières; non, il n'avait guère que cinq pieds quatre pouces; mais il était carré d'épaules, bien campé sur les reins; joignez à cela un grand courage, — le courage froid et prudent des hommes de l'Ouest.

Nous avons dit qu'il était sacristain. Oui, mais il était bien autre chose encore : il était maçon, voiturier, marchand d'étoffes, marié, père de douze ou quatorze enfants. A peine eut-il obtenu quelques avantages, qu'il fit établir un conseil supérieur composé de prêtres surtout; des nobles, on s'en souciait fort peu. Le chef de ce conseil était le fameux Bernier, curé d'Angers.

Cathelineau était son homme : il avait trouvé un moyen, lui, simple paysan, d'aller plus vite dans la besogne de l'insurrection que le pape avec ses bulles, que les prêtres avec leurs sermons. Il avait recommandé aux curés d'envelopper les crucifix de crêpes noirs, et de les porter ainsi dans les processions. A cette vue de leur Christ en deuil, les paysans n'y tenaient plus : les femmes s'arrachaient les cheveux, les hommes se frappaient la poitrine, et tous juraient de tuer, jusqu'au dernier, ces républicains qui attristaient ainsi Notre-Seigneur.

Il faut dire, au reste, que rien n'était moins chevaleresque et moins national que les proclamations de ces braves gens.

« Point de conscription! point de milice! demeurons dans nos campagnes. L'ennemi vient, dites-vous, il menace nos foyers? Eh bien, c'est sur notre sol, s'il y met le pied, que nous saurons le combattre! »

Et ils savaient bien, ceux qui disaient cela, qu'avant de se hasarder dans leurs haies, dans leurs ajoncs, dans leurs chemins creux, l'ennemi aurait dévasté, pillé, brûlé la France, démoli Paris.

Cela voulait dire : « Que nous importent l'Alsace, la Lorraine, la Champagne, la Bourgogne, le Dauphiné, la Provence?... que nous importe qu'on éteigne Paris, le flambeau du monde?... Quand le Cosaque sautera par-dessus nos haies avec son cheval, oh! alors, nous nous déciderons à prendre notre fusil. »

Les écrivains les plus poétiques auront grand'peine à donner à tout cela un caractère chevaleresque. Quant à moi, je préfère de beaucoup ces volontaires courant au-devant des Prussiens jusqu'à Valmy, à ces paysans les attendant tranquillement derrière leurs haies; d'autant plus qu'il ne m'est pas bien prouvé qu'ils ne les attendissent pas pour se joindre à eux. Pourquoi n'auraient-ils pas pactisé avec les Prussiens? Ils pactisaient bien avec les Anglais!

La guerre commença donc entre patriotes et royalistes, entre citadins et paysans.

Il y avait des villes constitutionnelles, — les villes manufacturières, — Chollet par exemple, où l'on faisait de si beaux mouchoirs; il y avait là beaucoup d'ouvriers qui ne voulaient en France ni Prussiens ni amis des Prussiens. Un beau jour, ils apprirent que ceux de Bressuire s'étaient révoltés; ils s'armèrent de piques, et coururent les attaquer.

Aussi la ville de Chollet fut-elle tout particulièrement désignée à la haine des paysans.

Le 4 mars 1793, ceux-ci l'attaquèrent à leur tour. Un commandant de la garde nationale se fia à un groupe royaliste; il y entra pour tâcher de réconcilier les deux partis; bientôt des cris douloureux sortirent de ce groupe; ce groupe s'était refermé sur lui, et on lui sciait les jambes avec son sabre.

Le 10, ce fut le tour de Machecoul; là, il y eut moins de besogne qu'à Chollet. Machecoul était une petite ville ouverte de tous les côtés et facile à prendre. C'était un dimanche qu'on y apprit le danger; le tocsin sonnait, et tous les paysans des environs marchaient sur la ville. Deux cents patriotes se réunirent et s'avancèrent bravement contre les assaillants; — deux cents contre deux mille! — la masse s'ouvrit, enveloppa la petite troupe, et n'en fit qu'une bouchée. Machecoul avait un curé constitutionnel; les prêtres non assermentés en voulaient fort aux prêtres assermentés : ceux-ci gâtaient le métier, disaient-ils; on prit le pauvre homme, qui venait de dire la messe: on le tua; mais on était convenu d'avance de ne le tuer qu'à petits coups, et en le frappant au visage. Le supplice dura longtemps : la vie est quelquefois bien obstinée, quand elle trouve surtout des bourreaux intelligents qui ne tiennent pas à la chasser trop vite du corps. Mais tout a une fin : le curé mourut martyr ; puis, le curé mort, on avisa un ancien piqueur, un habile sonneur de cor : on organisa une chasse ; on fouillait les maisons pour en faire sortir le gibier. Quand on apercevait un patriote, on sonnait la *vue*; alors, tout le monde courait dessus, hommes, femmes et enfants ; — dans ces sortes de guerres, les femmes et les enfants sont plus terribles encore que les hommes. — Le patriote abattu, on sonnait l'*hallali*; puis venait la *curée*, qui durait longtemps : elle se faisait, en général, par les femmes, à coups de ciseaux, à coups d'ongles, et, par les enfants, à coups de pierres.

Machecoul est sur une hauteur, entre deux départements. On jugea la place bien choisie pour y établir un tribunal ; on y massacra, pendant quarante-deux jours, du 10 mars au 22 avril.

Vous savez comment l'insurrection passa de la basse dans la haute Vendée. Ce fut à l'affaire de Saint-Florent ; un émigré avait congédié son domestique, un Vendéen nommé Forest ; il l'avait envoyé en Vendée, prêcher la résistance, le refus à la milice. On voulut l'arrêter. — Il n'y avait pas à nier : celui-là prêchait la révolte en pleine rue. — Un gendarme s'approcha de lui ; il tira un pistolet de sa poche, fit feu sur le gendarme, et le tua.

Ce coup de pistolet réveilla ceux qui dormaient encore.

Et notez bien que, quand fut tiré ce malheureux coup de pistolet, le tocsin sonnait déjà dans six cents paroisses ; alors, il s'envola dans toutes les directions ; on n'entendait que le son des cloches : on eût dit des troupes d'oiseaux invisibles passant sur leurs ailes de bronze. Ces vibrations mortelles, qui se répondaient d'un village à l'autre, se croisaient, se heurtaient dans l'air, et, comme un orage charge l'atmosphère d'électricité, elles chargeaient l'atmosphère de haines et de vengeances.

Que faisait, pendant ce temps, Cathelineau, le grand moteur de tout cela? — Tenez, Michelet va vous le dire :

« Il avait très-bien entendu le combat de Saint-Florent, les décharges de canon; il ne pouvait ignorer, le 12, l'affreux massacre qui, le 10, avait compromis sans retour dans la révolte le littoral vendéen. N'eût-il rien su, le tocsin se faisait assez entendre : tout le pays semblait en mouvement, et la terre tremblait. Il commença à croire que l'affaire était sérieuse; soit prévoyance de père pour la famille qu'il allait laisser, soit prudence militaire pour emporter des vivres, il se mit à chauffer son four et à faire du pain.

» Son neveu arrive d'abord, lui conte l'affaire de Saint-Florent. Cathelineau continue à brasser sa pâte. Les voisins arrivent ensuite, un tailleur, un tisserand, un sabotier, un chapelier.

» — Eh! voisin, que ferons-nous?

» Il en vint jusqu'à vingt-sept qui tous étaient là à attendre, décidés à faire tous comme il ferait. Il avisa, alors, que la chose était à point : le levain était bien pris, la fermentation suffisante; il n'enfourna point, essuya ses bras, et prit son fusil.

» Ils sortirent vingt-sept : au bout du village, ils étaient cinq cents. C'était toute la population, tous bonshommes bien solides, une population honnête et brave immuablement : noyau des armées vendéennes, qui, presque toujours, fit le centre, l'intrépide! vis-à-vis du canon républicain. »

En arrivant à Chollet, ils étaient quinze mille. Ils avaient pris une pièce de canon à Jallais, et l'avaient nommée *le Missionnaire;* une autre, je ne sais où, et l'avaient nommée *Marie-Jeanne*.

Tout le long de la route, des prêtres se joignaient à eux, les exhortant, les prêchant, leur disant la messe. Ils étaient partis le 12, comme on l'a vu; dès le 14, une grosse bande les rejoignit : elle était commandée par un homme qui devait partager le pouvoir avec Cathelineau, et lui succéder, c'était Stofflet, un autre paysan rude et brave, un garde-chasse de M. de Maulevrier, dont le petit-fils, pauvre enfant, seul descendant de la race, fut tué en chassant, à l'âge de seize ans.

Arrivée à Chollet, l'armée vendéenne envoya un parlementaire ; — étrange parlementaire, et qui donnait une idée du temps, du lieu, de la situation ! — il était tête nue et pieds nus ; il portait à la main un crucifix couronné d'épines ; ceint d'un gros chapelet, il tenait ses yeux au ciel, comme un inspiré ou un martyr, et criait avec des sanglots :

— Rendez-vous, mes bons amis, ou tout va être mis à feu et à sang !

Cette sommation se faisait au nom du *commandant* Stofflet, et de l'*aumônier* Barbotin.

Trois cents patriotes armés de fusils, et cinq cents armés de piques, c'était là toute la garnison de Chollet ; ils essayèrent de résister à ces quinze mille hommes ; mais, comme on le comprend bien, toute résistance était impossible : au premier coup, tomba le chef des républicains, M. de Beauveau. Les patriotes se retirèrent dans un pavillon du château qui commandait la place, et d'où ils tirèrent sur les Vendéens, au fur et à mesure qu'ils entraient ; cela était d'autant plus facile qu'il y avait un calvaire sur cette place, et que chaque paysan, sans s'inquiéter des coups de fusil, en passant près de ce calvaire, s'y agenouillait, y faisait son oraison, et ne se remettait au combat que son oraison faite, et son signe de croix achevé.

Ces bonnes gens, — appuyons sur le mot, ces braves gens, — car ils ne se doutaient pas des crimes qu'ils commettaient, ces crimes leur étant commandés par leurs prêtres ! — ces braves gens ne volaient pas, mais ils tuaient, non-seulement pendant la bataille, ce qui ne serait rien, mais encore après. Ils tuaient cruellement, vous allez voir.

C'est encore Michelet qui va vous raconter comment ils tuaient ; si je vous le racontais seul et moi-même, vous diriez que je fais du roman.

Vous ne supposerez pas que celui-là ment ; on l'a chassé de sa chaire parce qu'il y disait, non-seulement la vérité du passé, mais encore celle de l'avenir :

« Dès qu'un prisonnier était confessé, — c'est Michelet qui

parle, — les paysans n'hésitaient pas à le tuer, bien sûrs qu'il était sauvé; plusieurs évitèrent la mort en se refusant à la confession, et en disant qu'ils n'étaient pas encore en état de grâce; l'un d'eux fut épargné parce qu'il était protestant, et ne pouvait se confesser. Ils craignirent de le damner.

» L'histoire a été bien dure pour les malheureux patriotes qu'égorgeaient les Vendéens; beaucoup d'eux montrèrent une foi héroïque, et moururent martyrs. On compte par centaines ceux qui se firent tailler en pièces. Je citerai, entre autres, un garçon de seize ans, qui, sur le corps de son père mort, cria : *Vive la nation!* jusqu'à ce qu'il eût été percé de vingt baïonnettes. De ces martyrs, le plus célèbre est Sauveur, officier municipal de la Roche-Bernard, disons mieux, de la Roche-Sauveur : elle eût dû conserver ce nom.

» Cette ville, qui est le passage entre Nantes et Vannes, fut attaquée, le 16, par un rassemblement immense, d'environ six mille paysans; elle avait à peine quelques hommes armés; il fallut se rendre, et les furieux, sous prétexte d'un fusil parti en l'air, égorgèrent tout d'abord vingt-deux personnes sur la place. Ils foncent dans la maison de ville, et trouvent le procureur syndic Sauveur, magistrat intrépide, qui n'avait pas quitté son poste. On le saisit, on le traîne; mis au cachot, il en est tiré, le lendemain, pour être barbarement massacré. Il essuya je ne sais combien de coups d'armes de toute espèce, surtout des coups de pistolet : on tirait à petit plomb; on voulait lui faire crier : *Vive le roi !* il criait. *Vive la République!* De fureur, on lui tirait des coups à poudre dans la bouche; on le traîna au calvaire pour faire amende honorable; il leva les yeux au ciel, adora; mais, en même temps, cria : *Vive la nation!* Alors, on lui fit sauter l'œil gauche d'un coup de pistolet. On le poussa un peu plus loin; mutilé, sanglant, il restait debout les mains jointes, regardant le ciel.

» — Recommande ton âme à Dieu ! crient les assassins.

» On l'abat d'un coup de feu : il tombe, mais se relève, serrant et baisant encore sa médaille de magistrat. Nouveau coup de feu : il tombe sur un genou, se traîne jusqu'au bord d'un fossé dans une tranquillité stoïque; pas une plainte! pas un cri de colère ni de désespoir! c'est ce qui portait au comble la rage de ces furieux ; il ne disait que ces mots :

» — Mes amis, achevez-moi, et vive la République! ne me faites pas languir, mes amis; vive la nation! »

» Il confessa sa foi jusqu'au bout, et on ne lui imposa silence qu'en l'écrasant à coups de crosse de fusil! »

Que dites-vous de cela, messieurs les royalistes? Le 2 et le 3 septembre n'ont rien de mieux à vous offrir, n'est-ce pas?... Attendez! ce n'est pas tout, et, ce que nous en dirons, comprenez-vous bien? ce n'est point pour raviver les haines ; non, c'est pour faire haïr les guerres civiles. Si j'emprunte encore une fois la voix de Michelet, c'est, non-seulement parce qu'elle est plus éloquente que la mienne, mais encore pour que nous soyons deux à crier malheur.

Écoutez, et vous allez voir comme c'est exact, ce qu'il dit là :

« Une différence essentielle que nous avons signalée entre la violence révolutionnaire et celle de ces fanatiques animés des fureurs des prêtres, c'est que la première, en tuant, ne voulait rien autre chose qu'être quitte de l'ennemi ; l'autre, fidèle à l'esprit de férocité des temps de l'inquisition, voulait moins tuer que faire souffrir, faire expier, tirer de l'homme, pauvre créature finie, d'infinies douleurs, de quoi venger Dieu!

» Lisez les doucereuses idylles des écrivains royalistes, vous serez tenté de croire que les insurgés ont été des saints; qu'à la longue, seulement, forcés par les barbaries des républicains, ils ont exercé des vengeances et tiré des représailles. Qu'ils nous disent quelles représailles on avait à exercer sur les gens de Pontivy, lorsque, au 12 ou 13 mars, les paysans, conduits par un curé réfractaire, martyrisèrent, sur la place, dix-sept gardes nationaux! Étaient-ce des représailles que l'on exerçait à Machecoul, pendant six semaines, sous l'autorité régulière du comité royaliste? Un receveur des gabelles, Souchou, qui le présidait, remplit et vida quatre fois les prisons de cette ville. — La foule avait, on l'a vu, tué par jeu d'abord, dans sa brutalité joyeuse. Souchou mit ordre à cela :

il eut soin que les exécutions fussent longues et douloureuses. Comme bourreaux, il aimait surtout les enfants, parce que leurs mains maladroites faisaient plus longtemps souffrir. Des hommes très-durs, des marins, des militaires, ne purent voir ces choses sans indignation, et voulurent y mettre obstacle ; le comité royaliste fit, alors, ses coups de nuit : on ne fusillait plus, on assommait, et l'on recouvrait à la hâte les mourants de terre.

» Suivant les rapports authentiques faits à la Convention, cinq cent quarante-deux personnes périrent en un mois, et de quelle mort! Ne trouvant presque plus d'hommes à tuer, on allait passer aux femmes. Beaucoup étaient républicaines, peu dociles aux prêtres, qui leur en gardaient rancune. Un miracle affreux se fit : il y avait dans une église, la tombe de je ne sais quelle sainte en réputation ; on la consulta ; un prêtre dit la messe sur sa tombe, y posa les mains. Voilà que la pierre remue...

» — Je la sens, criait le prêtre, je la sens qui se soulève!

» Et pourquoi se soulevait-elle? Pour demander un sacrifice agréable à Dieu, qu'on ne ménageât plus les femmes, qu'on les égorgeât! Fort heureusement, les républicains arrivèrent, — la garde nationale de Nantes.

» — Hélas! leur disaient les gens de la ville, qui venaient à eux en pleurant et en leur serrant les mains, vous venez trop tard! vous venez sauver les murailles ; la ville est exterminée!...

» Et ils leur montraient la place des hommes enterrés vifs. On voyait avec horreur sortir une main crispée qui, dans l'effroyable angoisse de l'étouffement, avait saisi et tordait des herbes flétries... »

Reparlerons-nous de Carrier, après tout cela? de ses *bateaux à soupapes ;* de ses *baignades républicaines ;* de ses *mariages révolutionnaires ;* de ses *déportations verticales ?...* A quoi bon? Ce serait opposer des crimes à des crimes, et cela ne prouverait rien, sinon que l'homme est mauvais.

D'ailleurs, Carrier a expié. Je sais bien que, si c'est assez pour l'homme, ce n'est pas assez pour l'histoire ; Carrier a eu beau lutter corps à corps contre l'accusation, Carrier a été terrassé par elle; c'est inutilement que, l'œil sombre, le bras étendu et la voix stridente, il criait à ses anciens collègues devenus ses juges :

— Mais je ne vous comprends pas! mais vous êtes donc insensés! Pourquoi donc blâmer aujourd'hui ce que vous me commandiez hier? Mais, en m'accusant, la Convention s'accuse... Ma condamnation, c'est votre condamnation à tous, songez-y; tous vous serez enveloppés dans la proscription qui m'enveloppera; si je suis coupable, tout est coupable ici... tout, tout, tout! jusqu'à la sonnette du président!

Mais ses cris furent inutiles. — Et voilà le terrible des révolutions, c'est qu'il arrive une époque où la terreur qui avait poussé dans l'action pousse dans la réaction, et où la guillotine, après avoir bu le sang des condamnés, boit, impassible pour les uns comme pour les autres, le sang des juges et des bourreaux!

Cette réaction, qui, arrivant deux jours plus tôt, sauvait André Chénier, sauva M. Villenave, et les cent trente et un Nantais, ses compagnons.

CXVI

La maison de M. Villenave. — Le despotisme du maître. — La coquetterie du savant. — Description du sanctuaire de la science. — J'y suis admis à la faveur d'un autographe de Buonaparte. — La lézarde. — Huit mille livres d'in-folio. — Le pastel de Latour. — Voyages à la découverte d'un Elzévir ou d'un Faust. — La chute du portrait et la mort de l'original.

Je voulais parler de M. Villenave, et voilà que j'ai parlé de Cathelineau, de Stofflet, de Sauveur et de Carrier. Étrange chose que l'imagination! cette folle du logis, qu'on en croit l'esclave, et qui en est la reine!

J'ai dit que nous allions prendre une tasse de thé à la maison de M. Villenave.

Chaque oiseau a son nid fait d'herbes ou de plumes différentes; chaque homme a sa maison — quand il a une maison toutefois, — appropriée à son caractère, à son tempérament, à sa fantaisie.

La maison de M. Villenave avait donc son caractère à elle, emprunté au caractère de celui qui l'habitait.

Elle était bâtie de pierres qui, avec le temps, de blanches, étaient devenues grises, et qui, de grises, étaient en train de devenir noires.

Elle ne donnait pas sur la rue ; sévère et triste, elle ne se passait point de ces distractions-là, non ; ce qui donnait sur la rue, c'était un mur haut de dix pieds, espèce d'ouvrage avancé, garni en haut de pointes de verre biscornues et menaçantes.

Ce mur était troué d'une petite et d'une grande porte. La grande porte, excepté en cas de voiture, restait toujours fermée, était rouillée sur ses gonds, ankylosée dans sa serrure ; la petite porte seule, attenante à la loge du portier, s'ouvrait et donnait passage dans un jardin ; — jardin battu partout, avec des allées sans plates-bandes, avec des treilles sans raisins, avec des arbres sans ombre, avec des arbres sans feuilles.

Si, par hasard, dans un coin, poussait une fleur, c'était une fleur sauvage qui avait pris cet enclos humide pour un désert, et qui, par erreur, y avait poussé : un liseron, une pâquerette, un bouton d'or. Un jour, la pauvre fleur entendait un cri de surprise, et elle voyait s'approcher d'elle, l'œil fixe, la respiration haletante, le pas suspendu, une jolie enfant rose, aux cheveux blonds et bouclés, qui la prenait furtivement et avec les mêmes précautions qu'elle eût fait d'un papillon, et qui, l'ayant prise, courait toute joyeuse et tout étonnée à sa mère en criant :

— Maman, maman ! une fleur !...

De ce jardin, qui pouvait avoir quinze mètres carrés, et qui, du côté de la maison, se terminait par une bande de pavés, on passait dans un corridor carrelé de carreaux rouges, conduisant à un escalier qui en formait la perspective.

Mais, avant d'arriver à cet escalier, quatre portes s'ouvraient : d'abord, à gauche, celle de la salle à manger, dont la fenêtre donnait sur l'endroit le plus éclairé du jardin ; à droite, en face, celle d'une petite pièce sans importance dans laquelle moisissaient une table et trois ou quatre vieux fauteuils ; à quelques endroits de la muraille, sans que personne s'en inquiétât, le papier se détachait, et, boursouflé, se pointillait de taches vertes et blanches ; — puis, à gauche encore, la porte de la cuisine ; à droite, celle du garde-manger et de l'office.

Ce rez-de-chaussée, sombre et humide, était une espèce de catacombe où l'on ne descendait qu'à l'heure des repas.

La véritable habitation, celle où nous fûmes introduits, était au premier.

Le premier se composait d'un petit et d'un grand salon, de la chambre à coucher de madame Villenave et de celle de madame Waldor.

Nous laisserons le petit salon et les deux chambres à coucher pour ne nous occuper que du grand salon, qui, après les mansardes, — hâtons-nous de consigner cela ici afin d'avoir le droit de les visiter, — qui, après les mansardes, était la pièce la plus curieuse de la maison.

C'était un carré long ayant à chacun de ses angles une console supportant un buste. Un de ces bustes était celui du maître de la maison.

Entre les deux bustes, au fond, sur une table de marbre faisant face à la cheminée, était la pièce d'art et d'archéologie la plus importante du salon : c'était l'urne de bronze dans laquelle avait été enfermé le cœur de Bayard.

Un petit bas-relief courant à sa circonférence montrait le chevalier sans peur et sans reproche, appuyé à un arbre, et baisant la croix de son épée.

Puis venaient quatre grands tableaux représentant trois portraits et un paysage.

Le paysage, commençons par lui, — à tout seigneur tout honneur, — le paysage était un Claude Lorrain.

Un des portraits était signé d'Holbein. Il représentait Anne Boleyn.

Les deux autres — j'ignore de qui ils étaient — représentaient : l'un, une madame de Montespan ; l'autre, une madame de Sévigné ou de Grignan, je ne sais plus bien.

Le long des murailles, couvertes d'un de ces papiers qui ne laissent aucune trace dans la mémoire, un ameublement en velours d'Utrecht offrait aux amis de la maison ses grands canapés à bras blancs et maigres comme des bras de bossu, et aux étrangers, plus cérémonieux, ses chaises et ses fauteuils.

Cet étage avait son roi et sa vice-reine.

Le roi, c'était M. Villenave ; la vice-reine, c'était madame Waldor.

Nous disons « vice-reine, » parce que, aussitôt que M. Villenave entrait dans son salon, il en redevenait le maître, le roi ! plus que le roi, le despote !

M. Villenave avait quelque chose de tyrannique dans le caractère, et cette tyrannie s'étendait de sa famille aux étrangers. Comme ces petits princes d'Italie dont il faut adopter les principes dès qu'on a franchi les limites de leur maigre territoire, une fois qu'on avait franchi le seuil de son salon, M. Villenave ne permettait pas que l'on eût, sur quelque chose que ce fût, une autre opinion que la sienne. On devenait une partie de la propriété de cet homme, qui avait tout vu, tout étudié, qui savait tout enfin. Cette tyrannie, quoique tempérée par la courtoisie du maître de la maison, pesait néanmoins d'une façon gênante sur l'ensemble de la société. Peut-être, en présence de M. Villenave, la conversation était-elle « bien menée, » comme on disait autrefois ; mais, à coup sûr, elle était moins amusante, moins libre, moins spirituelle que lorsqu'il n'y était pas.

Il y avait la différence qui existe entre la danse du menuet et le jeu des quatre coins.

C'était tout le contraire du salon de Nodier : plus Nodier était chez lui, plus chacun était chez soi.

Cela me rappelle que je n'ai point reparlé de Nodier, depuis le jour où je l'ai montré m'ouvrant les portes du Théâtre-Français. — Bon et cher Nodier ! grand ami de mon cœur ! soyez tranquille ; vous ne perdrez rien pour attendre.

Par bonheur, excepté les jours ou plutôt les soirs d'Athénée, M. Villenave apparaissait rarement au salon. Tout le reste du temps, il se tenait au second étage, n'apparaissait dans la famille que pour dîner; puis, quand il avait causé un instant, qu'il avait moralisé son fils, qu'il avait grondé sa femme, qu'il s'était étendu dans un fauteuil, et fait mettre ses papillotes par sa fille, il remontait chez lui.

Le quart d'heure pendant lequel la dent du peigne lui grattait doucement la tête était le quart d'heure de béatitude journalière de M. Villenave, le seul qu'il se permît, du reste, plongé qu'il était éternellement dans ses paperasses.

— Mais pourquoi ces papillotes? me demandera-t-on.

C'est ce que je demandai, moi aussi.

Madame Waldor prétendait que c'était tout simplement un prétexte pour se faire gratter la tête. M. Villenave, dans une des métamorphoses qui avaient précédé sa vie d'homme, avait dû être perroquet.

Madame Villenave, qui connaissait son mari depuis plus longtemps que sa fille, et qui, par conséquent, avait la prétention de le connaître mieux, madame Villenave assurait que c'était par coquetterie.

En effet, M. Villenave, qui était, alors, un admirable vieillard, avait dû être un magnifique jeune homme. Or, son visage aux traits fortement accentués trouvait un cadre merveilleux dans ces flots de cheveux blancs qui faisaient ressortir la flamme de ses grands yeux noirs.

C'est que, quoique savant, M. Villenave était coquet,— qualité et défaut qui vont rarement ensemble, — mais coquet de la tête seulement. Quant au reste de l'accoutrement, hors la cravate, invariablement blanche, que l'habit fût bleu ou noir, que le pantalon fût large ou étroit, que le bout de sa botte fût rond ou carré, cela regardait son tailleur et son bottier, ou plutôt sa fille, qui s'occupait de toutes ces choses-là pour lui.

Pourvu que M. Villenave fût bien coiffé, c'était tout ce qu'il lui fallait

Nous avons dit que, quand M. Villenave était gratté et

papilloté par sa fille, il remontait chez lui. — Ah dame! c'était ce *chez lui*, cet *at home* des Anglais, qui était curieux à voir !

Voulez-vous nous y suivre, si les petits détails à la manière de Balzac vous amusent, si vous croyez que la nature a autant de peine à faire l'hysope que le cèdre?

D'ailleurs, au milieu de tout ce fouillis, peut-être trouverons-nous quelque curieuse anecdote à exhumer à propos d'un charmant pastel de Latour.

Mais nous n'en sommes pas encore là. Arrivons-y comme on y arrivait chez M. Villenave, en dernier.

Nous avons divisé le rez-de-chaussée en salle à manger, cuisine, office; le premier étage, en petit salon, grand salon, chambres à coucher; il ne s'agit plus de tout cela pour le second.

Non; au second, il y avait cinq chambres, cinq chambres pleines de livres et de cartons, voilà tout. Ces cinq chambres pouvaient contenir, tant debout qu'empilés, à terre et sur les tables, quarante mille volumes et quatre mille cartons.

L'antichambre, à elle seule, formait déjà une immense bibliothèque; cette bibliothèque avait deux ouvertures.

Celle de droite donnait dans la chambre à coucher de M. Villenave. — Nous reviendrons à cette chambre.

Celle de gauche donnait sur une grande pièce donnant elle-même sur une plus petite.

Ces deux chambres, comme on le comprend bien, n'étaient rien autre chose que deux bibliothèques.

Les quatre murailles en étaient tapissées de livres soutenus par un soubassement de cartons.

C'était déjà fort joli, comme on voit; mais ce n'était pas la chose la plus ingénieuse qu'on y pût remarquer.

La chose la plus ingénieuse, c'était une construction carrée, qui, comme un énorme pilier, tenait le milieu de la chambre, et qui formait une seconde bibliothèque dans la première, ne laissant de libre, par toute la chambre, qu'un chemin bordé de livres, à droite et à gauche, dans lequel une seule personne pouvait agir librement.

Une seconde personne eût gêné la circulation; aussi fallait-il être des amis les plus intimes de M. Villenave pour prétendre à la faveur d'être admis dans ce *sanctus sanctorum*.

Ces cartons, formant, comme nous l'avons dit, les soubassements, contenaient les autographes. — Le siècle de Louis XIV, seul, occupait cinq cents cartons!

C'est là qu'était le labeur de cinquante ans employés, jour par jour, à l'accomplissement d'une seule idée; préoccupés, heure par heure, d'une seule passion; passion à la fois douce et ardente, passion du collectionneur, dans laquelle le collectionneur met son intelligence, sa joie, son bonheur, sa vie!

C'est là qu'était une portion des papiers de Louis XVI, retrouvés dans l'armoire de fer; c'est là qu'étaient la correspondance de Malesherbes, deux cents autographes de Rousseau, quatre cents de Voltaire; puis encore des autographes de tous les rois de France, depuis Charlemagne jusqu'à nos jours; c'est là qu'étaient les dessins de Raphaël et de Jules Romain, de Léonard de Vinci, d'André del Sarte, de Lebrun, de Lesueur, de Greuze, de Vanloo, de Watteau, de Boucher, de Vien, de David, de Girodet, etc.

Ces deux chambres, M. Villenave ne les eût pas données pour cent mille écus.

Restaient la chambre à coucher et le cabinet noir qui donnait derrière l'alcôve de M. Villenave, et auquel on arrivait par un corridor dont nous allons avoir l'occasion de dire deux mots.

Qui n'a pas vu cette chambre à coucher, dans laquelle le lit était le meuble le moins apparent de la pièce, ne saurait se faire une idée de ce que c'est que la chambre à coucher d'un bibliomane.

C'est dans cette chambre que M. Villenave recevait ses amis.

Au bout de quatre ou cinq mois d'intimité dans la maison, j'eus l'honneur d'y être reçu.

Une vieille bonne me précédait. — Elle s'appelait Françoise, je crois.

J'avais promis à M. Villenave un autographe, — non pas de Napoléon, il en avait cinq ou six ; non pas de Bonaparte, il en avait trois ou quatre ; — mais de *Buonaparte*.

Il avait ordonné qu'on me fît monter aussitôt que j'arriverais.

Françoise entre-bâilla la porte.

— C'est M. Dumas, dit-elle.

Ordinairement, quand on lui annonçait quelqu'un, fût-ce un ami intime, si cet ami intime n'était pas attendu, M. Villenave jetait les hauts cris, grondait Françoise, levait désespérément les bras au ciel; puis, enfin, quand il s'était bien désespéré, quand il avait bien geint, quand il avait bien soupiré, il disait :

— Eh bien, voyons, Françoise, puisqu'il est là, faites entrer.

Alors, on faisait entrer la personne.

Il n'en fut pas ainsi de moi. A peine M. Villenave eut-il entendu mon nom, qu'il s'écria :

— Qu'il entre! qu'il entre!

J'entrai.

— Ah! c'est vous, me dit-il. Eh bien, je parie que vous ne l'avez pas trouvé?

— Quoi?

— Ce fameux autographe que vous m'aviez promis hier.

— Si fait... Je l'ai trouvé.

— Et vous l'apportez?

— Pardieu !...

— Vraiment?

— Le voici !

— Oh! mais donnez donc.

Je le lui donnai.

M. Villenave s'approcha vivement de la fenêtre.

— C'est bien cela, dit-il, voilà l'*u*... Oh! c'est bien son *u*, il n'y a pas à en douter. Voyons : « 29 vendémiaire an IV. » C'est cela!... Tenez, tenez! — il alla à un carton, — tenez, en voici un de frimaire de la même année, signé « Bonaparte, 12 frimaire. » Ainsi, c'est entre le 29 vendémiaire et le 12 frimaire qu'il a retranché son *u*; voilà un grand point historique éclairci!

Pendant ce monologue, j'avais jeté un regard sur tous les points de cette chambre à coucher, et j'avais remarqué que le seul meuble qui ne fût pas encombré de livres était le fauteuil d'où il venait de se lever.

Après avoir bien examiné l'autographe, M. Villenave le mit dans une chemise blanche, annota la chemise, la plaça dans un carton, remit le carton en son lieu, et, avec un soupir de joie, se rejeta sur son fauteuil.

— Ah! maintenant, dit-il, asseyez-vous donc.

— Je ne demanderais pas mieux, répondis-je; mais sur quoi voulez-vous que je m'assoie?

— Sur le canapé, donc.

— Ah! oui, sur le canapé!

— Eh bien?

— Eh bien, regardez-le un peu, le canapé.

— C'est, par ma foi, vrai, il est encombré de livres. Eh bien, avancez un fauteuil.

— Ce serait avec grand plaisir; mais les fauteuils...

— Les fauteuils?

— Encombrés comme le canapé.

— Ah! j'ai tant de livres... Vous avez vu cette grande lézarde qui est à la maison?

— Non.

— Elle est visible, cependant... Eh bien, mon cher monsieur, ce sont les livres! les livres ont failli faire crouler la maison.

— Comment, les livres?

— Oui, douze cents in-folio, monsieur, douze cents in-folio magnifiques, rares; je crois même qu'il y en avait d'inconnus, tant ils étaient rares! J'avais mis tout cela dans le grenier, — je comptais bien y en mettre encore, il y avait de la place pour douze cents autres; — tout à coup, la maison tremble, jette un cri et se lézarde.

— Ah çà! on dut croire à un tremblement de terre?

— Justement!... mais, quand on vit que l'accident était partiel, on envoya chercher l'architecte; l'architecte examina la maison, de la cave au deuxième étage, et déclara que l'accident ne pouvait provenir que d'une surcharge. En conséquence, il demanda à visiter les greniers. Hélas! c'était ce que je redoutais. Oh! s'il n'y avait eu que moi, jamais je ne lui en eusse donné la clef; mais il fallut se sacrifier au salut commun... Il visita les greniers, trouva les in-folio, reconnut qu'il y en avait huit mille livres pesant, et déclara qu'il fallait les vendre ou qu'il ne répondait plus de rien... On les vendit, monsieur!

— Et à perte?

— Non... Hélas! on gagna cinq ou six mille francs dessus, parce que les livres, vous le savez, augmentent de valeur en passant par les mains d'un bibliophile; mais les pauvres in-folio furent perdus pour moi, chassés du toit qui leur avait donné asile... Jamais je ne retrouverai pareille collection. — Mais prenez donc une chaise.

Il en était des chaises comme des fauteuils et des canapés; aucune n'était libre.

Je résolus de changer la conversation.

— Ah! dis-je à M. Villenave en m'avançant vers son alcôve, au fond de laquelle une porte ouverte sur le corridor permettait à ma vue de plonger, ah! monsieur, que vous avez là un beau pastel!

— Oui, oui, me répondit M. Villenave, avec cet air d'ancienne cour que je n'ai connu qu'à deux ou trois vieillards coquets comme lui, oui, c'est le portrait d'une vieille amie; — je dis vieille, car je ne suis plus jeune, et elle a, si j'ai bonne mémoire, cinq ou six ans de plus que moi; — nous nous sommes connus en 1784; vous le voyez, ce n'est point hier. Depuis 1802, nous ne nous sommes pas revus, ce qui ne nous empêche pas de nous écrire tous les huit jours, et de recevoir nos lettres hebdomadaires avec un égal plaisir... Oui, vous avez raison, le pastel est charmant; mais, si vous aviez connu l'original, il était bien plus charmant encore!

Et un reflet de jeunesse doux comme un rayon de soleil passa sur le visage du beau vieillard, rajeuni de quarante ans.

Hélas! je n'entrai que deux fois dans ce tabernacle de la science; j'ai dit ce qui s'y passa la première; je dirai tout à l'heure ce qui s'y passa la seconde.

Mais, auparavant, je dois répondre à une question : comment, sans une immense fortune, M. Villenave avait-il pu réunir de pareils trésors?

Avec patience et longueur de temps, comme dit la Fontaine.

Cette collection, c'était le travail de toute sa vie.

De même que Ghiberti s'inclina jeune sur les portes du baptistère de Florence et s'en releva vieux, de même M. Villenave avait consacré cinquante ans à cette œuvre.

D'abord, jamais M. Villenave n'avait brûlé un papier ni déchiré une lettre.

J'avais écrit deux ou trois fois à M. Villenave pour lui demander des renseignements; eh bien, mes chiffons d'épître avaient leur chemise, ils étaient classés et étiquetés. D'où me venait cet honneur? Qui sait? Ne pouvais-je pas, moi aussi, devenir un grand homme?

Or, s'il avait gardé mes lettres, à moi, jugez de sa religion en pareille matière!

Convocations aux sociétés savantes, invitations aux messes de mariage, billets d'enterrement, il avait tout gardé, tout classé, tout mis à sa place. Je ne sais quelle chose n'avait pas sa collection chez M. Villenave; j'y ai vu une collection des volumes à moitié brûlés qui, le 14 juillet, avaient été arrachés au feu de la Bastille.

M. Villenave avait deux aides de camp ou plutôt deux limiers : l'un s'appelait Fontaine, et était lui-même auteur d'un livre intitulé *Manuel des Autographes;* l'autre était un employé au ministère de la guerre. Deux fois par semaine, il y avait chasse; on fouillait les boutiques des épiciers, qui, habitués à ces visites, mettaient de côté tous les papiers qu'ils croyaient rares et curieux.

Parmi ces papiers, les deux visiteurs faisaient un choix qu'ils payaient aux épiciers quinze sous la livre, et que M. Villenave leur payait trente sous.

Puis, si l'on peut dire cela, il y avait les jours de chasse royale; ces jours-là, M. Villenave quêtait en personne; tous les épiciers de Paris le connaissaient et venaient à lui les mains pleines de papiers bien autrement précieux pour lui que les roses et les lis.

Il faut avoir vu M. Villenave les jours où il sortait pour ne rien faire, ou plutôt où il sortait pour accomplir l'œuvre principale de sa vie. Ce jour-là, il n'était ni coquet ni bien frisé; ce jour-là, il n'avait pas la cravate blanche et l'habit bleu à boutons d'or; ce jour-là, il ne fallait point paraître trop riche aux vieux bouquinistes chez lesquels on allait glaner; non, ce jour-là, on mettait le vieux chapeau un peu crasseux, la cravate noire coupée à l'endroit de la barbe, et la redingote non battue.

Puis l'infatigable bibliomane prenait la ligne des quais.

Là, les deux mains dans les goussets de son pantalon, son grand corps incliné, sa belle tête intelligente éclairée par le désir, il plongeait son regard ardent au plus profond des étalages, où il allait cherchant incessamment ce trésor inconnu, une bible de Faust, un manuel d'Elzévir.

Parfois le chasseur faisait buisson creux; alors, il rentrait maussade, ne disait pas un mot au dîner, se plaignait que sa fille lui tirât les cheveux en lui mettant ses papillotes, puis prenait son bougeoir, et remontait à sa chambre sans dire bonsoir à personne.

Un autre jour, la chasse avait été riche, M. Villenave rapportait un volume précieux, une édition rare; alors, il rentrait le visage souriant; il faisait sauter Élisa dans ses bras; il plaisantait avec son fils, embrassait sa fille, faisait à sa femme des compliments sur le dîner; puis, le dîner fini, remerciait sa coiffeuse par un ronron pareil à celui d'un chat satisfait.

Il ne restait plus qu'une inquiétude à M. Villenave : où mettre la nouvelle acquisition? Les livres étaient serrés dans leurs rayons à n'y pas introduire un couteau à papier. Il allait d'une face à l'autre, tournait, virait, se plaignait, levait au ciel ses grands bras désespérés, et, enfin, se décidait à poser le livre sur le canapé, sur un des fauteuils ou sur une des chaises, en disant avec un soupir :

— On lui trouvera une place.

Cette place, on ne la trouvait pas, et le livre restait sur le canapé, sur le fauteuil ou sur la chaise où il avait été déposé, nouvel obstacle à ce que s'assît le visiteur.

Je savais si bien quel était le dérangement qu'on occasionnait à M. Villenave, que je n'étais jamais retourné à ce fameux second, lorsque, refaisant *Christine* à neuf, j'eus l'idée de consulter un autographe de la fille de Gustave-Adolphe; je voulais me rendre compte par la forme de l'écriture, de certaines bizarreries de caractère, — chose possible, à ce que je crois. — Je résolus donc d'aller troubler M. Villenave dans ces régions intellectuelles d'où il planait au-dessus de l'humanité.

C'était vers cinq heures de l'après-midi, au mois de mars 1829.

Je sonnai à la porte, la porte s'ouvrit; je demandai M. Villenave, et je passai.

J'avais fait quelques pas vers la maison, lorsque Françoise me rappela.

— Monsieur! dit-elle, monsieur!

— Qu'y a-t-il, Françoise?

— Monsieur va-t-il chez M. Villenave?

— Oui, Françoise.

— C'est que je croyais que monsieur allait chez ces dames, comme d'habitude.

— Vous vous trompiez, Françoise.

— Alors, monsieur serait bien bon d'épargner deux étages à mes pauvres jambes, et de donner à M. Villenave cette lettre que l'on vient d'apporter pour lui.

Françoise me donna la lettre, je la pris, et je montai.

Arrivé à la porte, je frappai, mais on ne me répondit pas.

Je frappai un peu plus fort.

Même silence.

Je commençai à m'inquiéter; la clef était à la porte, et la présence de cette clef indiquait invariablement la présence de M. Villenave dans sa chambre.

Il pouvait donc lui être arrivé un accident.

Je frappai une troisième fois, avec l'intention d'entrer, si l'on ne me répondait pas.

On ne me répondit pas, j'entrai.

M. Villenave était assoupi dans son fauteuil.

Au bruit que je fis en entrant, à la colonne d'air peut-être qui entra avec moi, et qui rompit certaines influences magnétiques, M. Villenave poussa une espèce de cri, et se réveilla en sursaut.

— Ah! pardon, m'écriai-je, cent fois pardon! je vous ai dérangé.

— Qui êtes-vous? que désirez-vous? demanda vivement M. Villenave.

— Eh! mon Dieu, ne me reconnaissez-vous point?... Alexandre Dumas.

— Ah! fit M. Villenave en respirant.

— En vérité, monsieur, dis-je, je suis au désespoir, et je me retire.

— Non, non, au contraire, entrez, dit M. Villenave en passant sa main sur son front; vous me rendez service.

J'entrai.

— Asseyez-vous, me dit-il par habitude.

Huit ou dix in-folio étaient gisants sur le plancher, j'en formai une pile et je m'assis dessus.

— Vous voyez, me dit M. Villenave, c'est bien singulier... je m'étais assoupi, le crépuscule est arrivé; pendant ce temps-là, mon feu s'est éteint. Vous m'avez réveillé; vous m'avez trouvé sans lumière, ne me rendant pas compte du bruit qui se faisait chez moi; c'est sans doute l'air de la porte qui a passé sur mon visage, mais, en me réveillant, il m'a semblé voir voltiger devant mes yeux quelque chose de blanc comme un linceul... C'est bien singulier, n'est-ce pas? continua M. Villenave avec ce mouvement de corps qui indique un frisson courant par les membres refroidis. — Vous voici, tant mieux!

Et il me tendit la main.

Je répondis à sa courtoisie, en passant la lettre que je lui apportais de la main droite dans la main gauche.

— Que tenez-vous là? me demanda M. Villenave.

— Ah! pardon, j'oubliais... une lettre que Françoise m'a remise pour vous, et qui est cause que je vous ai dérangé.

— Merci. — Tenez, s'il vous plaît, allongez la main et donnez-moi une allumette; en vérité, je suis encore tout engourdi, et, si j'étais superstitieux, je croirais aux pressentiments.

Il prit l'allumette que je lui présentais, et l'alluma aux cendres rouges du foyer.

A mesure que l'allumette prenait feu, une lumière se répandait dans la chambre, et, si tremblante qu'elle fût, permettait de distinguer les objets.

— Ah! mon Dieu, m'écriai-je tout à coup, qu'est-il donc arrivé à votre beau pastel?

— Vous voyez, le verre et le cadre sont brisés; j'attends le vitrier et l'encadreur... C'est incompréhensible!

— Qu'est-ce qui est incompréhensible?

— La façon dont il est tombé.

— Le clou s'est détaché? le piton s'est rompu?

— Rien de tout cela. Imaginez-vous qu'avant-hier, j'avais travaillé toute la soirée; il était minuit moins un quart, j'étais fatigué, et, cependant, j'avais encore à revoir les épreuves d'une petite édition compacte de mon *Ovide*. Je me décide à allier ma fatigue avec mon travail, en me couchant et en revoyant les épreuves dans mon lit. Je me couche donc; je mets ma bougie sur ma table de nuit; sa lueur se reflète sur le portrait de ma pauvre amie; mon œil suit la lueur de la bougie; je lui dis bonsoir de la tête comme d'habitude... Une fenêtre entr'ouverte laissait passer un peu de vent; le vent fait vaciller la flamme de ma bougie, de sorte qu'il me semble que le portrait me répond bonsoir, par un mouvement de tête pareil au mien! — Vous comprenez que je traitai ce mouvement de vision, de folie; mais, folie ou vision, voilà mon esprit qui se préoccupe de ce mouvement; voilà que plus j'y pense, plus je me figure qu'il est réel; voilà que mes yeux, attirés vers un seul point, quittent mon *Ovide* pour se fixer sur ce cadre; voilà que mon esprit distrait remonte malgré lui aux premiers jours de ma jeunesse; voilà que ces premiers jours repassent un à un devant moi... Dame! je crois vous l'avoir dit, l'original de ce pastel a tenu une grande place dans ces premiers jours! Me voilà donc voguant à pleines voiles dans mes souvenirs de vingt-cinq ans; je parle à la copie comme si l'original pouvait m'entendre, et voilà que ma mémoire répond pour lui; voilà qu'il me semble que le pastel remue les lèvres; voilà qu'il me semble que ses couleurs s'effacent; voilà qu'il me semble que sa physionomie s'attriste et prend une expression lugubre... quelque chose comme un sourire d'adieu passe sur ses lèvres; une larme monte jusqu'à ses yeux, et est prête à mouiller le verre. Minuit commence à sonner : je frissonne malgré moi; — pourquoi? je n'en sais rien! Le vent soufflait : au dernier coup de minuit, comme la cloche vibrait encore, la fenêtre entr'ouverte s'ouvre violemment, j'entends frémir comme une plainte, les yeux du portrait se ferment, et, sans que le clou qui le soutenait se brise, sans que le piton se détache, le portrait tombe et ma bougie s'éteint. Je voulus la rallumer, mais plus de feu dans l'âtre, plus d'allumettes sur la cheminée; il était minuit, tout dormait dans la maison; aucun moyen, par conséquent, de faire de la lumière; je refermai la fenêtre et je me couchai... Sans avoir peur, j'étais ému, j'étais triste, j'avais un profond besoin de pleurer; il me semblait entendre passer par ma chambre comme le froissement d'une robe de soie... Trois fois ce bruit fut si sensible, que je demandai : « Y a-t-il quelqu'un là? » Enfin je m'endormis, mais tard, et, en me réveillant, comme mon premier regard fut pour mon pauvre pastel, je le trouvai dans l'état où vous le voyez.

— En effet, lui dis-je, voilà qui est étrange! Et avez-vous reçu, comme d'habitude, cette lettre que vous receviez tous les huit jours?

— Non, et cela m'inquiète; c'est pourquoi j'avais recommandé à Françoise de monter ou de faire monter à l'instant même les lettres qui arriveraient pour moi.

— Eh bien, mais, repris-je, peut-être que celle-ci, que je vous apporte...

— Ce n'est pas là sa manière de les plier ; mais n'importe, comme elle arrive d'Angers...

Puis, la tournant pour en rompre l'enveloppe :

— Ah ! mon Dieu ! dit-il, elle est cachetée de noir.... Pauvre amie ! il lui sera arrivé quelque malheur !

Et M. Villenave décacheta la lettre en pâlissant ; elle en renfermait une seconde.

Aux premières lignes qu'il lut de cette première lettre, ses yeux se remplirent de larmes.

— Tenez, dit-il en me la présentant, lisez !

Et, tandis que, tristement et silencieusement, il ouvrait la seconde lettre, je pris la première, et je lus :

« Monsieur,

» C'est avec ma douleur personnelle, augmentée de celle que vous allez éprouver, que je vous annonce que madame*** est morte, dimanche dernier, comme sonnait le dernier coup de minuit.

» Elle avait, la veille au moment où elle vous écrivait, été prise d'une indisposition que nous crûmes légère d'abord, et qui alla s'aggravant jusqu'au moment de sa mort.

» J'ai l'honneur de vous envoyer, toute incomplète qu'elle est, la lettre qu'elle avait commencée pour vous. Cette lettre vous prouvera que, jusqu'au moment de sa mort, les sentiments qu'elle vous avait voués sont restés les mêmes.

» Je suis, monsieur, bien tristement, comme vous pensez, votre très-humble et très-obéissante servante.

» THÉRÈSE MIRAUD. »

— Eh bien, vous voyez, me dit M. Villenave, c'est au dernier coup de minuit que le portrait est tombé, c'est au dernier coup de minuit qu'elle est morte.

Je crus que la douleur qu'il éprouvait avait besoin surtout, non pas de plates consolations que je pouvais lui donner, mais d'une solitude pleine de souvenirs.

Je repris mon chapeau, je lui serrai la main, et je sortis.

Cela m'avait rappelé cette apparition de mon père, qui, la nuit même de sa mort, était venu me réveiller tout enfant, et je me fis, sans pouvoir y répondre, cette question tant de fois faite : « Par quels liens mystérieux la mort tient-elle donc à la vie? »

Depuis, lorsque je perdis ma mère, que j'aimais plus que tout au monde, et qui, de son côté, m'adorait au delà de toute expression, je me rappelai cette double apparition, et, près du lit où elle venait d'expirer, à genoux et les lèvres sur sa main, je la suppliai, si quelque chose d'elle survivait à elle-même, de m'apparaître une dernière fois ; puis, la nuit venue, je me couchai dans une chambre isolée, attendant, le cœur tout palpitant, la vision bien-aimée.

Je comptai inutilement presque toutes les heures de la nuit, sans qu'aucun bruit, sans qu'aucune apparition vînt consoler ma veille funèbre.

Et, alors, je doutai de moi-même et des autres, car j'aimais tant ma mère et elle m'aimait tant, que si elle eût pu se soulever une dernière fois de sa couche pour me dire un dernier adieu, elle l'eût fait bien certainement.

Puis peut-être les enfants et les vieillards sont-ils seuls privilégiés : — les enfants, parce qu'ils sont plus près du berceau ; les vieillards, parce qu'ils sont plus près de la tombe.

CXVII

Première représentation de *Roméo et Juliette,* de Soulié. — Anaïs et Lockroy. — Pourquoi il n'y a pas, en France, d'actrice pour jouer Juliette. — Les études du Conservatoire. — Une seconde *Christine* au Théâtre-Français. — M. Évariste Dumoulin et madame Valmonzey. — Conspiration contre moi. — Je cède mon tour à la représentation. — Comment je trouve le sujet d'*Henri III.* — Mon opinion sur cette pièce.

Cependant, on était arrivé au commencement de juin 1828, et, comme me l'avait dit Soulié, l'Odéon, après avoir reçu son *Roméo,* l'avait mis en répétition, et s'apprêtait à le jouer.

Nous ne nous étions pas revus depuis le soir où nous étions convenus de faire notre *Christine* chacun de notre côté. Cependant, il ne m'oublia point, et je reçus, pour la représentation, mes deux stalles de galerie.

Comme ma mère m'avait souvent entendu parler de Soulié, comme elle savait que Soulié était de mes amis, c'était presque la préparer à ma première représentation que de l'emmener à la première représentation de Soulié.

Pauvre mère! c'était une grande fête pour elle quand nous sortions ensemble. Hélas! je la négligeais bien, depuis quelques mois! tant que vit cet ange gardien qu'on appelle une mère, on ne songe point, quand on le quitte pour toutes ces folles fantaisies de la jeunesse, qu'il viendra un moment — moment inattendu et fatal — où lui, à son tour, nous quittera! C'est alors, seulement, qu'on se souviendra, les larmes dans les yeux et les remords dans le cœur, de toutes ces absences, inutiles et cruelles, et qu'on se dira : « Pour quoi et pour qui, mon Dieu! me suis-je donc si souvent séparé momentanément de celle dont vous me séparez pour toujours? »

Nous nous acheminâmes vers l'Odéon. — C'était une grande affaire, à cette époque, qu'une première représentation, —

surtout quand la pièce que l'on représentait pour la première fois était d'un homme appartenant à la nouvelle école.

Cependant, on savait que cette pièce de Soulié ne déciderait rien ; très-avancée, si elle eût été jouée avant le passage des acteurs anglais à Paris, elle était fort en arrière, depuis leurs représentations. Il n'y avait donc pas crainte de grande chute ; mais il n'y avait pas chance non plus de grand succès.

Remarquez, en outre, qu'elle allait être jouée sur le même théâtre, et probablement dans les mêmes décorations où Kemble et miss Smithson venaient de jouer le chef-d'œuvre de Shakspeare.

C'était Anaïs et Lockroy qui étaient chargés des rôles principaux.

Pour Lockroy, c'était presque un début. Beau, poétique, jeune, aventureux, Lockroy était, à cette époque, un acteur dont on pouvait tout attendre, surtout dans ces sortes de rôles.

Mais il n'en était pas de même d'Anaïs. Charmante dans la comédie, adorable là où il ne fallait que du goût, de l'esprit, de la finesse, de la manière même, Anaïs était tout à fait insuffisante dans le drame et dans la tragédie.

Et, là, sur ces mêmes planches, devant ce même public, dans ce même rôle de Juliette, miss Smithson avait été si miraculeusement belle de la réunion de toutes les qualités qui font la tragédienne !

D'ailleurs, il n'y avait point, alors, à Paris, une seule femme qui pût jouer Juliette, et, disons-le, il n'y en a pas encore une aujourd'hui.

A quoi donc tient chez nous l'absence de ce type charmant, de la femme gaie, dramatique et poétique à la fois ? Pourquoi n'avons-nous jamais rien eu, et n'aurons-nous probablement que dans un avenir assez éloigné, quelque chose qui rappelle à la fois à nos yeux et à notre cœur miss Smithson ou miss Faucett ? Pourquoi mademoiselle Mars était-elle insuffisante à Desdémona ? et pourquoi madame Dorval elle-même l'eût-elle été à Juliette ? C'est que l'éducation dramatique de nos femmes de théâtre se fait avec les ouvrages de trois maîtres d'un mérite immense, sans doute, mais dont le génie n'admet point, comme le fait celui de Shakspeare, cet heureux mélange de naturel, de dramatique et de poésie qu'on trouve dans la plupart des œuvres du poëte anglais. — D'ailleurs, au Conservatoire, on ne se destine qu'à une seule branche de l'art, à la tragédie ou à la comédie ; jamais à la comédie et à la tragédie à la fois. Pourquoi encore? Parce que, chez les maîtres qu'on étudie, — Molière, Corneille et Racine, — jamais on ne rencontre le mélange des deux genres. Cette exclusion de la comédie chez la tragédienne, ou de la tragédie chez la comédienne, est fatale; elle rend la tragédienne roide dans la comédie, la comédienne maniérée dans la tragédie. Nous ne connaissons, avec notre théâtre du XVIIe et du XVIIIe siècle, que le réalisme des femmes de Molière, la rudesse des femmes de Corneille, l'emportement ou la douceur des femmes de Racine; Agnès et Célimène, voilà pour Molière; Émilie et Rodogune, voilà pour Corneille ; Hermione et Aricie, voilà pour Racine. Cherchez, dans tout cela, quelque chose qui ressemble aux scènes de la nourrice, du balcon et des tombeaux, réunies dans le seul rôle de Juliette, et vous chercherez vainement. Pour arriver au résultat où arrivent les Anglais, il faudrait ou que nous n'eussions pas de Conservatoire, — ce qui, à mon avis, serait un grand bonheur ! — ou que le Conservatoire admît, conjointement avec l'étude des maîtres français, l'étude des maîtres étrangers ou des auteurs contemporains dont les œuvres dramatiques contiennent ce triple élément : naturel, drame, poésie. Ce serait une chose bien simple que de décréter cela ; cela contrarierait, je le sais bien, M. Samson et M. Provost ; mais qu'importerait cette contrariété à un ministre de l'intérieur intelligent? Cela, sans doute, ferait crier M. Viennet, M. Lebrun et M. Jay ; mais M. Viennet n'est plus membre de la chambre des députés; M. Lebrun n'est plus membre de la chambre des pairs; M. Jay n'est plus membre de la rédaction du *Constitutionnel ;* qu'importeraient leurs cris à un ministre de l'intérieur qui ne se soucierait pas d'être de l'Académie? — Au premier abord, il semble que ce soit bien facile à trouver, cependant, un ministre de l'intérieur intelligent, et qui ne se soucie pas d'être de l'Académie ; eh bien, on se trompe ; nous le cherchons, nous autres, depuis trente ans! Nous avons vu deux révolutions, sans trouver ce ministre-là, et il nous faudra encore peut-être deux autres révolutions pour qu'il apparaisse. — Je ne souhaite pas voir les deux révolutions avant ma mort, mais je souhaite bien voir le ministre.

Il résulta de tout cela qu'Anaïs, charmante comédienne, — probablement élève du Conservatoire, — fut insuffisante dans Juliette, et que Lockroy, s'inspirant de Kemble, de Macready, et surtout de lui-même, eut des choses merveilleuses dans le rôle de Roméo.

Une de ces choses merveilleuses, une inspiration de génie, fut, quand il voit Juliette se lever de son tombeau et marcher, d'aller, lui, — à reculons, sans la quitter des yeux, de peur que ne s'évanouisse celle qu'il prend pour une ombre, — tâter ce lit funèbre qu'elle vient de quitter, et de ne jeter son cri de joie que lorsqu'il s'est assuré que le lit est vide.

La pièce obtint ce qu'elle méritait, un succès littéraire que réchauffa le dernier acte, qui appartenait presque entièrement à Shakspeare.

Je n'ai jamais, à aucune de mes représentations, éprouvé d'émotion aussi vive qu'à cette représentation de Soulié ; je n'ai jamais tant souffert qu'à ces quatre premiers actes, où je sentais la pièce se traîner froidement et lentement, et où je comprenais que cette lenteur et cette froideur étaient dues au *trop bon goût* du poète, qui avait cru nécessaire d'émonder Shakspeare.

En somme, c'était assez d'innovation pour le public, et le public fut content ; — mais, Soulié, je suis bien sûr qu'il ne le fut pas, lui.

Cependant, l'influence du jugement de Picard sur *Christine* se faisait sentir à la Comédie-Française. Mademoiselle Mars, tout de feu d'abord pour son rôle de Christine, se refroidissait en l'étudiant ; car, si incomplet qu'il fût alors, elle le sentait au-dessus de ses forces ; Firmin, comédien d'inspiration, mais non de composition, commençait à s'inquiéter de Monaldeschi ;

enfin, Ligier, qui devait jouer Sentinelli, avait quitté la Comédie-Française, et était passé à l'Odéon.

Quelque chose de plus grave encore venait de s'accomplir. Une seconde *Christine* avait été reçue par le comité du Théâtre-Français.

Cette seconde *Christine* était d'un M. Brault, ancien préfet, et ami de M. Decazes, qui le soutenait de tout son pouvoir.

Le rôle principal de cette nouvelle tragédie, c'est-à-dire le rôle de Christine, avait été distribué à madame Valmonzey.

Vous ne savez pas ce que c'était que madame Valmonzey? Je vais vous le dire.

Madame Valmonzey était une assez mauvaise actrice, mais une assez belle femme, maîtresse de M. Évariste Dumoulin, rédacteur du *Constitutionnel*.

On me demandera peut-être pourquoi je dis cela. Je répondrai que c'est parce qu'il faut que je le dise. Dieu me garde de chercher un scandale inutile, et de faire inutilement une croix rouge à la pierre qui couvre la tombe de deux morts; mais, ce que j'écris, c'est surtout l'histoire de l'art, l'histoire de la littérature, l'histoire du théâtre. Or, pour que cette histoire soit de l'histoire, il faut que je dise la vérité.

Voici ce qui résulta de la réception d'une seconde *Christine* au Théâtre-Français, et des amours de M. Évariste Dumoulin avec madame Valmonzey : c'est que M. Évariste Dumoulin déclara que, si l'on ne jouait pas la pièce de son ami M. Brault avant celle de M. Alexandre Dumas, il éreinterait le Théâtre-Français dans son journal.

Cette déclaration de guerre effraya fort le Théâtre-Français; cependant, comme c'était une chose grave et qui n'avait pas d'antécédents, que cette décision du comité réclamée par M. Évariste Dumoulin, le comité répondit qu'il était tout prêt à jouer la *Christine* de M. Brault, mais qu'il était indispensable, pour cela, que je lui cédasse mon tour.

M. Brault, d'ailleurs, était malade d'une maladie incurable dont il mourut quelque temps après; — ce serait une consolation pour le pauvre mourant que de voir jouer sa pièce avant sa mort.

Voilà comment la supplique me fut adressée par son fils, en une lettre des plus polies et des plus gracieuses, et par M. le duc Decazes, en paroles pleines de chaleur et d'offres de service.

De leur côté, MM. les comédiens du Théâtre-Français s'engageaient, par décision prise en comité, M. Brault joué, à me jouer à mon tour sur ma première réquisition.

J'ai toujours eu le cœur fort ouvert à ces sortes de demandes. C'était, cependant, — pour moi qui attendais littéralement, ainsi que ma mère, le produit de cette pièce pour manger, — une chose grave que ce retard. Les gratifications dont j'avais parlé à ma mère étaient venues, mais de cinquante francs, pour moi, au-dessous de celles de mes camarades; ce qui était un avertissement de me bien tenir. De plus, j'étais chez M. Deviolaine, qui m'avait prédit que ma pièce ne serait pas jouée, et qui allait bondir de joie en voyant sa prédiction en train de s'accomplir. Enfin, cette promesse de me jouer à première réquisition était illusoire, attendu qu'une première *Christine* jouée, je devais raisonnablement attendre un an au moins avant d'exiger des comédiens qu'ils en jouassent une seconde.

Mais, en vérité, il n'y avait pas moyen de faire autrement, tant le cercle des sollicitations m'enveloppait de toutes parts, même dans la famille Villenave, et tant, d'ailleurs, mon propre instinct était d'accord avec ces sollications.

Je cédai donc, et donnai mon tour à M. Brault.

La récompense ne se fit pas attendre. — Dès le lendemain, les journaux annoncèrent que, le comité du Théâtre-Français ayant trouvé plus de chances dans l'ouvrage de M. Brault que dans le mien, le comité avait décidé que l'ouvrage de M. Brault serait joué, tandis que le mien resterait indéfiniment dans les cartons.

Je pouvais réclamer, envoyer la lettre de M. Brault fils, exciper de l'engagement de MM. les comédiens français : je ne fis rien de tout cela, tant, dès cette époque, je m'inquiétais peu de toutes ces petites intrigues de journaux auxquelles je me vante hautement, et sans crainte d'être démenti, de n'avoir jamais donné les mains, soit à mon profit, soit au détriment des autres.

Il va sans dire que ni M. Brault, pauvre poëte mourant, ni son fils, ni M. Decazes n'étaient pour rien dans le cabotinage de toutes ces annonces.

Je crois même que M. Brault fils eut la délicatesse d'écrire pour raconter comment les faits s'étaient passés, et pour me remercier tout haut, après m'avoir remercié tout bas.

Ces misères que je dédaignais avaient cependant leur désagrément : ma mère ne lisait pas les journaux, mais on les lisait dans la famille Deviolaine, mais on les lisait dans les bureaux, et des âmes charitables allaient dire à ma mère :

— Diable! votre fils, savez-vous qu'il fait parler de lui?

— En quoi? demandait ma mère toute tremblante.

Et, alors, on s'empressait de le lui dire, et la tristesse prenait ce pauvre cœur, qui, n'ayant que moi au monde pour seul et unique amour, s'inquiétait bien plus de moi que je ne m'en inquiétais moi-même.

Les répétitions de la *Christine* de M. Brault étaient poussées avec autant de rapidité que l'on avait mis de lenteur à poursuivre les miennes; mais on sait ce que c'est que la rapidité du Théâtre-Français : — M. Brault eut tout le temps de mourir avant la représentation de son œuvre, qui n'eut qu'un succès médiocre. — Quant à madame Valmonzey, elle fut au-dessous du succès.

Mais ma pièce n'en était pas moins retardée indéfiniment.

De son côté, Soulié avait terminé sa *Christine*, et l'avait fait recevoir à l'Odéon : c'étaient mademoiselle Georges et Ligier qui y jouaient les principaux rôles.

Que m'arrivait-il, à moi, pendant ce temps-là?...

Un de ces hasards comme il n'en arrive qu'aux prédestinés me donnait le sujet d'*Henri III*, comme un autre hasard m'avait donné celui de *Christine*.

La seule armoire que j'eusse dans mon bureau, — bureau si ardemment convoité, on s'en souvient, — était commune à Féresse et à moi : j'y mettais mon papier ; il y mettait ses bouteilles. Un jour, soit pour me faire une niche, soit pour constater la supériorité de ses droits sur les miens, il emporta la clef de cette armoire, en allant faire une course. J'usai en son absence le reste du papier qui se trouvait dans mon bureau, et, comme j'avais encore trois ou quatre rapports à expédier, je montai à la comptabilité pour en prendre quelques feuilles.

Un volume d'Anquetil se trouvait égaré sur un bureau ; il était tout ouvert ; j'y jetai machinalement les yeux, et je lus, à la page 95, les lignes suivantes :

« Quoique attaché au roi, et, par état, ennemi du duc de Guise, Saint-Mégrin n'en aimait pas moins la duchesse, Catherine de Clèves, et on dit qu'il en était aimé. L'auteur de cette anecdote nous représente l'époux indifférent sur l'infidélité réelle ou prétendue de sa femme. Il résista aux instances que les parents lui faisaient de se venger, et ne punit l'indiscrétion ou le crime de la duchesse que par une plaisanterie. — Il entra, un jour, de grand matin, dans sa chambre, tenant une potion d'une main et un poignard de l'autre ; après un réveil brusque suivi de quelques reproches : « Déterminez-» vous, madame, » lui dit-il d'un ton de fureur, « à mourir » par le poignard ou par le poison ! » En vain demande-t-elle grâce, il la force de choisir ; elle avale le breuvage et se met à genoux, se recommandant à Dieu, et n'attendant plus que la mort. Une heure se passe dans ces alarmes ; le duc, alors, rentre avec un visage serein, et lui apprend que ce qu'elle a pris pour du poison est un excellent consommé. Sans doute cette leçon la rendit plus circonspecte par la suite. »

J'eus recours à la *Biographie;* la *Biographie* me renvoya aux *Mémoires de l'Estoile.* J'ignorais ce que c'était que les *Mémoires de l'Estoile;* je m'informai à M. Villenave, qui me les prêta.

Les *Mémoires de l'Estoile,* tome I, page 35, contiennent ces lignes :

« Saint-Mégrin, jeune gentilhomme bourdelois, beau, riche et de bonne part, l'un des mignons fraisez du Roy, sortant à onze heures du soir du Louvre, où le Roy étoit, en la même ruë du Louvre, vers la ruë Saint-Honoré, fut chargé de coups de pistolet, d'épée et de coutelas, par vingt ou trente hommes inconnus qui le laissèrent sur le pavé pour mort; comme aussi mourut-il le jour ensuivant, et fut merveilles comme il put en vivre étant atteint de trente-quatre ou trente-cinq coups mortels : le Roy fit porter son corps mort au logis de Boisy près la Bastille, où étoit mort Quélus, son compagnon, et enterrer à Saint-Paul avec semblable pompe et solennité qu'avoient été auparavant inhumez, en ladite église, Quélus et Maugiron, ses compagnons. De cet assassinat, n'en fut fait aucune instance, Sa Majesté étant bien avertie que le duc de Guise l'avoit fait faire pour le bruit qu'avoit ce mignon d'entretenir sa femme, et que celui qui avoit fait ce coup portoit la barbe et la contenance du duc du Maine, son frère. Les nouvelles venues au roi de Navarre, dit : « Je sçai bon gré au duc » de Guise, mon cousin, de n'avoir pu souffrir qu'un mignon » de couchette, comme Saint-Mégrin, le fit cocu; c'est ainsi » qu'il faudroit accoutrer tous les autres petits galands de » cour qui se mêlent d'approcher les princesses pour les mu- » gueter et leur faire l'amour... »

Plus loin, à propos de la mort de Bussy d'Amboise, les *Mémoires de l'Estoile* contiennent ce qui suit :

« Le mercredi 19 (août), Busy d'Amboise, premier gentilhomme de M. le duc, gouverneur d'Anjou, abbé de Bourgueil, qui faisoit tant le grand et le hautain à cause de la faveur de son maître, et qui tant avoit fait de maux et pilleries ès païs d'Anjou et du Maine, fut tué par le seigneur de Monsoreau, ensemble avec lui le lieutenant criminel de Saumur, en une maison dudit seigneur de Monsoreau, où, la nuit, ledit lieutenant, qui étoit son messager d'amour, l'avoit conduit pour coucher, cette nuit-là, avec la femme dudit Monsoreau, à laquelle Busy dès longtemps faisoit l'amour, et auquel ladite dame avoit donné exprès cette fausse assignation pour le faire surprendre par Monsoreau, son mari; à laquelle comparoissant sur la mi-nuit, fut aussitôt investi et assailli par dix ou douze qui accompagnoient le seigneur de Monsoreau, lesquels de furie se ruèrent sur lui pour le massacrer : ce gentilhomme, se voyant si pauvrement trahi, et qu'il étoit seul (comme on ne s'accompagne guères pour telles exécutions), ne laissa pourtant de se défendre jusques au bout, montrant que *la peur*, comme il disoit souvent, *jamais n'avoit trouvé place en son cœur*; car, tant que lui demeura un morceau d'épée dans la main, il combattit toujours, et jusques à la poignée, et après s'aida des tables, bancs, chaises et escabelles, avec lesquels il en blessa trois ou quatre de ses ennemis, jusques à ce qu'étant vaincu par la multitude, et dénué de toutes armes et instruments pour se défendre, fut assommé près une fenêtre par laquelle il se vouloit jeter pour se cuider sauver. Telle fut la fin du capitaine Busy... »

C'est avec ce paragraphe relatif à Bussy, et le paragraphe relatif à Saint-Mégrin, que j'ai fait mon drame.

Quant aux détails de mœurs, M. Villenave m'avait indiqué, à cet endroit, deux livres précieux : *la Confession de Sancy*, et *l'Ile des Hermaphrodites*.

C'est à propos d'*Henri III* qu'il est facile de voir que la faculté dramatique est innée chez certains hommes. J'avais vingt-cinq ans; *Henri III* était ma seconde œuvre sérieuse : qu'un critique consciencieux la prenne et la soumette au plus sévère examen, il y trouvera tout à reprendre comme style, rien comme plan. J'ai fait cinquante drames depuis *Henri III*, aucun n'est plus savamment fait.

CXVIII

Lecture d'*Henri III* chez M. Villenave et chez Roqueplan. — Autre lecture chez Firmin. — Béranger y assiste. — Un mot sur son influence et sa popularité. — Effet que produit mon drame. — Réception à la Comédie-Française. — Lutte pour la distribution des rôles. — Ultimatum de M. de Broval. — Convaincu du crime de poésie, j'en appelle au duc d'Orléans. — Son Altesse royale me fait suspendre mes appointements. — M. Laffitte me prête trois mille francs. — Condamnation de Béranger.

Relativement, l'exécution d'*Henri III* fut rapide ; le plan complétement arrêté dans mon esprit, je mis deux mois à peine à exécuter l'ouvrage.

Je me rappelle que, dans l'intervalle de la composition du plan à l'exécution de la pièce, j'allai à Villers-Cotterets à la chasse, je crois ; au retour, je pris les devants sur la voiture, et mes jeunes amis, Saunier, Labarre, Duez vinrent me conduire jusqu'au village de Vauciennes. Pendant la route, je leur racontai *Henri III* d'un bout à l'autre. — *Henri III* était fait du moment où le plan était fait.

Au reste, quand je travaille à une œuvre qui me préoccupe, c'est un besoin pour moi de raconter : en racontant, j'invente ; et, à la fin de quelqu'un de ces récits, il se trouve, un beau matin, que la pièce est achevée.

Mais il arrive souvent que cette manière de faire, c'est-à-dire de ne commencer la pièce que lorsque j'ai fini le plan, est très-lente. J'ai gardé *Mademoiselle de Belle-Isle* près de cinq ans ainsi dans ma tête, et j'ai, depuis 1832, dans la mémoire, le plan d'un *Juif errant*, auquel je puis me mettre au premier moment de repos que j'aurai conquis, et qui sera un de mes meilleurs livres.

Aussi n'ai-je qu'une crainte, c'est de mourir sans l'avoir fait.

Henri III achevé, je le lus chez madame Waldor en petit

comité. La pièce fit grand effet; mais l'avis unanime fut que je devais faire représenter *Christine* auparavant. *Henri III*, disait-on, était trop risqué pour un premier ouvrage.

Il va sans dire que le père Villenave trouvait tous ces nouveaux essais monstrueux, et les déclarait des aberrations de l'esprit humain.

C'était, au reste, l'époque où toute une génération nouvelle poussait avec nous et autour de nous. Plusieurs journaux venaient d'être créés par des hommes de notre âge, et étaient lancés dans des idées nouvelles, en opposition avec celles du *Constitutionnel*, du *Courrier français*, du *Journal de Paris* et du *Journal des Débats,* qui, dès cette époque, réservait toute sa bienveillance pour Victor Hugo.

Ces journaux étaient le *Figaro* et *le Sylphe*. Ils étaient rédigés par Nestor Roqueplan, Alphonse Royer, Louis Desnoyers, Alphonse Karr, Vaillant, Dovalle, et une douzaine d'autres hardis champions du romantisme.

Je les réunis tous dans la chambre de Nestor Roqueplan, et, en dehors d'eux, j'invitai Lassagne et Firmin.

A cette époque, Nestor Roqueplan n'était pas splendidement logé dans les appartements de l'Opéra; ses salons n'avaient pas des entre-deux de Boule et des encoignures de Coromandel. Il avait une petite chambre au cinquième, avec une cheminée garnie d'une cuvette au lieu de pendule, et de pistolets de duel au lieu de candélabres. Nous nous entassâmes une quinzaine dans cette chambre; on étendit les matelats du lit sur le carreau pour faire des divans; on transforma la couchette en sofa. Je me mis devant une table éclairée par de simples bougies; on plaça la bouilloire devant le feu, afin de couper chaque acte par une tasse de thé, et je commençai.

Cette fois, j'avais affaire à des oseurs; aussi, l'avis fut-il tout différent : on déclara d'une voix unanime que je devais abandonner *Christine* à son malheureux sort, et poursuivre *Henri III*.

Firmin était enchanté; il comprenait bien mieux le rôle de Saint-Mégrin qu'il n'avait compris celui de Monaldeschi. Il se chargea de demander lecture pour moi, et de hâter cette lecture.

En attendant, il réunirait, si je voulais, ses camarades chez lui, et je ferais une lecture qui précéderait la lecture définitive au Théâtre-Français.

J'étais enivré de mon succès; j'aurais lu cinquante fois, si l'on m'eût demandé cinquante lectures. Je me remis entre ses mains, et lui dis de faire comme il voudrait.

En sortant, Lassagne me prit par le bras.

— Mon ami, me dit-il, après *Christine*, vous n'aviez qu'à moitié raison; après *Henri III*, vous avez raison tout à fait.

Firmin fixa la lecture au jeudi suivant; Béranger devait y assister.

Vous comprenez la portée de ce mot : « Béranger devait y assister ! »

Béranger était l'homme de l'époque; Benjamin Constant venait de dire de lui :

— Ce bon Béranger, il croit faire des chansons, et il fait des odes!

Le mot avait été répété, trouvé ravissant d'exactitude, et tout le parti libéral avait acclamé Béranger le plus grand poëte de l'époque.

Un peu de persécution était arrivé par là-dessus, et avait porté l'enthousiasme au comble.

Je ne veux pas dire, entendons-nous bien, que l'on fût trop bienveillant pour Béranger; je veux dire qu'on était un peu injuste pour les autres.

Et, par les autres, j'entends Lamartine et Hugo.

Eux aussi faisaient des odes, des odes admirables même, et peu s'en fallait qu'on ne dît qu'ils ne faisaient pas même des chansons.

C'est qu'alors, Lamartine et Hugo représentaient purement et simplement le parti royaliste, et que le parti royaliste était loin de représenter l'opinion de la majorité.

Or, ce n'était pas pour Béranger simple poëte qu'était l'enthousiasme populaire; c'était pour Béranger poëte national; pour Béranger auteur du *Vieux Drapeau*, pour Béranger auteur du *Dieu des bonnes gens*, pour Béranger auteur des *Souvenirs du peuple*. L'instinct des masses ne se trompait point à cela : il sentait très-bien que Béranger était un ardent mineur, que chacune de ses chansons politiques était un coup de pioche donné sous les fondements du trône, et il applaudissait des mains et de la voix au hardi pionnier qui creusait la tranchée par laquelle le peuple arriverait un jour aux Tuileries.

Aussi, Béranger jouissait-il d'une influence énorme ; c'était à qui, de tous les partis, aurait Béranger. On avait offert la croix à Béranger, et Béranger avait refusé ; on avait offert une pension à Béranger, et Béranger avait refusé ; on avait offert l'Académie à Béranger, et Béranger avait refusé ; — personne n'avait Béranger Béranger, au contraire, avait tout le monde, et particulièrement Laffitte.

Cette amitié de Laffitte pour Béranger, et cette influence de Béranger sur Laffitte, devaient se manifester d'une merveilleuse façon en 1830.

La France leur dut le règne de Louis-Philippe, c'est-à-dire la transition indispensable, à notre avis, de la royauté aristocratique à la magistrature populaire, ce passage qu'on a appelé la royauté bourgeoise.

Nous aurons de curieux détails à raconter, quand nous en serons arrivé là, nous qui, pendant toute cette grande semaine, n'avons pas quitté les défaiseurs et les refaiseurs de rois.

Mais, pour le moment, celui des deux Béranger que Firmin nous promettait, ce n'était pas Béranger l'homme politique, c'était Béranger le poëte, Béranger l'auteur de *Lisette*, Béranger l'auteur des *Deux Sœurs de Charité*, Béranger l'auteur de *Frétillon*.

Nous devions, en outre, avoir comme autorités MM. Taylor, Michelot, Samson ; mademoiselle Leverd et mademoiselle Mars.

Je voulus donner à ma mère le bonheur d'assister à cette lecture, de l'issue de laquelle je ne doutais point, et je la déterminai à m'accompagner.

Hélas! pauvre mère! on eût dit que je prévoyais qu'elle n'assisterait pas à la représentation!

L'effet de la lecture fut immense sur tout le monde. Quoique l'esprit de Béranger soit médiocrement appréciateur de la forme dramatique, il se sentit pris comme les autres au troisième et au cinquième acte, et n'hésita point à me prédire un grand succès.

A partir de cette soirée a daté pour moi, de la part de Béranger, une amitié qui ne s'est jamais démentie.

Cette amitié fut plus d'une fois railleuse, amère même dans son expression; — car Béranger est loin d'être le bonhomme qu'on croit: il a trop d'esprit pour être bonhomme; — mais cette amitié fut toujours sincère et prête à se traduire par des faits et par des preuves.

L'effet, comme je l'ai dit, avait été grand pour tout le monde; mais il avait surtout porté sur les cinq comédiens qui se trouvaient là: Firmin, Michelot, Samson, mademoiselle Mars et mademoiselle Leverd. Il fut décidé que, dès le surlendemain, jour de comité, on demanderait une lecture extraordinaire, et qu'en s'appuyant de la promesse qui m'avait été faite à propos de *Christine,* on obtiendrait un tour de faveur; ce qui permettrait à la pièce d'être jouée immédiatement.

La pièce fut lue le 17 septembre 1828, et reçue par acclamation.

Après la lecture, on m'appela dans le cabinet du directeur, vacant faute de directeur.

J'y trouvai Taylor, mademoiselle Mars, Michelot et Firmin.

Mademoiselle Mars aborda la question avec sa franchise, j'allais presque dire avec sa brutalité ordinaire.

Il s'agissait de ne pas se laisser rouler pour *Henri III,* comme je l'avais été pour *Christine;* il fallait arrêter, séance tenante, la distribution, la signer, et, tandis que le comité était encore tout chaud d'enthousiasme, obtenir de l'administration la mise en scène immédiate.

D'ailleurs, Taylor, mon protecteur acharné, allait quitter le théâtre et partir pour l'Orient; il avait tenu parole à l'auteur d'*Hécube,* et se sauvait, non-seulement jusqu'à Alexandrie, jusqu'au Caire, mais même jusqu'à Louqsor.

On pouvait profiter de son absence pour me faire quelque mauvais tour.

Je donnai mes pleins pouvoirs à mademoiselle Mars, à Firmin et à Michelot, qui se chargèrent de mes affaires, et se constituèrent en conseil de famille, me déclarant incapable de mener moi-même à bonne fin une pareille négociation.

Quant à la distribution, elle subit de la part de mademoiselle Mars une grave opposition.

Mademoiselle Mars voulait Armand pour Henri III, et madame Menjaud pour le page.

Moi, je voulais Louise Despréaux pour le page, et Michelot pour Henri III.

La discussion fut longue, elle dura huit jours : elle commença, entre mademoiselle Mars et moi, une lutte qui, malgré notre bonne amitié, se prolongea, de sujet en sujet, jusqu'à la mort de cette admirable artiste.

Mais je tins bon ; j'avais profité des reproches que mademoiselle Mars m'avait faits, et je les retournai contre elle.

Madame Menjaud était une femme d'un grand talent ; mais elle n'était ni assez jeune, ni assez jolie pour remplir le rôle du page, et c'était justement pour cela que mademoiselle Mars, ne pouvant se dépouiller de cet égoïsme qui est le défaut des artistes les plus éminents, la voulait avoir près d'elle, déjà âgée de cinquante et un ans à cette époque : — un jeune et frais visage la gênait.

Je me contentai de répondre que, Louise Despréaux étant l'élève de Firmin, j'étais engagé avec Firmin.

Quant à Armand, la raison de mon refus de lui laisser jouer le rôle d'Henri III était plus difficile à donner. Armand, quoique plus vieux que mademoiselle Mars de cinq ou six ans, était encore beau, paraissait encore jeune, et était le plus élégant des comédiens français ; mais, Armand jouant Henri III, il n'y avait qu'Armand qui pût y songer !

Je fus obligé de répondre à Armand lui-même qu'il convenait trop bien au rôle, et que c'était pour cela que je ne voulais pas le lui donner.

Cette réponse me brouilla à tout jamais avec Armand, et faillit me brouiller avec mademoiselle Mars.

Voilà quelles étaient mes tracasseries au théâtre; — le bureau m'en gardait bien d'autres.

Comme pour *Christine,* les journaux s'étaient empressés de publier ma réception, et, comme pour *Christine,* la rumeur avait été grande dans les bureaux.

Cependant, on ne dit rien d'abord; mais, Firmin m'ayant, grâce à cette facile communication du comité avec mon cabinet, appelé plusieurs fois, et mes absences à la suite de ces appels, qui avaient pour but de régler quelques difficultés de distribution ou de mise en scène, ayant été constatées, il en résulta contre moi une déposition assez grave pour constituer un délit.

En conséquence, un matin, je reçus, par l'entremise de Féresse, l'invitation de monter chez M. le directeur général.

M. de Broval m'attendait avec ce visage sévère qui promet un orage. Il me rappela à l'instant même M. Lefèvre, avec son discours sur la machine bien organisée, et le rouage, si petit qu'il soit, qui ne fonctionnne pas.

Hélas! depuis six ans, je n'avais pas beaucoup grandi comme rouage, et je me trouvais presque aussi petit devant M. de Broval que je l'avais été devant M. Lefèvre.

Mais il y avait quelque chose au fond de mon cœur qui me grandissait: c'était cette assurance en moi-même que m'avaient donnée six ans de travaux, et ma double réception de *Christine* et d'*Henri III.*

J'attendais donc la tempête avec un calme qui surprit M. de Broval, qui le déconcerta presque.

Enfin, d'un ton assez doucereux, il m'expliqua que la littérature et la bureaucratie étaient deux ennemies qui ne pouvaient vivre ensemble, et que, sachant que, malgré cette antipathie naturelle qu'elles ont l'une pour l'autre, je voulais les allier, il m'invitait à choisir entre elles.

C'était un beau parleur que M. de Broval, ayant rempli, en

diplomatie, des emplois de troisième ordre. — Dans les grands jours, il portait, comme je crois l'avoir dit, un habit brodé au collet, et, sur cet habit, la plaque de Saint-Janvier, qu'il avait eue au mariage du duc d'Orléans avec la fille de Ferdinand de Sicile ; dans les jours ordinaires, il était vêtu comme tout le monde, avait le nez gros et rouge, et portait une épaule plus haute que l'autre.

J'avais du malheur avec les bossus.

Je compris que le moment était arrivé de jouer le tout pour le tout : je laissai M. de Broval arrondir ses phrases, caresser ses périodes, et, quand il eut fini :

— Monsieur le baron, lui répondis-je, ce que je crois comprendre de votre discours, c'est que vous me laissez le choix entre ma place de commis expéditionnaire et ma vocation d'homme de lettres.

— Mais oui, monsieur Dumas, répondit le baron.

— Ma place fut demandée au duc d'Orléans par le général Foy ; elle fut accordée par le duc d'Orléans sur cette demande ; or, avant de croire que le premier prince du sang royal, un homme que tout le monde proclame le protecteur des lettres, — et qui, à ce titre, a recueilli dans sa bibliothèque M. Casimir Delavigne, renvoyé de son bureau pour crime de poésie, — avant de croire, dis-je, que cet homme me renvoie de son administration pour le même crime commis par M. Casimir Delavigne, et qui, chez M. Casimir Delavigne, était un titre de faveur, j'ai besoin que mon *exeat*, verbal ou écrit, me soit signifié de la bouche ou de la main de M. le duc d'Orléans. Je ne donnerai ni n'accepterai la démission de ma place. Quant à mes appointements, comme M. le baron m'a laissé entendre que les cent vingt-cinq francs de traitement que je touche par mois grèvent d'une façon exorbitante le budget de Son Altesse royale, je les abandonne à l'instant même.

— Ah ! ah ! fit M. de Broval étonné ; et votre mère, monsieur, et vous-même, comment vivrez-vous ?

— Cela me regarde, monsieur.

Je saluai et m'apprêtai à sortir.

— Faites attention, monsieur Dumas, me dit M. de Broval ;

à partir du mois prochain, vous ne toucherez plus de traitement.

— A partir de ce mois-ci, si vous voulez, monsieur. Ce sera cent vingt-cinq francs que vous économiserez à Son Altesse, et je ne doute pas que Son Altesse ne vous sache gré de cette économie.

Sur ce, je saluai une seconde fois, et me retirai.

M. de Broval me tint parole. En rentrant à mon bureau, je fus averti officiellement que je pouvais disposer de mon temps à l'avenir comme je l'entendrais, vu qu'à partir de ce jour *mes appointements étaient suspendus*.

C'est incroyable, et, cependant, cela est ainsi.

Il y a plus. Les appointements, dans l'administration du prince, étaient, en général, si faibles, qu'ils nous donnaient à peine de quoi vivre. Aussi, chacun avait-il recours à une industrie particulière pour améliorer son état de gêne continuel : les uns avaient épousé des lingères qui tenaient de petites boutiques ; les autres étaient intéressés dans des entreprises de cabriolet ; il y en avait, enfin, qui tenaient, dans le quartier latin, des restaurants à trente-deux sous, et qui déposaient à cinq heures la plume ducale pour prendre la serviette du maître de gargotte. Eh bien, à ceux-là, on ne disait rien, on ne leur reprochait pas d'abaisser la majesté du prince dans les hommes qui étaient à sa solde ; non, on louait leur industrie, on la trouvait toute simple et toute naturelle ; et moi qui ne me sentais pas de vocation pour épouser une boutique, moi qui ne possédais pas de fonds que je pusse placer dans une spéculation de carrosserie, moi qui avais l'habitude de mettre une serviette sur mes genoux, et non sur mon bras, on me faisait un crime de chercher dans la littérature une voie de salut ! on me suspendait mes appointements parce que j'avais une tragédie et un drame reçus à la Comédie-Française !

Au reste, j'avais mon plan arrêté d'avance, et c'était ce plan qui m'avait donné tant de fermeté.

J'étais résolu à m'adresser à Béranger, et, par son intermédiaire, d'arriver à Laffitte.

Laffitte ferait peut-être pour moi ce que, dans une circonstance analogue, il avait fait pour Théaulon.

Laffitte me prêterait peut-être mille écus.

J'allai conter ma peine à Firmin, qui me conduisit chez Béranger.

Béranger me conduisit chez Laffitte.

Je mentirais si je disais que M. Laffitte mit de l'enthousiasme à me rendre se service ; mais je mentirais aussi si je ne me hâtais de dire qu'il me le rendit.

Je souscrivis une lettre de change de trois mille francs; je déposai un double du manuscrit d'*Henri III* entre les mains du caissier, et je m'engageai d'honneur à rembourser ces trois mille francs sur le prix du manuscrit.

D'intérêts, il n'en fut pas question.

Je sortis de chez Laffitte mes trois billets de mille francs dans ma poche, j'embrassai Béranger, et je courus chez ma mère.

Je la trouvai au désespoir : la nouvelle était déjà parvenue jusqu'à elle. Je tirai de ma poche mes trois billets de mille francs : je les lui mis entre les mains.

C'était deux années de mes appointements.

Je lui expliquai la source de cet argent : elle n'en revenait pas.

Et, cependant, pauvre mère, elle commençait à croire que je n'avais pas tout à fait tort de m'entêter à faire des pièces, puisque, sur le simple manuscrit d'une de ces pièces, on me prêtait mille écus, c'est-à-dire une somme égale à deux années de mes appointements.

Le soir, je racontai l'aventure chez M. Villenave.

M. Villenave me donna tort ; mais, à part lui, tout le monde me donna raison.

Quinze jours après m'avoir rendu ce service, Béranger était condamné par le tribunal de police correctionnelle de la Seine à dix mille francs d'amende et à neuf mois d'emprisonnement, comme auteur de *l'Ange gardien,* de *la Gérontocratie* et du *Sacre de Charles le Simple.*

Béranger n'appela point du jugement, et se constitua prisonnier au commencement de l'année 1829.

Un mois après son écrou, M. Viennet le visita.

— Eh bien, mon grand chansonnier, lui demanda l'auteur de *la Philippide*, combien avez-vous déjà fait de chansons, depuis que vous êtes sous les verrous ?

— Pas encore une, répondit Béranger; croyez-vous qu'une chanson se fasse comme un poëme épique ?

CXIX

Le duc d'Orléans me fait supprimer les gratifications. — Un folliculaire. — *Henri III* et la censure. — Ma mère est frappée de paralysie. — — Cazal. — Edmond Halphen. — Visite au duc d'Orléans. — Première représentation d'*Henri III*. — Effet qu'elle produit sur M. Deviolaine. — Félicitations de M. de Broval.

C'était donc dans ces conditions que s'offrait à moi l'année 1829, fixée pour ce grand duel entre mon passé et mon avenir.

Ma familiarité dans la maison Villenave m'avait ouvert quelques-uns des salons de l'époque, entre autres, celui de la princesse de Salm. J'y connus lady Morgan, Cooper et Humboldt.

Cependant, *Henri III* faisait grand bruit. Il n'était question que de la révolution que devait produire sa représentation. Je suivais mes répétitions avec une grande assiduité, attiré — à ce que je disais, moi, — par l'intérêt que je portais à l'ouvrage, et — à ce que disait mademoiselle Mars — par celui que je portais à une très-belle et très-gracieuse personne qui jouait un bout de rôle dans mon drame, à mademoiselle Virginie Bourbier.

Depuis le mois d'octobre, je n'avais pas remis le pied à mon bureau.

Aussi, quoique j'eusse assidûment travaillé pendant neuf mois de l'année, et, par conséquent, quoique j'eusse droit aux trois quarts de mes gratifications, le tableau de répartition parut apportant à chacun, excepté à moi, sa part de la munificence de Son Altesse royale.

Ce n'était pas un simple oubli comme j'aurais pu le craindre, — oubli qui eût été on ne peut plus humiliant pour moi; — non, la chose avait été débattue, plaidée, résolue, et Son Altesse royale avait daigné écrire, en face de mon nom, et de sa propre main :

« Supprimer les gratifications de M. Alexandre Dumas, qui s'occupe de littérature. »

Au reste, l'administration était séparée en deux camps à cause de moi. Quelques-uns avaient bravement pris parti pour la littérature contre la bureaucratie. Au nombre de mes défenseurs étaient le petit papa Bichet, qui, la tête montée par M. Pieyre et par M. Parseval de Grandmaison, soutenait que j'irais loin... pas si loin que Piron, bien entendu; mais, enfin, que je ferais parler de moi.

Les autres étaient Lassagne, Lamy, secrétaire de mademoiselle Adélaïde, le fils du directeur de la comptabilité Jamet, que son admiration pour les acteurs anglais, et surtout pour une charmante actrice anglaise, avait rallié au parti romantique, et quelques autres qui, trop dépendants par leur position, n'osaient me manifester leur sympathie qu'à demi-voix.

Oudard était resté neutre.

M. Deviolaine était chancelant; tout ce bruit qui se faisait autour de mon nom l'avait ébranlé. Aurais-je raison contre tout le monde, et, malgré mon éducation à trois francs par mois, réussirais-je où tant d'autres avaient succombé?

De temps en temps, il exprimait ce doute, et presque toujours il achevait sa période dubitative par ces mots :

— Le b..... est assez entêté pour cela!

La représentation, remise de jour en jour, comme cela arrive habituellement au théâtre, était, enfin, fixée au 11 février.

Seulement, une grave inquiétude planait sur tout le monde comme un nuage sombre, et particulièrement sur moi.

La censure n'avait pas encore dit son dernier mot au sujet de la pièce.

Il y avait, à cette époque, un misérable qui vivait de scandale, rançonnant tour à tour l'amour-propre ou la faiblesse, près duquel Geoffroi était un honnête homme et un critique consciencieux. C'était pour lui que de Laville semblait avoir fait ces vers du *Folliculaire :*

> Un vase de vermeil, une bague de prix,
> Du vin surtout, voilà ses cadeaux favoris.
> On assure — je crois que, sur ce fait probable,
> Pour le vrai, la chronique a pris le vraisemblable—
> Qu'au jour où nos amis viennent du vieux Nestor
> Nous souhaiter les ans, et bien d'autres encor;
> Au jour où les filleuls aiment tant leurs marraines;
> Jour de munificence où, sous le nom d'étrennes,
> Chacun de son voisin attend quelques tributs,
> Et d'une honnête aumône accroît ses revenus,
> Il revend au rabais, ou plutôt à l'enchère,
> Le superflu des vins et de la bonne chère
> Dont l'accable le zèle ou l'effroi des acteurs;
> Et que Follicula, pour qui les directeurs
> De schalls et de chapeaux renouvellent l'emplette,
> Se fait, pendant deux mois, marchande à la toilette!

A cet homme, le théâtre presque entier payait un tribut. Mademoiselle Mars lui faisait une pension; il avait des subventions du Théâtre-Français, de l'Odéon, de l'Opéra et de l'Opéra-Comique. On venait chez lui comme à un marché public : il vendait aux uns l'éloge, aux autres l'attaque; il vendait tout, jusqu'à son silence.

Mademoiselle Mars, Firmin, les comédiens français, Taylor lui-même avaient insisté pour que je fisse une visite à cet homme; j'avais constamment refusé.

Aussi, un matin, m'apporta-t-on son journal, et j'y lus ces lignes :

« Dans la pièce que vient de recevoir la Comédie-Française, ouvrage d'un écrivain qui a, nous assure-t-on, beaucoup de mérite, on voit des personnages honteusement liés au sujet (la cour d'Henri III) dont la nouvelle apparition sur la scène offre peut-être une preuve du talent de l'auteur, mais présente, à coup sûr, une inconvenance qu'il est impossible de tolérer. L'histoire a consacré les noms de ces misérables héros, de ces infâmes copartageants d'une débauche aussi crapuleuse qu'inexplicable ; nous pouvons donc risquer de les appeler par leur nom, et signaler à la réprobation du pouvoir ces rôles de *mignons* sur le scandale desquels on pourrait compter pour remuer la multitude...

» Si les renseignements qu'on nous donne à ce sujet sont exacts, l'autorité, qui honore le théâtre de sa tutelle, ne souffrira pas une innovation de cette nature, parce qu'elle sait que son premier devoir est de n'autoriser que des ouvrages à la représentation desquels une fille, un fils puissent être innocemment satisfaits, quand ils demandent à leurs parents : « Qu'est-ce que cela veut dire ? »

Je m'y attendais, et ma résolution était prise d'avance. A peine eus-je lu le paragraphe cité ci-dessus, que je me munis d'une canne solide, et que je reparus dans les bureaux pour dire à de la Ponce la phrase sacramentelle :

— De la Ponce, prenez votre manteau et votre chapeau.

J'allai trouver cet homme avec d'autant plus de satisfaction que cet homme avait ses jours où il était brave : si un duel pouvait lui être utile, il se battait.

Je me nommai. — Il m'attendait, me dit-il en entendant mon nom ; mais, sans doute, ne m'attendait-il pas dans les dispositions où je me présentais chez lui.

Étais-je bien ou mal tombé ? Je n'en sais rien, mais le *folliculaire* n'était pas dans son jour de courage ; il battit la campagne, nous parla de son influence au ministère, essaya de nous montrer les cadeaux du dernier jour de l'an, et finit, en somme, par nous offrir son influence près de M. de Martignac, *qui était son ami, et qui lui devait de l'argent.*

Je cite cette phrase comme un souvenir de l'impudence de cet homme.

Je lui dis que j'étais venu, non pas pour user de son influence, mais pour l'inviter à rétracter, le plus promptement possible et dans les meilleurs termes, son article du jour.

Le lendemain, son journal contenait la rétractation suivante :

« Nous serions désolé qu'on nous imputât des intentions bien éloignées de notre pensée, au sujet de notre petit article d'hier sur *Henri III*, nouvellement admis à la Comédie-Française. Nous n'avions pas de renseignements exacts sur ce point; nous en possédons maintenant, et nous pouvons rassurer nos lecteurs sur le ton, la délicatesse et le tact qui ont présidé à la mise en scène des personnages dont il était question. Cette manière de traiter le romantique est trop voisine du classique pour que nous la désapprouvions. »

Peut-être s'étonnera-t-on que je me sois un instant inquiété de cet homme; mais — il faut que je le répète pour qu'on le croie — cet homme, tout méprisé, tout méprisable qu'il était, avait son influence. Ses recommandations, au lieu d'être déchirées au nez du recommandé, avaient leur poids dans la balance des grâces, et un directeur des beaux-arts de notre connaissance à tous lui a fait, pendant de longues années, une pension de mille écus.

Au reste, que cette rétractation eût influé ou non sur la commission d'examen, le lendemain du jour où parut cette rétractation, la pièce fut rendue moins torturée, moins lacérée, moins déchiquetée qu'elle ne le serait aujourd'hui!

Il est vrai que M. de Martignac, qui avait beaucoup entendu parler de la pièce, avait voulu être son censeur, et M. de Martignac, comme chacun le sait, était un homme si spirituel, que, tant qu'il fut au ministère, Charles X eut de l'esprit.

J'étais au théâtre, tout joyeux de ce retour presque inespéré de mon drame, qui devait passer le samedi suivant, lorsque le domestique de M. Deviolaine accourut, tout effaré, me dire que ma mère, en sortant de chez M. Deviolaine, et en descendant l'escalier, venait de se trouver mal, et qu'il était impossible de lui faire reprendre connaissance.

M. Deviolaine demeurait au quatrième, dans la maison de Chaulin, le papetier, maison qui fait le coin de la rue Saint-Honoré et de la rue de Richelieu.

Je me précipitai hors de la scène en envoyant le garçon d'accessoires prévenir le médecin du théâtre, M. Florence, que ma mère avait besoin de ses secours.

En quelques secondes j'étais près d'elle : ma mère était couchée dans un grand fauteuil; elle avait les yeux ouverts, le regard intelligent, mais elle articulait à peine.

Tout un côté de son corps était insensible et immobile.

Elle était venue faire une visite à madame Deviolaine; comme d'habitude, elle avait parlé de moi; comme d'habitude, on lui avait dit que j'étais un malheureux entêté, indigne des bontés que la maison d'Orléans avait eues pour moi; que ma pièce tomberait et ne produirait pas même les mille écus qu'elle devait à M. Laffitte, et qu'alors je me trouverais sans place et sans avenir.

Ma pauvre mère avait beaucoup pleuré, s'en était allée toute troublée, et, en mettant le pied sur l'escalier, sans rien éprouver qu'un éblouissement, qu'un abandon absolu de ses forces, elle s'était affaissée sur elle-même, les jambes étendues sur les degrés, le corps couché sur le palier.

C'est dans cette situation qu'un locataire l'avait trouvée en montant; il avait sonné à la porte de M. Deviolaine; on l'avait portée dans un fauteuil où, d'évanouie qu'elle était d'abord, elle avait repris ce peu de connaissance que je lui voyais.

Je tâtai le pouls de ma pauvre mère; je soulevai le bras, qui retomba inerte: je le pinçai pour constater son insensibilité, et je demeurai convaincu qu'elle venait d'être frappée d'une attaque d'apoplexie assez grave pour entraîner, au moins, la paralysie du côté gauche.

J'envoyai chercher de la moutarde, et lui mis les pieds dans l'eau bouillante en attendant le médecin.

Puis, comme il tardait, j'envoyai chez le coutelier qui demeurait presque en face, chercher une lancette, décidé à la saigner moi-même au pied, si Florence n'arrivait pas.

Florence arriva.

Ce fut lui qui s'acquitta de l'opération; presque aussitôt, un léger mieux se manifesta: la langue, débarrassée, put prononcer quelques mots.

Sur ces entrefaites, ma sœur accourut; par bonheur, elle était à Paris, où elle était venue pour assister à ma première représentation.

Par bonheur encore, un appartement se trouvait vacant dans la maison, au troisième étage, je crois; nous le prîmes pour un trimestre. Madame Deviolaine y fit descendre un lit pour ma mère; nous y transportâmes de la rue du faubourg Saint-Denis des matelas pour nous; ces matelas furent posés à terre dans la chambre de ma mère; nous étions résolus, ma sœur et moi, à ne pas la laisser seule un instant.

Malheureusement, Thibaut n'était pas à Paris. Madame de Celles, la fille du général Gérard, étant souffrante de la poitrine, avait demandé un médecin qui pût l'accompagner en Italie; madame de Leuven lui avait désigné Thibaut, et Thibaut était parti avec elle.

Comme nous ne connaissions Florence que par occasion, il eut la discrétion, les premiers soins donnés à la malade, de se retirer de lui-même. J'appelai, alors, un autre de mes amis nommé Cazal.

C'était un homme fort intelligent, et la preuve, c'est que, voyant que, malgré ses connaissances médicales, sa clientèle restait médiocre, il inventa un genre nouveau de parapluies et d'ombrelles, prit un brevet, et fit fortune.

Cazal passa avec nous la nuit entière près de ma mère; le lendemain, l'amélioration continuant, il avait pu, sauf rechute, nous répondre à peu près de sa vie.

Combien je bénis l'idée que j'avais eue de recourir à M. Laffitte! combien je bénis M. Laffitte de m'avoir prêté mille écus! Au moins, nous étions sûrs d'une chose, c'est que, dans sa maladie, de quelque façon que les choses tournassent, ma mère ne manquerait de rien.

Du reste, en apprenant cette nouvelle, un de mes amis, fils d'un célèbre marchand de diamants, Edmond Halphen, ignorant que j'étais riche comme Ali Baba, m'envoya une petite bourse avec vingt louis dedans.

Je lui renvoyai les louis, mais je gardai la bourse, — en souvenir de cette tendre attention qui s'est si rarement renouvelée à mon égard, que je cite avec reconnaissance ce fait, dont je fus profondément touché.

J'ai, cependant, retrouvé parfois cette même spontanéité, mais chez des *amies*, et non chez des *amis*.

Tout affecté que j'étais, — et Dieu sait si le coup m'avait douloureusement atteint! — je dus quitter ma mère pendant quelques heures; mon drame paraissait si étrange à ceux-là même qui jouaient dedans, que, dès que je n'étais plus là, leur confiance disparaissait.

J'arrivai; tout le monde était touché du malheur qui me frappait d'une façon si inattendue. Taylor était là pour faire répéter à ma place, dans le cas où je n'eusse pas pu venir.

La pièce était prête ou à peu près, et il n'y avait aucun doute qu'elle ne pût passer le samedi suivant.

En rentrant à la maison, je trouvai toute la famille Villenave, depuis Théodore jusqu'à Élisa. On ne m'avait pas vu la veille, moi qu'on voyait tous les jours, et, à ma place, une lettre était arrivée qui prévenait ces excellents amis de l'accident.

Alors, ils étaient accourus.

On n'a aucune idée de ce que furent pour moi les deux ou trois jours qui s'écoulèrent entre cette douleur profonde de voir ma mère mourante, et ce terrible travail d'un premier drame à mettre au jour.

La veille de la représentation, je me préparai à une démarche que j'avais résolue depuis longtemps.

Je me présentai au Palais-Royal, et je demandai à parler à M. le duc d'Orléans.

La demande était si inusitée, si audacieuse, que, sans doute, on crut que j'avais une audience. On prévint M. le duc d'Orléans que j'étais là, et que je désirais lui parler.

Le duc d'Orléans se fit répéter deux fois mon nom, et donna l'ordre de m'introduire.

— Ah! ah! c'est vous, monsieur Dumas, me dit-il; quel bon vent vous amène ou plutôt vous ramène?

— Monseigneur, lui dis-je, c'est demain qu'on joue *Henri III.*

— Oui, dit-il, je sais cela.

— Eh bien, monseigneur, je viens vous demander une grâce ou plutôt une justice.

— Laquelle?

— C'est d'assister à ma première représentation... Il y a un an qu'on dit à Votre Altesse que je suis un fou entêté et vaniteux; il y a un an que je suis un poëte humble et travailleur; vous avez, sans m'entendre, monseigneur, donné raison à ceux qui m'accusaient près de vous; — peut-être Votre Altesse eût-elle dû attendre: Votre Altesse en a jugé autrement, et n'a pas attendu. — Demain, le procès se juge devant le public; assistez au jugement, monseigneur, voilà la prière que je viens vous faire.

Le duc me regarda un instant, et, voyant avec quelle tranquillité je soutenais son regard:

— Ce serait avec grand plaisir, monsieur Dumas, me répondit-il, car quelques personnes m'ont dit, en effet, que, si vous n'étiez pas un modèle d'assiduité, vous étiez un exemple de persévérance; mais, malheureusement, cela m'est impossible.

— Votre Altesse me dira peut-être qu'un homme qui aspire à faire parler les grands devrait savoir qu'on n'interroge pas un prince; cependant, monseigneur, je suis vis-à-vis de Votre Altesse dans une situation tellement exceptionnelle, que j'oserai vous demander d'où vient cette impossibilité, qui, je vous l'avoue, me désespère.

— Jugez-en vous-même: j'ai demain vingt ou trente princes et princesses à dîner.

— Monseigneur croit-il que ce ne serait pas un spectacle curieux à donner à ces princes et à ces princesses, que celui d'*Henri III?*

— Comment voulez-vous que je leur donne ce spectacle?

On se met à table à six heures, et *Henri III* cammence à sept.

— Que monseigneur avance son dîner d'une heure, je ferai retarder d'une heure *Henri III*; monseigneur aura trois heures pour désaffamer ses augustes convives.

— Tiens! c'est une idée, cela... Croyez-vous que le Théâtre-Français consente au retard?

— Il sera trop heureux de faire quelque chose pour Son Altesse.

— Mais où les mettrai-je? Je n'ai que trois loges.

— J'ai prié l'administration de ne pas disposer de la galerie, que je n'aie vu Votre Altesse.

— Vous présumiez donc que je consentirais à voir votre ouvrage?

— Je comptais sur votre justice... Voyons, monseigneur, j'en appelle à Philippe éveillé.

— C'est bien. Allez dire à Taylor que, si la Comédie-Française consent à retarder la représentation d'une heure, j'assisterai à cette représentation, et qu'à cet effet, je retiens toute la galerie.

— J'y cours, monseigneur.

— Êtes-vous content?

— Ravi! J'espère, d'ailleurs, que Son Altesse n'aura pas à se repentir de sa complaisance.

— Et moi aussi... Allons, bonne chance!

Je saluai, et sortis.

Dix minutes après, le théâtre était prévenu; vingt minutes après, le duc d'Orléans avait une réponse affirmative. Le soir même, les lettres qui annonçaient aux convives le changement d'heure étaient envoyées.

Ce lendemain, tant attendu, arriva enfin!

Ce jour-là, il n'y avait ni répétition ni raccords; je pus rester jusqu'au soir près de ma mère.

On m'avait donné au théâtre un certain nombre de billets, et surtout de billets de parterre; — la *claque*, à cette époque, n'était point organisée comme de nos jours, et la place d'entrepreneur de succès était presque une sinécure : on s'en remettait aux soins des amis, et à l'impartialité du public; —

cette libéralité du théâtre me permit de signer un billet de parterre à chacun de mes anciens camarades de bureau. Porcher et sa femme eurent chacun un billet de balcon.

J'eus une petite loge placée sur le théâtre même, et dans laquelle on tenait deux personnes.

Ma sœur eut une première loge où elle donna l'hospitalité à Boulanger, à de Vigny et à Victor Hugo.

Je ne connaissais ni Hugo ni de Vigny; ils s'étaient adressés à moi en désespoir de cause.

Je fis connaissance avec tous deux ce soir-là.

M. Deviolaine eut un billet d'orchestre.

Tout le reste de la salle était loué depuis huit jours; — on vendit une loge au prix exorbitant de vingt louis!

A sept heures trois quarts, j'embrassais ma mère, qui ne se doutait guère, dans le trouble où était son cerveau, quel combat j'allais livrer.

Je rencontrai M. Deviolaine dans le corridor.

— Eh bien j...-f....., me dit-il, tu y es donc enfin arrivé?

— Que vous avais-je promis?

— Oui; mais il faut voir un peu ce que le public pensera de ta prose.

— Vous verrez, puisque vous voilà.

— Je verrai, je verrai, grommela M. Deviolaine; ce n'est pas bien sûr que je verrai...

Je m'éloignai sans savoir ce qu'il entendait par ces paroles, et je gagnai ma loge, qui, ainsi que je l'ai dit, était sur le théâtre.

De ma loge, mon regard embrassait parfaitement la salle.

Ceux qui ont assisté à cette représentation se rappellent quel magnifique coup d'œil elle offrait: la première galerie était encombrée de princes chamarrés d'ordres de cinq ou six nations; l'aristocratie tout entière était entassée dans les premières et les secondes loges; les femmes ruisselaient de diamants.

La toile se leva. — Je n'ai jamais éprouvé de sensation pareille à celle que me produisit la fraîcheur du théâtre venant frapper mon front ruisselant.

Le premier acte fut écouté avec bienveillance, quoique l'exposition soit longue, froide et ennuyeuse. La toile tomba. Ces mots du duc de Guise : « Saint-Paul! qu'on me cherche les mêmes hommes qui ont assassiné Dugast! » furent vivement applaudis, et réchauffèrent le public et les artistes.

Je courus voir comment allait ma mère.

A mon retour dans la salle, je retrouvai M. Deviolaine dans le corridor; seulement, comme j'y apparaissais, il entrait vivement dans un petit cabinet. Je crus qu'il avait l'intention de m'éviter : je le calomniais, pauvre cher homme! il était occupé de toute autre chose.

Le deuxième acte commença; celui-là était amusant; la scène de la sarbacane, que je craignais beaucoup, passa sans opposition aucune. La toile tomba au milieu d'applaudissements parfaitement nourris.

C'était le troisième acte qui devait décider le succès. — Dans le troisième acte se trouvait la scène entre le page et la duchesse, et la scène entre la duchesse et le duc; scène où M. de Guise force sa femme de donner un rendez-vous à Saint-Mégrin. Si la violence de cette scène trouvait grâce en face du public, c'était ville gagnée.

La scène souleva des cris de terreur, mais, en même temps, des tonnerres d'applaudissements : c'était la première fois qu'on voyait aborder au théâtre des scènes dramatiques avec cette franchise, je dirais presque avec cette brutalité.

Je sortis; j'avais hâte de voir ma pauvre mère, et de l'embrasser, quoique, dans l'état où elle était, elle pût à peine comprendre que c'était moi qui l'embrassais.

Que j'eusse été heureux, si, au lieu d'être dans son lit, elle eût été dans la salle!

Elle dormait d'un sommeil assez paisible; je l'embrassai sans qu'elle se réveillât, et je repris le chemin du théâtre. Sous le péristyle, je rencontrai M. Deviolaine, qui s'en allait.

— Comment! lui dis-je, vous ne restez pas jusqu'à la fin?

— Est-ce que je puis rester jusqu'à la fin, animal?

— Mais pourquoi cela, ne pouvez-vous pas rester?...

— Parce que je suis une fichue bête! parce que l'émotion m'a flanqué... la colique.

— Ah! m'écriai-je en riant, c'est donc pour cela que je vous ai vu entrer dans un cabinet?

— Oui, c'est pour cela, monsieur... Voilà déjà cinquante sous que tu me coûtes! à deux sous par fois, compte... Tu me feras crever, vois-tu!

— Bah! vous exagérez; que diable pouvez-vous faire au bout de vingt-cinq fois?

— Mais je ne fais rien, bigre de bête! Aussi, la dernière fois, si je ne m'étais pas arrêté par les cheveux, je me passais par le trou du c..! Ah! il était temps!... Bon! voilà que cela me reprend!

Et M. Deviolaine, les deux mains sur son ventre, se mit à courir vers la rue Saint-Honoré.

Je rentrai au théâtre; comme je l'avais bien prévu, à partir du quatrième acte jusqu'à la fin, ce ne fut plus un succès, ce fut un délire croissant: toutes les mains applaudissaient, même celles des femmes. Madame Malibran, qui n'avait trouvé de place qu'aux troisièmes, penchée tout entière hors de sa loge, se cramponnait de ses deux mains à une colonne pour ne pas tomber.

Puis, lorsque Firmin reparut pour nommer l'auteur, l'élan fut si unanime, que le duc d'Orléans lui-même écouta debout et découvert le nom de son employé, qu'un succès, sinon des plus mérités, au moins des plus retentissants de l'époque, venait de saluer poëte.

Le soir même, en rentrant chez moi, je trouvai une lettre de M. le baron de Broval.

Je la reproduis textuellement:

» Je ne veux pas me coucher, mon bon jeune ami, sans vous avoir dit combien je me sens heureux de votre beau succès, sans vous avoir félicité de tout mon cœur, et votre excellente mère surtout, pour qui je sais que vous éprouviez plus d'angoisses encore que pour vous-même. Nous les partagions vivement, nos camarades, ma sœur et moi; et, maintenant, nous jouissons de ce triomphe si justement acquis à la double énergie du talent le plus noble et de la piété filiale. Je me crois bien sûr que vos couronnes et cet avenir de gloire que vous ouvre l'inspiration, vous laissent sensible à l'amitié, et la mienne pour vous est bien heureuse.

» Ce 11 février 1829.

» Baron DE BROVAL. »

C'était le même qui, cinq mois auparavant, me forçait de donner la démission de mes appointements !

CXX

Le lendemain de la victoire. — Interdiction d'*Henri III*. — J'obtiens une audience de M. de Martignac. — Il lève l'interdiction. — Les hommes-obstacles. — Le duc d'Orléans me fait appeler dans sa loge. — Mot de lui à Charles X au sujet de mon drame. — Encore un folliculaire. — Visite à Carrel. — Le tir Gosset et les pistolets n° 5. — Un duel impossible.

Peu d'hommes ont vu s'opérer dans leur vie un changement aussi rapide que celui qui s'était opéré dans la mienne, pendant les quatre heures que dura la représentation d'*Henri III*.

Complétement inconnu le soir, le lendemain, en bien ou en mal, je faisais l'occupation de tout Paris.

Il y a contre moi des haines de gens que je n'ai jamais vus, haines qui datent du bruit importun que fit mon nom à cette époque.

J'ai des amitiés aussi qui datent de là.

Que de gens m'envièrent cette soirée, qui ne se doutaient guère que je passais la nuit à terre sur un matelas, près du lit de ma mère mourante !

Le lendemain, cette chambre était encombrée de bouquets : j'en avais couvert le lit de ma mère, qui les touchait de la main dont elle pouvait se servir, les approchant ou les écartant d'elle, sans savoir ce que voulaient dire toutes ces fleurs, et même, peut-être, sans savoir que c'étaient des fleurs.

A deux heures de l'après-midi, le lendemain de la représentation, le manuscrit était vendu six mille francs.

Je touchai les six mille francs en six billets de banque; je montai chez M. Deviolaine, et les lui montrai.

— Qu'est-ce que c'est que cela? demanda-t-il.

— C'est le prix du manuscrit, lui répondis-je. Vous voyez que les trois mille francs de M. Laffitte y sont, et trois autres mille francs avec.

— Comment! s'écria M. Deviolaine, il y a des imbéciles qui t'ont acheté cela?

— Vous le voyez bien.

— Faut-il que ces b......-là soient bêtes !

Puis, me rendant les billets en haussant les épaules :

— Tu ne me demandes pas seulement comment je me porte ?

— Je n'osais pas... Eh bien ?

— C'est un peu passé, heureusement.

— Avez-vous pu retourner au théâtre ?

— Oui, j'y ai été pour la fin.

— Y étiez-vous quand on m'a nommé ?

— Parbleu !

— Et cela ne vous a pas fait un peu plaisir ?

— Un peu ! c'est-à-dire, animal, que je pleurais comme un veau...

— Allons donc ! on a bien de la peine à vous faire avouer cela... Voyons, embrassez-moi.

— Ah ! dit M. Deviolaine, si ton pauvre père était là !

— Ma mère aurait pu y être, si on ne l'avait pas rendue si malheureuse.

— Allons, bon ! ne vas-tu pas dire que c'est ma faute si ta mère est dans son lit, à présent ? Mille tonnerres ! cela m'a assez tourmenté pendant ta représentation; je ne pensais qu'à cela; je crois que c'est cette idée-là qui m'avait flanqué la colique... A propos, que vont-ils dire dans la maison ?

Je lui montrai la lettre de M. de Broval.

Il la relut deux fois.

— Enfin!... dit-il en me la rendant.

Et, en me la rendant, il haussait les épaules.

— Rentreras-tu dans les bureaux?

— Oh! pour cela, non, par exemple!

— Et tu auras bien raison. Veux-tu voir M. Fossier?

— Ma foi, non.

— Il t'aime pourtant bien.

— Pourquoi ne m'écrit-il pas, lui aussi, une lettre de félicitations?

— Non, mais il pourra bien te demander des billets pour ses filles.

— A propos de billets, je vous garderai une loge pour la seconde, n'est-ce pas? vous étiez mal placé à la première... vous étiez près de la porte..

— Farceur! j'en ai été bien heureux, d'être près de la porte... Et crois-tu, outre ce que tu viens de me montrer, que cela te rapportera quelque chose, cette bêtise que tu viens de faire?

— Mais oui.

— Combien à peu près?

— Une quinzaine de mille francs.

— Tu dis?

— Je dis une quinzaine de mille francs.

— Et combien as-tu mis à faire cela?

— Mais deux mois, à peu près.

— Ainsi, en deux mois, tu auras gagné les appointements de trois chefs de bureau pendant un an, gratifications comprises?

— Réunissez vos trois chefs de bureau, et dites-leur d'en faire autant.

— Tiens, va-t'en t j'ai peur qu'en t'entendant dire de pareilles choses, les plafonds ne te tombent sur la tête!

— A demain soir, alors?

— Oui, à demain soir, si je n'ai rien de mieux à faire.

J'étais bien tranquille, M. Deviolaine n'aurait rien de mieux à faire, et on lui eût donné une année de ses appointements, à la condition de ne pas venir, qu'il n'eût point consenti au marché.

De chez M. Deviolaine, je courus chez M. Laffitte; j'étais fier de pouvoir si promptement m'acquitter envers lui.

Je lui rendis ses mille écus, et il me rendit ma lettre de change et mon manuscrit.

Mais, ce que je conservai, c'est le souvenir du service rendu, service qui, en présence de la maladie de ma mère, n'avait pas de prix.

Cependant, je n'étais point au bout de mes tracasseries. En rentrant dans mon chez-moi provisoire, je trouvai une lettre du Théâtre-Français, qui m'invitait à passer à l'instant même à l'administration.

J'y courus. Je trouvai le comité consterné, Taylor en tête. Une lettre était arrivée du ministère de l'intérieur qui suspendait *Henri III*. C'était une suspension bien autrement inquiétante que celle de mes appointements.

Heureusement, Taylor avait trouvé un moyen, c'était de me faire demander d'urgence une audience à M. de Martignac. Il se chargeait de porter et de faire parvenir la lettre.

J'écrivis séance tenante: je demandai audience pour le lendemain.

Deux heures après, j'avais la réponse. M. de Martignac m'attendait à sept heures du matin.

A sept heures du matin, j'étais chez M. de Martignac.

Oh! l'admirable chose qu'un ministre à la fois poli et spirituel, ainsi que l'était M. de Martignac! *rara avis*, comme dit Juvénal, rare oiseau, et, qui pis est, oiseau de passage!

Nous restâmes une heure, non pas à causer de la pièce, mais à causer de toutes choses; en dix minutes, nous nous étions entendus sur la pièce, et je rapportais mon manuscrit sauvé, cette fois non plus du néant, mais des limbes.

Oh! pauvre M. de Martignac! comme celui-là comprenait l'art! comme il appréciait à leur valeur ces hommes-obstacles que tous les progrès trouvent sur le chemin, non pas pour avancer eux-mêmes, mais pour empêcher les autres d'avancer!

Ce n'est pas sous le ministère de M. de Martignac que l'art eût lu, à chaque pas qu'il eût essayé de faire : « Rue barrée par ordre de l'autorité. »

Et quand on pense que voilà vingt ans que les mêmes hommes barrent les mêmes rues ; que, tandis que de vieux ils deviennent décrépits, nous, de jeunes nous devenons vieux ; qu'ils ont, à force de mauvais vouloirs et de persécutions, poussé Lamartine et Hugo dans la politique, Soulié et Balzac dans la tombe ; que je suis resté, à peu près seul, debout et luttant contre eux ; qu'ils ont inventé le timbre, comme ce cachet de Salomon qui enfermait les génies des *Mille et une Nuits* dans des vases de terre, et que toute cette compression politique et littéraire éclatera un jour à leur face, tuant et renversant tout autour d'eux sans les atteindre, nains accroupis qui tourmentent éternellement la cendre chaude des révolutions?

Oh! c'est qu'ils comprennent une chose ; c'est que, depuis vingt ans, leur politique est petite, mesquine, misérable ; qu'elle ne laissera de leurs noms chez les Allemands, chez les Hongrois, chez les Italiens, au bord du Nil comme sur les rives du Bosphore, à Mogador comme à Montevideo, dans le vieux monde comme dans le nouveau, qu'un triste et honteux souvenir ; c'est que, dans toute cette période écoulée entre le jour où M. Sébastiani est venu dire à la tribune : « L'ordre règne à Varsovie, » et M. Barrot au *Moniteur* : « Les Français sont entrés dans Rome, » ils ont menti, non-seulement à toutes les promesses faites par les hommes, — que ces promesses vinssent de M. de la Fayette ou de M. de Lamartine, — mais encore à toutes les espérances données par Dieu, par Dieu qui a fait de la France l'étoile polaire des nations, qui a dit aux peuples : « Vous voulez naviguer vers ce monde inconnu, vers cette terre promise qu'on appelle la liberté ; voilà votre boussole. Ouvrez toutes vos voiles, et voguez hardiment ! » Dites, au lieu de tenir cette parole des hommes, au lieu d'accomplir cette promesse de Dieu, qu'avez-vous fait, pauvres esclaves de la colère, pauvres ministres de l'aveuglement? Vous avez fait la mer mauvaise et le vent contraire à tous ces nobles bâtiments qui s'avançaient sous le souffle de Dieu. Oh! vous savez cela, je ne vous dis rien de nouveau; vous savez que tout ce qui est jeune, tout ce qui est noble, tout ce qui est pur, tout ce qui n'a pas traîné dans la fange du passé, que tout ce qui s'élance dans les espaces éthérés de l'avenir est contre vous; vous savez que ceux que vous avez laissé meurtrir sous le bâton autrichien, que ceux que vous avez laissé enterrer dans les prisons pontificales, que ceux que vous avez laissé foudroyer par le canon napolitain, sont des martyrs; vous savez que, lorsqu'ils vous saluaient, tyrans, en allant aux cirques, nous acclamions, nous, à leur dévouement; vous savez, enfin, qu'ils nous aiment, nous porte-lumière, tandis qu'ils vous haïssent, vous porte-ténèbres; vous savez que, si un jour il vous pardonnent ce que vous avez fait, ce sera en faveur de ce que nous aurons écrit; et de là viennent vos persécutions — impuissantes, Dieu merci! comme tout ce qui vient d'en bas, et qui essaye d'atteindre à ce qui est haut... oui, ce qui est haut, car il est au-dessus de vous celui qui peut dire : « Je viens d'écrire cette page, et vous ne l'écririez pas! »

Revenons à *Henri III*, qui n'avait rien à faire dans tout cela, et qui, d'un coup d'aile, se trouve, il ne sait pourquoi, élevé au-dessus des nuages.

On attendait mon retour avec impatience; on n'osait afficher sans la permission du ministre.

J'avais cette permission : on afficha.

M. le duc d'Orléans avait annoncé qu'il assisterait à la seconde représentation.

Le soir, lorsque je me présentai au théâtre, on me dit qu'il était déjà arrivé, et qu'il me faisait prier de passer dans sa loge.

Je me rendis à l'invitation entre le premier et le second acte. La salle regorgeant de spectateurs faisait foi de la véhémence avec laquelle se déclarait le succès.

Le duc d'Orléans me reçut d'une façon charmante.

— Eh bien, me dit-il, monsieur Dumas, vous voilà content : vous avez gagné votre procès contre tout le monde, contre le public et contre moi. Il n'y a pas jusqu'à Broval, Deviolaine et Oudard qui ne soient enchantés.

Je m'inclinai.

— Mais savez-vous qu'avec tout cela, continua-t-il en riant, vous avez failli me faire une très-mauvaise affaire, à moi?

— A vous, monseigneur?

— Oui, à moi.

— Comment cela?

— Le roi m'a envoyé chercher hier.

— Le roi?

— Oui, bien.

— Et à quel propos, monseigneur?

— Mais à propos de votre drame.

— A propos d'*Henri III?*

— Savez-vous ce qu'on m'assure, *mon cousin*, m'a-t-il dit en appuyant sur le titre; on m'assure qu'il y a dans vos bureaux un jeune homme qui a fait une pièce où nous jouons un rôle tous les deux, moi celui d'Henri III, et vous celui du duc de Guise. »

— Monseigneur pouvait répondre que le roi se trompait, et que ce jeune homme n'était plus dans ses bureaux.

— Non, j'ai mieux aimé répondre autre chose pour ne pas mentir, car je vous garde.

— Alors, Votre Altesse a répondu?...

— J'ai répondu : « Sire, on vous a trompé, pour trois raisons : la première, c'est que je ne bats pas ma femme; la seconde, c'est que madame la duchesse d'Orléans ne me fait pas cocu; la troisième, c'est que Votre Majesté n'a pas de plus fidèle sujet que moi. » Trouvez-vous que cette réponse vaille celle que vous me conseilliez de faire?

— Oui, monseigneur, car elle est infiniment plus spirituelle.

— Et plus vraie, monsieur... Ah! voici la toile qui se lève; allez à vos affaires; la mienne est de vous écouter.

Je saluai.

— A propos, me dit le duc, madame la duchesse d'Orléans désire vous voir, demain matin, pour vous demander des nouvelles de votre mère.

Je m'inclinai et sortis.

Oh! puissance du succès, bruits et rumeurs qui se font autour d'un nom, calme et sereine vengeance de l'intelligence sur la matière!

M. de Broval, M. Deviolaine, M. Oudard étaient enchantés; le duc d'Orléans me faisait appeler dans sa loge pour me répéter un joli mot qu'il avait dit au roi; enfin, madame la duchesse d'Orléans m'attendait le lendemain, pour me demander des nouvelles de ma mère!

Décidément, la naissance ne donne que les principautés; c'est le talent qui donne les principats.

Le lendemain, je fis ma visite à la duchesse d'Orléans; elle fut pour moi aussi bonne que possible; mais, hélas! pourquoi toute cette bonté arrivait-elle si tard?

En rentrant, je trouvai sous enveloppe un journal dont j'ai oublié le nom; il m'était envoyé par quelque ami chatouilleux de mon honneur.

Il annonçait le succès d'*Henri III*, et ajoutait:

« Ce succès, tout grand qu'il est, n'a rien d'étonnant pour ceux qui savent de quelle façon se font les tripotages littéraires et politiques dans la maison d'Orléans. L'auteur est un petit employé aux gages de Son Altesse royale. »

L'article était à la fois mensonger et blessant; mensonger, en ce que, comme on sait, la maison d'Orléans n'avait rien tripoté en ma faveur; blessant, en ce que, par le mot *gages*, l'auteur avait eu l'intention évidente d'assimiler un employé à un domestique.

Je regardai ma pauvre mère malade; ne sachant pas ce que je lisais, elle essayait de traduire, en me souriant, les premières impressions de tendresse qui, en même temps que l'intelligence, rentraient dans son cerveau.

Et c'était juste à ce moment-là qu'on me forçait, — qui cela? un homme que je n'avais jamais vu, que je ne connaissais pas, qui n'avait aucun motif de me haïr, — que cet homme me forçait de la quitter pour lui demander raison d'une injure aussi grossière que gratuite!

J'allai trouver de la Ponce, je le priai de passer au journal, et d'arrêter, séance tenante et pour le lendemain matin, les conditions du combat avec l'auteur de l'article.

Il s'est écoulé un si long temps depuis cette époque, et j'ai si peu la mémoire des blessures, que j'ai complétement oublié et le titre du journal, et le nom de l'écrivain auquel j'avais affaire.

Je le regrette pour ce dernier, car il se montra si bien, dans toute cette affaire, que je demeurai convaincu qu'il avait pris la responsabilité d'un article qui n'était pas de lui.

Dans l'impossibilité où je suis de me rappeler son nom, qu'on me permette de l'appeler M. X***.

De la Ponce revint au bout d'une heure La rencontre était acceptée pour le surlendemain, M. X***, qui s'était reconnu l'auteur de l'article, se battant le lendemain avec Carrel.

J'allai faire une visite à Carrel, que je connaissais de longue date pour l'avoir vu chez M. de Leuven, et avec Méry. Comme moi, il avait été insulté gratuitement; comme moi, il avait demandé raison; et, en effet, il se battait au pistolet avec mon futur adversaire, le lendemain, à huit heures du matin.

Carrel me complimenta sur mon succès, et me promit de faire tout ce qu'il pourrait pour que M. X*** ne se battît pas avec moi le surlendemain.

Triste chose! j'entrais à peine dans la carrière dramatique, et, en moins de huit jours, j'étais déjà forcé de demander raison à deux hommes, non pas de critiques faites sur mon talent, mais d'injures faites à ma personne.

Quelques mots de de la Ponce m'avaient fait croire que l'arme choisie serait le pistolet, et ce que m'avait dit Carrel me confirma dans cette opinion; il en résulta qu'ayant rencontré Adolphe, je lui racontai ce qui m'arrivait, le priant de venir, le lendemain, faire une partie de tir avec moi.

Quoique je n'eusse pas grand argent à dépenser, il m'en était toujours resté assez pour qu'une fois par mois, je pusse aller faire une séance chez Gosset.

J'y étais donc connu presque à titre d'habitué.

Nous arrivâmes vers les dix heures. Le garçon s'appelait Philippe.

— Philippe! lui criai-je en passant, les pistolets n° 5, et vingt-cinq balles.

Philippe arriva.

— Les vingt-cinq balles, soit, dit-il; mais les pistolets n° 5, non... à moins que vous ne vouliez tirer avec un seul.

— Pourquoi cela?

— Parce qu'ils ont été loués ce matin à un monsieur qui avait un duel, et que vous voyez l'état dans lequel on vient de les rapporter.

En effet, le second pistolet n° 5 avait la sous-garde brisée et la crosse emportée.

— Et qui a fait cela?

— Tiens! une balle, dit Philippe.

— Eh bien, mais le monsieur qui le tenait?...

— Il a eu les deux doigts coupés.

— Coupés?

— Oh! coupés!

— Il en est pour ses deux doigts, alors?

— Et pour le raccommodage du pistolet.

— Et comment s'appelle-t-il, ce monsieur?

— Je ne me souviens pas de son nom; tout ce que je sais, c'est qu'il se battait avec M. Carrel.

— Bah?

— Oui.

— Vous êtes sûr?

— Parbleu! ce sont les témoins de M. Carrel qui ont rapporté les pistolets.

— Tiens, dis-je à Adolphe, voilà qui pourrait bien ajourner mon affaire de demain.

Je lui racontai, alors, que mon adversaire devait se battre le même jour avec Carrel, et que c'était probablement lui qui avait eu deux doigts coupés.

— C'est bien facile à savoir, dit Adolphe, allons prendre de ses nouvelles.

Nous nous rendîmes chez M. X***; c'était lui effectivement qui s'était battu; c'était lui qui avait eu deux doigts emportés, l'annulaire et le petit doigt.

Je remis ma carte à son domestique, et nous sortîmes.

Nous n'avions pas descendu deux étages, que nous entendîmes le domestique courant après nous.

M. X*** me faisait prier d'entrer.

Je trouvai un homme tout souriant malgré sa blessure, tout courtois malgré son attaque.

— Pardon, monsieur, me dit-il, du sans façon dont j'use vis-à-vis de vous, en vous priant de remonter et d'entrer chez moi; mais j'abuse de mon privilége de blessé.

— Et cette blessure est-elle grave, monsieur? lui demandai-je.

— Non, j'en serai quitte pour deux doigts de la main droite; et, puisqu'il m'en reste trois pour vous écrire que je suis fâché de vous avoir été désagréable, c'est tout ce qu'il me faut.

— Mais il vous reste aussi la main gauche pour me la donner, monsieur, lui dis-je, et ce sera mieux que de fatiguer la droite à quelque chose que ce soit.

Nous nous donnâmes la main; nous causâmes de choses indifférentes; puis, dix minutes après, nous primes congé l'un de l'autre.

Nous ne nous sommes jamais revus depuis, et, comme je l'ai dit, j'ai complétement oublié son nom.

C'est une grande faute de ma mémoire, car je m'en fusse toujours souvenu avec plaisir.

Et, singulière fantaisie du hasard, si cet homme n'avait pas eu une querelle avec Carrel, et si Carrel ne lui avait pas coupé deux doigts, c'était avec moi qu'il se battait, et il pouvait me tuer ou être tué par moi.

A quel propos, je vous le demande?

CXXI

L'Arsenal. — La maison de Nodier. — Profil du maître. — Le congrès des bibliophiles. — Les trois chandelles. — Debureau. — Mademoiselle Mars et Merlin. — La famille de Nodier. — Ses amis. — Dans quelles maisons j'ai de l'esprit. — Le salon de l'Arsenal. — Comment Nodier racontait. — Le bal et la bassinoire.

J'ai dit que je reviendrais à Nodier, et je tiens parole.

Après le service que Nodier m'avait rendu en m'ouvrant les portes du Théâtre-Français, j'allai remercier Nodier.

Nodier fit mieux cette seconde fois qu'il n'avait fait la première, il m'ouvrit les portes de l'Arsenal.

Et qu'on ne s'effraye pas du mot, qu'on ne croie pas qu'il s'agit de quelque collection d'armes, de quelque musée d'artillerie; les portes de l'Arsenal, c'étaient les portes de la maison de Charles Nodier.

Tout le monde connaît ce grand bâtiment sombre faisant suite au quai des Célestins, adossé à la rue de Morland et dominant la rivière, que l'on appelle l'Arsenal!

C'est là que demeurait Nodier.

Comment, un jour que Paris se préparait à la guerre, s'éleva cette lourde bâtisse, sur un emplacement que l'on appelait le Champ-au-Plâtre; comment, la lourde bâtisse élevée, François Ier y fit fondre les canons dont on se servit si malheureusement à Pavie; comment, manquant de terrain, il emprunta une grange à sa bonne ville de Paris, en promettant de la lui rendre; comment, cette première grange empruntée, il en emprunta une seconde, puis une troisième; comment enfin, en vertu de cet axiome: « Ce qui est bon à prendre est bon à garder, » il garda les trois granges empruntées; — c'est ce que nous raconterons quand, à la suite de nos impressions de voyage en Europe, en Asie et en Afrique, viendront nos impressions de voyage dans Paris; mais c'est ce qui, dans ces simples mémoires, nous entraînerait beaucoup trop loin. Ces granges, réunies au grand bâtiment dont nous avons parlé, servirent à enfermer des canons et à entasser de la poudre. Un jour, sous Henri II, une étincelle, — d'où venait-elle? on n'en sait rien : d'où viennent les étincelles qui font les incendies terribles! — une étincelle mit le feu à la poudrière; la poudrière sauta ; Paris trembla, comme tremble Naples, comme tremble Catane, quand rugit le Vésuve ou quand bondit l'Etna; les poissons périrent dans la rivière; à cette commotion inattendue, les maisons du voisinage oscillèrent, puis croulèrent sur elles-mêmes. Melun, à douze lieues, frissonna au bruit de ce tonnerre; trente personnes, enlevées par le volcan, retombèrent en lambeaux, cent cinquante furent blessées, et, comme on ignorait la cause de ce malheur, on l'attribua aux protestants, contre lesquels on n'était point fâché d'amasser des griefs.

On comprend bien que les bâtiments élevés par François Ier, et les trois granges de la ville de Paris, disparurent dans cette commotion. Charles IX, qui était un grand bâtisseur, qui fit sculpter le Louvre, et tailler la fontaine des Innocents, Charles IX vint, avec son architecte, faire une visite à ces ruines, dressa le plan d'un nouveau bâtiment, commença les nouvelles constructions, et, comme c'était à la fois un grand artiste et un grand poëte, il est probable qu'il les eût menées à bonne fin, sans la reine Catherine de Médicis, qui, ayant déjà eu un fils tué sous elle, n'était pas fâchée de se débarrasser de Charles IX, comme elle s'était débarrassée de François II, afin d'arriver vite à Henri III.

Que si cette accusation contre Catherine de Médicis paraissait un peu trop forte à nos lecteurs, qui aimeraient mieux voir, dans la mort de Charles IX, le jugement de Dieu, — ce qui peut très bien s'allier, d'ailleurs, avec l'empoisonnement de Charles IX par sa mère, — nous leur rapporterions le dialogue suivant, recueilli par Bassompierre ; il est court, mais instructif :

« — Sire, disait Bassompierre au roi Louis XIII, qui sonnait avec acharnement du cor dans l'embrasure d'une fenêtre du vieux Louvre, sire, vous avez tort de perdre ainsi tout votre souffle ; vous êtes faible de poitrine, et il pourrait bien vous en arriver autant qu'au roi Charles IX.

» — Mon cher Bassompierre, répondit Louis XIII, le roi Charles IX n'est pas mort pour avoir trop souvent et trop longuement sonné du cor; il est mort pour avoir eu l'imprudence de se raccommoder avec sa mère, après avoir eu la prudence de se brouiller avec Catherine de Médicis. »

Revenons à l'Arsenal, et à un autre roi qui eut l'imprudence de se brouiller avec sa femme, ou plutôt avec la maison d'Autriche, dont sa femme était, — à Henri IV.

Ce fut, en effet, Henri IV qui acheva l'Arsenal, et qui fit planter ce beau jardin que l'on voit encore dans les cartes du temps de Louis XIII. Il le donna à Sully pour y placer son ministère des finances; et c'était là que le parcimonieux ministre entassait les millions avec lesquels Henri comptait faire sa guerre de Flandre, lorsque le poignard de Ravaillac mit fin à cet étrange rêve du XVIIe siècle qui pourra bien devenir une réalité au XIXe, c'est-à-dire de ces sept républiques électives et de ces six monarchies héréditaires régies par un pouvoir suprême, et érigées sous le titre de *Congrès de la paix*.

Eh! oui, cher monsieur Cobden, vous avec qui j'ai passé de si mauvais jours, et fait de si tristes dîners en Espagne, l'idée de ce congrès de la paix n'est pas de vous; elle est de notre pauvre roi Henri IV. — Rendons à César ce qui appartient à César.

Ainsi, vous saurez cela, vous qui visitez l'Arsenal, ces beaux salons qui font encore aujourd'hui la bibliothèque de l'Arsenal, c'est Sully qui les fit dorer avec l'argent d'Henri IV.

En 1823, Charles Nodier fut appelé à la direction de cette bibliothèque, et quitta la rue de Choiseul, qu'il habitait, pour venir s'établir dans son nouveau logement.

Oh! ce n'était pas un logis bien magnifique, que celui qui reçut tant d'illustrations. Au premier palier d'un escalier à rampe massive, on trouvait, à gauche, une porte joignant assez mal, et donnant sur un corridor carrelé; la salle à manger et l'office étaient carrelés comme le corridor.

Trois autres pièces complétaient l'appartement, trois pièces de luxe parquetées et lambrissées : l'une était la chambre à coucher de madame Nodier ; l'autre, le salon ; l'autre le cabinet de travail, la bibliothèque et la chambre à coucher de Charles.

Charles avait deux existences bien distinctes : son existence de la semaine, existence de travailleur et de bibliophile, son existence du dimanche, existence d'homme du monde et de maître de maison.

C'était un homme adorable que Nodier ; je n'ai rien vu et rien connu de si savant, de si artiste et de si bienveillant à la fois ; — excepté Méry peut-être. Au reste, n'ayant pas un vice, mais plein de défauts, de ces défauts charmants qui font l'originalité de l'homme de génie.

Nodier était prodigue, insouciant, flâneur ; oh! mais flâneur avec délices, comme Figaro était paresseux. Peut-être pouvait-on lui reprocher d'aimer un peu trop tout le monde ; mais, cela, c'était encore par insouciance, pour ne pas se donner la peine de faire la division de ses sentiments.

Puis, disons-le, c'était le commun des martyrs que Nodier aimait de cette façon-là ; il avait un cercle de privilégiés qu'il aimait avec son cœur, ceux-là ; les autres, il ne les aimait qu'avec son esprit.

Nodier était l'homme savant par excellence ; il savait tout, puis encore une foule de choses au delà de ce tout. D'ailleurs, Nodier avait le privilège des hommes de génie : quand il ne savait pas, il inventait, et ce qu'il inventait, il faut l'avouer, était bien autrement probable, bien autrement coloré, bien autrement poétique, bien autrement ingénieux, et j'oserai dire bien autrement vrai que la réalité.

On comprend facilement qu'avec cette faculté inventive, Nodier était un véritable sac à paradoxes... Seulement, ses paradoxes, il ne vous forçait nullement à les adopter ; Nodier créait les trois quarts de ses paradoxes pour son amusement particulier.

Un jour que j'avais déjeuné chez un ministre, on me demandait :

— Comment s'est passé le déjeuner ?

— Bien, répondis-je ; mais, sans moi, je m'y serais cruellement ennuyé !

Eh bien, c'était la même chose pour Nodier : de peur de s'ennuyer, il créait des paradoxes, comme, moi, je raconte des histoires.

Je reviens sur ce que j'ai dit, que Nodier aimait un peu trop tout le monde ; ma phrase a presque l'air d'un reproche : on se tromperait en la prenant ainsi. Nodier aimait comme le feu réchauffe, comme la torche éclaire, comme le soleil luit : il aimait parce que l'amour et l'amitié étaient ses fruits, à lui, aussi bien que le raisin est le fruit de la vigne. Qu'on me permette de faire un mot pour cet homme qui en a tant fait, c'était un *aimeur*.

J'ai dit en amour et en amitié, parce qu'il en était, pour Nodier, des femmes comme des hommes. De même que Nodier aimait tous les hommes d'amitié, Nodier, dans sa jeunesse, — et jamais Nodier ne fut vieux, — Nodier aimait toutes les femmes d'amour. Combien en aima-t-il ainsi ? C'est ce qu'il lui eût été impossible de dire. D'ailleurs, comme tous les esprits éminemment poétiques, Nodier confondait toujours le rêve avec l'idéal, l'idéal avec la matière ; pour Nodier, toutes les fantaisies de son imagination avaient existé : Thérèse Aubert, la Fée aux miettes, Inès de las Sierras ; il vivait au milieu de toutes ces créations de son génie, et jamais sultan n'eut un plus magnifique harem.

Il est assez curieux de savoir comment travaillait un écrivain qui a produit tant de livres, et des livres si amusants. Je vais vous le dire.

L'homme que nous allons prendre, c'est le Nodier de la semaine, le Nodier romancier, savant, bibliophile, le Nodier écrivant le *Dictionnaire des Onomatopées*, *Trilby*, les *Souvenirs de jeunesse*.

Le matin, après deux ou trois heures d'un travail facile, après avoir couvert d'une écriture lisible, régulière, sans rature aucune, douze ou quatorze pages de papier de six pouces de haut sur quatre de large, Nodier jugeait sa tâche du matin finie, et sortait.

Une fois sorti, Nodier errait à l'aventure, suivant tantôt l'une ou l'autre allée des boulevards, tantôt la ligne de l'un ou de l'autre quai.

Qu'il fît cette route-ci ou celle-là, trois choses le préoccupaient : les étalages de bouquiniste, les boutiques de libraire, les magasins des relieurs ; car Nodier était presque aussi friand de fines reliures que de livres rares, et je ne jugerais pas que, dans son esprit, il n'eût mis au même rang Deneuil, Derome, Thouvenin et les trois Elzévirs.

Cette course aventureuse de Nodier, retardée par les trouvailles de livres ou les rencontres d'amis, commençait d'ordinaire sur le midi, et aboutissait presque toujours, entre trois et quatre heures, chez Crozet ou chez Techener.

Là se réunissait, vers cette heure, le congrès des bibliophiles de Paris : le marquis de Ganay, le marquis de Châteaugiron, le marquis de Chalabre, Bérard, l'homme des Elzévirs, qui, dans ses moments perdus, fit la charte de 1830 ; enfin, le bibliophile Jacob, roi de la science bibliographique tant que Nodier n'était pas là, vice-roi quand Nodier arrivait.

Là, on s'esseyait et l'on causait *de omni re scibili et quibusdam aliis.*

La causerie durait jusqu'à cinq heures.

A cinq heures, Nodier prenait, pour s'en aller, la route opposée à celle qu'il avait prise le matin pour venir ; c'est-à-dire que, s'il était venu par les quais, il s'en retournait par les boulevards, et que, s'il était venu par les boulevards, il s'en retournait par les quais.

A six heures, Nodier dînait en famille.

Après le dîner, la tasse de café savourée en véritable Sybarite, à petites et longues gorgées, on enlevait la nappe et ce qui la couvrait, et, sur la table nue, on apportait trois chandelles.

Trois chandelles, et non pas trois bougies. Nodier préférait la chandelle à la bougie. Pourquoi ? Personne ne l'a jamais su. C'était un des caprices de Nodier.

Ces trois chandelles, jamais plus, jamais moins, étaient placées en triangle. Nodier apportait son travail commencé, ses plumes d'oie, — il exécrait les plumes de fer, — et il travaillait jusqu'à neuf ou dix heures du soir.

A cette heure, il sortait une seconde fois; mais, alors, pour suivre invariablement la ligne des boulevards; et, selon l'affiche, il entrait à la Porte-Saint-Martin, à l'Ambigu ou aux Funambules. On a vu que c'est à la Porte-Saint-Martin que je l'ai rencontré pour la première fois.

Il y avait trois acteurs qu'adorait Nodier : Talma, Potier et Debureau.

Quand j'ai connu Nodier, Talma était mort depuis trois ans; Potier était retiré depuis deux; il ne lui restait donc, comme attraction irrésistible, que Debureau.

C'est lui qui, le premier, a divinisé l'illustre Pierrot. A cet endroit, Janin n'est venu qu'après Nodier, et n'est que son imitateur.

Nodier avait vu près de cent fois *le Bœuf enragé*.

A la première représentation de la pièce, il avait attendu le Bœuf jusqu'à la fin, et, ne le voyant pas venir, il était sorti pour s'en informer à l'ouvreuse.

— Madame, lui demanda-t-il, voulez-vous m'apprendre pourquoi cette pantomime que je viens de voir jouer s'appelle *le Bœuf enragé*?

— Monsieur, répondit l'ouvreuse, parce que c'est son titre.

— Ah! fit Nodier.

Et il se retira satisfait de l'explication.

Les six jours de la semaine s'écoulaient parfaitement semblables les uns aux autres; puis venait le dimanche.

Tous les dimanches, Nodier sortait à neuf heures du matin, et s'en allait déjeuner chez Guilbert de Pixérécourt, pour lequel, à la fois, il avait une grande amitié et une profonde admiration.

Il l'appelait le Corneille des boulevards.

Là, il trouvait le congrès scientifique de Crozet ou de Techener.

Nous avons dit que l'un de ces bibliomanes s'appelait le marquis de Chalabre. Il mourut laissant une bibliothèque du plus grand prix, et léguant cette bibliothèque à mademoiselle

Mars. Mademoiselle Mars lisait peu, ou plutôt ne lisait pas du tout. Elle chargea Merlin de classer les livres du défunt, et d'en faire la vente. Merlin, le plus honnête homme de la terre, s'occupa de cette mission avec sa conscience ordinaire, et il feuilleta et refeuilleta si bien chaque volume, qu'un jour, il entra dans la chambre de mademoiselle Mars tenant trente ou quarante billets de mille francs, qu'il déposa sur une table.

— Qu'est-ce que cela, Merlin? demanda mademoiselle Mars.
— Je ne sais, madame, dit celui-ci.
— Comment, vous ne savez? Mais ce sont des billets de banque!...
— Sans doute.
— Où donc les avez-vous trouvés?
— Mais dans un portefeuille pratiqué sous la couverture d'une Bible très-rare. Comme la Bible était à vous, les billets de banque sont aussi à vous.

Mademoiselle Mars prit les billets de banque, qui, en effet, étaient bien à elle, et eut grand'peine à faire accepter à Merlin, en cadeau, la Bible dans laquelle les billets de banque avaient été trouvés.

Nodier rentrait chez lui de trois à quatre heures, et, comme M. Villenave, se laissait habiller et pomponner par sa fille Marie.

Car — nous avons oublié de le dire — la famille de Nodier se composait de sa femme, de sa fille, de sa sœur madame de Tercy, et de sa nièce.

A six heures, la table était mise chez Nodier. Trois ou quatre couverts en plus des couverts de la famille attendaient les dîneurs de fondation.

Trois ou quatre autres couverts attendaient les dîneurs de hasard.

Les dîneurs de fondation étaient de Cailleux, le directeur du Musée; le baron Taylor, qui, partant pour l'Égypte, laissa bientôt sa place vacante; Francis Wey, que Nodier aimait comme son enfant, et dont l'accent franc-comtois faisait second dessus de celui de Nodier, et Dauzats.

Les dîneurs de hasard étaient Bixio, le grand Saint-Valery et moi.

Saint-Valery était bibliothécaire comme Nodier. Il avait six pieds un pouce de hauteur. C'était un homme fort instruit, mais sans aucune originalité, ni aucun esprit. C'est sur lui que Méry fit ce vers :

Il se baisse, et ramasse un oiseau dans les airs !

Lorsqu'il était à sa bibliothèque, c'était chose bien rare qu'il fût obligé de prendre une échelle pour atteindre un livre, si haut qu'il fût placé. Il allongeait un de ses longs bras, se haussait sur la pointe de ses longs pieds, et allait chercher, reposât-il sous la frise, le livre demandé.

Au reste, susceptible au plus haut degré, et ne pouvant digérer les plaisanteries, si inoffensives qu'elles fussent, sur sa grande taille ; il m'en voulut très-longtemps, parce qu'un jour qu'il se plaignait à madame Nodier d'un violent rhume de cerveau, je lui demandai s'il n'avait pas eu froid aux pieds l'année dernière.

Une fois admis dans cette douce et bonne intimité de la maison, on allait dîner chez Nodier à son plaisir. S'il fallait ajouter un, deux, trois couverts, aux couverts d'attente, on les ajoutait ; s'il fallait allonger la table, on l'allongeait. Mais malheur à celui qui arrivait le treizième ! celui-là dînait impitoyablement à une petite table, à moins qu'un quatorzième convive, encore plus inattendu que lui, ne vînt le relever de sa pénitence.

Bientôt je fus un de ces intimes dont je parlais tout à l'heure, et ma place à table fut fixée, une fois pour toutes, entre madame Nodier et Marie Nodier. Quand j'apparaissais à la porte, on me recevait avec des cris de joie, et il n'y avait pas jusqu'à Nodier qui n'allongeât vers moi ses deux grands bras pour me serrer les mains ou pour m'embrasser. Au bout d'un an, ce qui n'était qu'un point de fait devint un point de droit : cette place m'attendait vide jusqu'à l'enlèvement du potage ; alors, on se hasardait à la donner ; mais, fût-elle donnée, celui qui me remplaçait eût-il été là depuis dix minutes, depuis un quart d'heure, depuis une demi-heure, fût-ce au dessert que j'arrivasse, il se levait ou on le faisait lever, et ma place m'était rendue.

Nodier prétendait que j'étais une bonne fortune pour lui, en ce que je le dispensais de causer ; mais ce qui, en pareil cas, était la joie du paresseux maître de maison, était le désespoir de ses convives : dispenser de causer le plus charmant causeur qu'il y eût au monde, c'était presque un crime : il est vrai qu'une fois chargé de cette vice-royauté de la conversation, je mettais un amour-propre inouï à bien remplir ma charge. Il y a des maisons où l'on a de l'esprit sans s'en douter, et d'autres maisons où l'on est bête malgré soi. Moi, j'avais trois maisons de prédilection, trois maisons où flambaient incessamment ma verve, mon entrain, ma jeunesse : c'était la maison de Nodier, la maison de madame Guyet-Desfontaines, et la maison de Zimmermann. Partout ailleurs, j'avais encore quelque esprit, mais l'esprit de tout le monde.

Au reste, soit que Nodier parlât, — et, alors, grands et petits enfants se taisaient pour l'écouter ; — soit que son silence livrât la conversation à Dauzats, à Bixio et à moi, on arrivait toujours, sans avoir compté les heures, à la fin d'un dîner charmant, enviable par le prince le plus puissant de la terre, pourvu que ce prince fût un prince spirituel.

A la fin de ce dîner, on servait le café à la table même. Nodier était bien trop Sybarite pour se lever de table, et pour aller prendre son moka, debout et mal à son aise, dans un salon encore mal chauffé, quand il pouvait le prendre allongé sur sa chaise, dans une salle à manger bien tiède, et bien parfumée de l'arome des fruits et des liqueurs.

Pendant ce dernier acte, ou plutôt cet épilogue du dîner, madame Nodier se levait avec Marie pour aller éclairer le salon. Moi qui ne prends ni café ni liqueurs, je les suivais pour les aider dans cette tâche, où ma longue taille, qui me permettait d'allumer le lustre et les candélabres sans monter sur les fauteuils, leur était bien utile. Il va sans dire que, si

Saint-Valery était là, comme il avait un pied de plus que moi, la charge d'allumeur lui revenait de droit.

Grâce à nous donc, le salon s'illuminait ; — c'était une solennité qui n'avait lieu que le dimanche : les autres jours, on était reçu dans la chambre de madame Nodier ; — en s'illuminant, le salon éclairait des lambris peints en blanc avec des moulures du temps de Louis XV, un ameublement de la plus grande simplicité, composé de douze chaises ou fauteuils et d'un canapé recouverts en casimir rouge, et complété par des rideaux de même couleur, par un buste d'Hugo, par une statue d'Henri IV enfant, par un portrait de Nodier, et par un paysage de Regnier représentant une vue des Alpes.

A gauche en entrant, dans un enfoncement pareil à une immense alcôve, était le piano de Marie. Cet enfoncement avait assez de largeur pour que les amis de la maison pussent, comme dans la ruelle d'un lit du temps de Louis XIV, rester près de Marie et causer avec elle, tandis qu'elle jouait, du bout de ses doigts si agiles et si sûrs, des contredanses et des valses.

Mais ces contredanses et ces valses n'arrivaient qu'à un moment donné ; deux heures étaient invariablement consacrées — de huit à dix heures — à la causerie ; de dix heures à une heure du matin, on dansait.

Cinq minutes après l'éclairage du salon par madame Nodier, Marie et moi, entraient Taylor et de Cailleux d'abord, qui étaient chez eux bien plus que Nodier n'était chez lui ; puis Nodier, appuyé au bras de Dauzats, de Francis Wey ou de Bixio ; car, quoique Nodier n'eût guère que trente-huit ou quarante ans à cette époque, Nodier, comme ces grandes plantes grimpantes qui couvrent toute une muraille de feuilles et de fleurs, avait déjà besoin de s'appuyer à quelqu'un.

Derrière Nodier entrait le reste des convives, avec la petite fille dansant et sautant.

Dix minutes après, commençaient d'arriver les habitués. C'étaient Fontanay et Alfred Johannot, ces deux figures voilées, toujours tristes au milieu de notre gaieté et de nos rires, comme si elles eussent eu un vague pressentiment du tombeau; c'était Tony Johannot, qui n'arrivait jamais sans quelque dessin ou quelque eau-forte nouvelle dont s'enrichissaient ou l'album ou les cartons de Marie; c'était Barye, si isolé au milieu du bruit, que sa pensée semblait toujours envoyée par son corps à la recherche de quelque merveille; c'était Louis Boulanger, avec sa variété d'humeur, aujourd'hui triste, demain gai, toujours si grand peintre, si grand poëte, si bon ami; c'était Francisque Michel, un fouilleur de chartes, quelquefois si préoccupé de ses recherches de la journée, qu'il oubliait qu'il venait avec un feutre du temps de Louis XIII et des souliers jaunes; c'était de Vigny, qui, doutant de sa future transfiguration, daignait encore se mêler aux hommes; de Musset, presque enfant, rêvant ses *Contes d'Espagne et d'Italie*; c'étaient, enfin, Hugo et Lamartine, ces deux rois de la poésie, ces pacifiques Étéocle et Polynice de l'art, dont l'un portait le sceptre et l'autre la couronne de l'ode et de l'élégie.

Hélas! hélas! que sont devenus tous ceux qui étaient là?

Fontanay et Alfred Johannot sont morts; de Vigny s'est fait invisible; Taylor a renoncé aux voyages; Lamartine, au gouvernement provisoire, a laissé tomber la France de sa main; Hugo est député, et essaye de ramasser cette France, qui a été trop lourde à la main de son collègue; nous autres, nous sommes dispersés, suivant chacun de notre côté une route laborieuse, hérissée de mauvais vouloirs, de lois épineuses, de petites haines ministérielles; et nous allons, aveugles et fatigués, vers ce nouveau monde que Dieu garde pour nos fils et nos petits-fils, que nous ne verrons pas, nous, mais dont au moins nos tombes, comme des bornes milliaires, indiqueront le chemin.

Revenons à ce salon où entraient successivement, au milieu d'une effusion de joie causée par leur vue, ceux-là que je viens de nommer. Si Nodier, en sortant de table, allait s'étendre dans son fauteuil à côté de la cheminée, c'est qu'il voulait, Sybarite égoïste, savourer à son aise, en suivant un rêve quelconque de son imagination, ce moment de béatitude qui suit le café; si, au contraire, faisant un effort pour rester debout, il allait s'adosser au chambranle de la cheminée, les mollets au feu, le dos à la glace, c'est qu'il allait conter. Alors, on souriait d'avance au récit prêt à sortir de cette bouche aux lignes fines, spirituelles et moqueuses; alors, on se taisait; alors, se déroulait une de ces charmantes histoires de sa jeunesse, qui semblent un roman de Longus ou une idylle de Théocrite. C'était à la fois Walter Scott et Perrault; c'était le savant aux prises avec le poëte; c'était la mémoire en lutte avec l'imagination. Non-seulement Nodier était amusant à entendre, mais encore il était charmant à voir : son long corps efflanqué, ses longs bras maigres, ses longues mains pâles, son long visage, plein d'une mélancolique sérénité, tout cela s'harmoniait, se fondait avec sa parole un peu traînante, et avec cet accent franc-comtois dont j'ai déjà parlé; et, soit que Nodier eût entamé le récit d'une histoire d'amour, d'une bataille dans les plaines de la Vendée, d'un drame sur la place de la Révolution, d'une conspiration de Cadoudal ou d'Oudet, il fallait écouter presque sans souffle, tant l'art admirable du conteur savait tirer le suc de chaque chose; — ceux qui entraient faisaient silence, saluaient de la main, et allaient s'asseoir dans un fauteuil, ou s'adosser contre le lambris; et le récit finissait toujours trop tôt; il finissait on ne savait pourquoi, car on comprenait que Nodier eût pu puiser éternellement dans cette bourse de Fortunatus qu'on appelle l'imagination. On n'applaudissait pas, non, on n'applaudit pas le murmure d'une rivière, le chant d'un oiseau, le parfum d'une fleur; mais, le murmure éteint, le chant évanoui, le parfum évaporé, on écoutait, on attendait, on désirait encore!

Mais Nodier se laissait doucement glisser du chambranle de la cheminée sur son grand fauteuil; il souriait, il se tournait vers Lamartine ou vers Hugo :

— Assez de prose comme cela, disait-il; des vers, des vers, allons!

Et, sans se faire prier, l'un ou l'autre poëte, de sa place, les mains appuyées au dossier d'un fauteuil, ou les épaules assurées contre le lambris, laissait tomber de sa bouche le flot harmonieux et pressé de sa poésie; et, alors, toutes les têtes se retournaient, prenant une direction nouvelle, tous les esprits suivaient le vol de cette pensée qui, portée sur ses ailes d'aigle, jouait alternativement dans la brume des nuages, parmi les éclairs de la tempête, ou au milieu des rayonnements du soleil.

Cette fois, on applaudissait ; puis, les applaudissements éteints, Marie allait se mettre à son piano, et une brillante fusée de notes s'élançait dans les airs. C'était le signal de la contredanse ; on rangeait chaises et fauteuils ; les joueurs se retranchaient dans les angles, et ceux qui, au lieu de danser, préféraient causer avec Marie, se glissaient dans l'alcôve.

Nodier était un des premiers à la table de jeu : longtemps il n'avait voulu jouer qu'à la bataille, et s'y prétendait d'une force supérieure ; enfin, il avait fait une concession au goût du siècle, et jouait à l'écarté.

Le bal commençait, et Nodier, qui avait d'ordinaire fort mauvais jeu, demandait des cartes. A partir de ce moment, Nodier s'annihilait, disparaissait, était complètement oublié. Nodier, c'était l'hôte antique qui s'efface pour faire place à celui qu'il reçoit, lequel, alors, devient chez lui maître en son lieu et place.

D'ailleurs, après avoir disparu un peu, Nodier disparaissait tout à fait. Il se couchait de bonne heure, ou plutôt, on le couchait de bonne heure. C'était à madame Nodier qu'était réservé ce soin d'endormir le grand enfant ; elle sortait, en conséquence, la première du salon, et allait préparer la couverture. Alors, l'hiver, dans les grands froids, quand par hasard il n'y avait pas de feu à la cuisine, on voyait, au milieu des danseurs, une bassinoire passer, s'approcher de la cheminée du salon, ouvrir sa large gueule, y recevoir la cendre chaude, et entrer dans la chambre à coucher.

Nodier suivait la bassinoire, et tout était dit.

Voilà ce qu'était Nodier, voilà quelle était la vie de cet homme excellent.

Un jour, nous le trouvâmes humble, embarrassé, honteux.

L'auteur du *Roi de Bohême et ses Sept Châteaux* venait d'être nommé académicien.

Il nous fit ses excuses bien humbles, à Hugo et à moi; nous lui pardonnâmes.

Après avoir été refusé cinq fois, Hugo fut nommé à son tour.

Il ne me fit pas ses excuses, et il eut raison, car je ne lui eusse pas pardonné, à lui!

CXXII

Oudard me transmet les ordres du duc d'Orléans. — Je suis nommé bibliothécaire adjoint. — Comme quoi il en résulte quatre cents francs d'économie pour Son Altesse. — Rivalité avec Casimir Delavigne. — Pétition des classiques contre les pièces romantiques. — Lettre à l'appui, de mademoiselle Duchesnois. — Ronde fantastique. — Par qui Racine fut déclaré n'être qu'un *polisson*. — Belle indignation du *Constitutionnel*. — Première représentation de *Marino Faliero*.

On se rappelle que, dans la courte conversation que j'avais eu l'honneur d'avoir avec M. le duc d'Orléans dans sa loge, il m'avait exprimé le désir de me garder près de lui.

Je n'avais aucun motif, ma liberté conquise, pour m'éloigner de l'homme qui, au bout du compte, en m'assurant la vie matérielle pendant six ans, m'avait permis de continuer mes études, et de devenir ce peu que j'étais.

D'ailleurs, à cette époque, M. le duc d'Orléans représentait parfaitement cette nuance d'opposition dans laquelle mon titre de fils d'un général républicain me classait naturellement.

M. le duc d'Orléans, fils de régicide, membre du club des Jacobins, défenseur de Marat, obligé de Collot d'Herbois, me paraissait même, je dois le dire, s'il n'avait pas énormément reculé depuis 1793, être beaucoup plus avancé en 1829 que je ne l'étais moi-même.

Il y avait bien ce mot qu'il m'avait dit le jour où j'avais écrit sous sa dictée: « Monsieur Dumas, souvenez-vous que, quand on ne descendrait de Louis XIV que par un de ses bâtards, c'est encore un assez grand honneur pour qu'on en soit fier. »

Mais, ce mot, je l'avais provoqué par mon ignorante hésitation. D'ailleurs, on peut être fier de descendre de Louis XIV, tout en blâmant les turpitudes de Louis XV et les fautes de Louis XVI; or, qui avait fait surtout nos pères républicains? Le Parc-aux-Cerfs et le Petit-Trianon.

Le duc d'Orléans était donc, sinon un prince républicain comme on l'avait appelé en 1792, du moins un prince citoyen comme on l'appelait en 1829.

Somme toute, c'était chose honorable pour ma position, et une chose sympathique à mon cœur, que de rester attaché à M. le duc d'Orléans.

Toutes ces réflexions s'étaient déjà présentées à mon esprit depuis assez de temps pour qu'elles eussent eu celui d'y mûrir, quand je reçus une lettre d'Oudard, qui me priait de passer à son bureau.

Autrefois, une pareille invitation m'eût fort inquiété; aujourd'hui, elle me faisait sourire.

Je me présentai; Raulot me salua jusqu'à terre; il ouvrit la porte et annonça :

— M. Alexandre Dumas.

Oudard vint à moi en riant.

— Eh bien, me dit-il, mon cher poëte, il paraît que décidément vous avez un succès?

— Mais oui.

— D'abord, recevez-en tous mes compliments... Mais qui pouvait prévoir cela?

— Ceux qui m'avaient supprimé mes gratifications et retenu mes appointements; car je présume que, s'ils eussent prévu une chute, ils n'auraient pas eu la cruauté de m'exposer à mourir de faim, moi et ma mère.

— Est-ce que M. de Broval ne vous a pas écrit, le soir de la représentation? me dit Oudard un peu embarrassé.

— Si fait; voici sa lettre.

Je lui montrai la lettre qu'on a lue.

— Et je la garde comme un modèle, continuai-je en la remettant dans ma poche.

— Comme un modèle de quoi?

— De fausseté diplomatique et de plate courtisanerie.

— Bon ! voilà de grands mots !

— Vous avez raison, il ne faut pas appliquer les grands mots aux petites choses.

— Voyons, ne parlons plus de cela! parlons de votre position dans la maison.

— Cela s'appelle parler de choses en l'air.

— Pas de votre position dans le passé. Je sais bien que vous refuseriez de rester dans la maison aux conditions où vous y étiez; nous ne voudrions pas non plus... Il vous faut du loisir pour travailler.

— Allons, seigneur Mécène, parlez au nom d'Auguste; j'écoute.

— Non, c'est à vous de parler, au contraire. Que désirez vous?

— Moi? Je désirais un succès, je l'ai eu; je ne désire plus rien.

— Mais, nous, que pouvons-nous faire pour vous qui vous soit agréable?

— Pas grand'chose.

— Il y a bien, cependant, dans la maison, quelque place que vous ambitionniez?

— Je n'en ambitionne aucune; mais il y en a une qui me conviendrait.

— Laquelle?

— Celle de collègue de M. Casimir Delavigne à la bibliothèque.

Oudard laissa échapper un mouvement des muscles de la face, qui voulait dire : « Vous êtes bien ambitieux, mon ami.»

— Ah! oui, je comprends, repris-je, ce sera difficile.

— Dame! reprit Oudard, nous avons déjà Vatout et Casimir, un bibliothécaire et un sous-bibliothécaire.

— Sans doute, et c'est beaucoup, n'est-ce pas, quand on n'a point de bibliothèque?

En effet, la bibliothèque du duc d'Orléans était, à cette époque surtout, assez médiocre.

— Comment, pas de bibliothèque? s'écria Oudard, qui, comme les servantes de curé, ne pouvait pas souffrir que l'on dépréciât son presbytère. Nous avons trois mille volumes!

— Vous vous trompez, mon cher Oudard : c'est trois mille quatre ; car j'ai vu avant-hier, chez M. le duc d'Orléans, les *Mémoires de Dumouriez* qui arrivaient de Londres.

Avec quelque bonhomie que j'eusse relevé cette erreur de chiffres, Oudard sentit le coup ; il n'était pas de force à le parer : sans s'avouer touché, il continua.

— Eh bien, c'est à merveille, mon ami ; j'exprimerai à monseigneur votre désir de rester attaché à la maison comme bibliothécaire.

Je l'arrêtai.

— Ah çà ! entendons-nous bien, Oudard.

— Je ne demande pas mieux.

— Vous m'avez fait venir, n'est-ce pas ?

— Certainement.

— Ce n'est pas moi qui suis venu de moi-même.

— Non.

— Je ne serais pas venu si vous ne m'eussiez pas écrit.

— Vous eussiez eu tort.

— C'est possible ; mais, enfin, je ne fusse pas venu. Maintenant, vous parlez d'un désir, je n'en ai exprimé aucun ; ce n'est pas moi qui désire rester attaché à la maison ; si l'on désire me garder, on me fera bibliothécaire ; quant aux appointements, on peut ne m'en point allouer ; vous voyez que je donne de grandes facilités à Son Altesse royale.

— Ah çà ! vous serez donc toujours mauvaise tête ?

— Non ; mais je me souviens de ce que M. le duc d'Orléans a daigné écrire, voilà un mois, de sa propre main en face de mon nom : « Supprimez les gratifications, etc., etc. »

— Allons, je vais vous dire une chose qui va vous raccommoder avec le prince.

— Ah ! mon cher Oudard, je suis, en vérité, trop peu de chose pour me croire le droit d'être brouillé avec lui.

— Eh bien, je crois qu'il accepterait la dédicace de votre drame.

— La dédicace de mon drame, mon cher Oudard, appartient à celui qui l'a fait jouer ; mon drame d'*Henri III* sera dédié à Taylor.

— Vous faites une faute, mon cher ami.

— Non, j'acquitte une dette.

— Soit, n'en parlons plus; ainsi, bibliothécaire comme Casimir Delavigne...

— Ou comme Vatout, si vous trouvez que la comparaison vous offre plus de facilités.

— Savez-vous que vous êtes devenu épigrammatique depuis votre succès?

— Non; seulement, je dis tout haut ce que je pensais tout bas.

— Allons, je vois bien que je n'aurai pas le dernier mot.

— Si fait; trouvez un mot auquel je ne trouve pas de réponse.

— Au revoir!

— Adieu!

Deux jours après, Oudard me fit revenir; il avait trouvé une chose qui me convenait bien mieux que d'être bibliothécaire: c'était d'être lecteur de madame la duchesse d'Orléans.

Je remerciai Oudard; mais je lui déclarai que je m'en tenais à ma première idée, d'être bibliothécaire ou de ne rien être du tout.

Nous nous quittâmes un peu plus froidement que la première fois.

Le surlendemain, je recevais une troisième lettre; pour le coup, il avait trouvé la chose qui me convenait mieux que toute chose: on me faisait chevalier d'honneur de madame Adélaïde!

Je persistai dans mon entêtement à l'endroit de la bibliothèque.

Enfin, sur une quatrième invitation, je revins une quatrième fois.

On se décidait à faire ce que je demandais; j'étais nommé bibliothécaire adjoint, à douze cents francs.

Comme j'avais annoncé d'avance que la question d'argent n'avait aucune importance, on en avait profité pour proposer à monseigneur une réduction de trois cents francs du bibliothécaire sur l'employé.

Cela n'eût rien été ; mais écoutez, et qu'Harpagon et Grandet se pendent de n'avoir pas trouvé ce qu'avaient trouvé les gens qui faisaient les affaires de M. le duc d'Orléans et les miennes.

Comme il y avait six mois que l'on ne me payait plus mes appointements, on antidata ma nomination de six mois.

Il en résulta que, comme j'avais quinze cents francs à titre d'employé, et douze cents francs à titre de bibliothécaire, on économisa, en me payant ces six mois-là comme bibliothécaire, une somme de cent cinquante francs, — qui, jointe à mes gratifications non payées de 1829, constituait une économie de trois cent cinquante francs ; — lesquels trois cent cinquante francs, joints aux cinquante francs supprimés à ma gratification de 1828, faisaient un bénéfice net de quatre cents francs pour la caisse princière.

On en conviendra, c'étaient des hommes à larges vues, n'est-ce pas? que ceux qui entouraient le duc d'Orléans.

Malheureusement, ce furent exactement les mêmes hommes qui entourèrent plus tard le roi.

Installé à la bibliothèque, j'y fis connaissance avec Vatout et Casimir Delavigne, qui, ainsi que me l'avait laissé pressentir Oudard, ne me virent pas arriver là avec un grand plaisir.

Casimir Delavigne surtout, qui me revint plus tard, mais qui, d'abord, eut beaucoup de peine à me pardonner mon succès d'*Henri III*.

En effet, mon succès d'*Henri III* prenait l'année, et, comme il y a un proverbe qui dit qu'il n'y a pas au théâtre deux succès à la fois, le succès d'*Henri III* gênait le succès de *Marino Faliero,* qui attendait son tour, et dans lequel mademoiselle Mars devait jouer Héléna.

Mais mademoiselle Mars avait pour trois grands mois d'*Henri III;* puis venait son congé de deux mois; *Marino Faliero* se trouvait donc remis à l'hiver suivant.

Ce n'était point le compte de Casimir Delavigne.

J'ai dit comment les affaires dramatiques se traitaient chez Casimir Delavigne : le conseil de famille fut rassemblé à l'endroit de *Marino Faliero*, et l'on décida que le doge de Venise émigrerait à la Porte-Saint-Martin ; que madame Dorval, dont la réputation commençait à grandir, remplacerait mademoiselle Mars, et qu'on débaucherait Ligier de l'Odéon pour jouer Marino Faliero.

Cette émigration fit grand bruit. — Casimir à la Porte-Saint-Martin ! c'était Coriolan chez les Volsques ; tous les journaux retentirent de plaintes et de lamentations sur cet exil du barde national, et l'on commença à me considérer comme un usurpateur qui venait de chasser un roi couronné et sacré de son trône légitime.

La situation se compliqua d'un événement aussi nouveau qu'inattendu.

Une pétition au roi parut, laquelle suppliait Sa Majesté de faire, en faveur de Corneille, de Molière et de Racine, — qui, debout sur leurs piédestaux de marbre du foyer, n'avaient rien à voir dans cette question, — ce que l'auguste prédécesseur de Sa Majesté avait fait en faveur du roi Ferdinand VII chassé par les Cortès : de les rétablir sur leur trône.

Hélas ! personne moins que moi n'a jamais aspiré à prendre le trône de personne... A me faire une chaise ou un fauteuil commode, oui ; élevé, oui ; en vue, oui ; mais un trône ! le mot et la chose étaient par trop classiques, et je n'y songeais point.

C'est incroyable, n'est-ce pas? qu'il se soit trouvé sept hommes de lettres assez intolérants, assez insensés, assez ridicules pour s'adresser à un roi, et pour prier ce roi de proscrire un genre, c'est-à-dire une chose invisible, insaisissable, indéfinissable même ; pour lui dire hardiment : « Sire, nous sommes les représentants de l'art ; nous seuls savons ce que c'est que le beau ; nous seuls avons la science, le goût, le génie ; le public nous siffle, c'est vrai, aussitôt que nous apparaissons ; nos tragédies n'attirent personne, c'est vrai, quand on les joue ; les comédiens nous représentent avec une répugnance concevable, c'est vrai, puisque, faisant les mêmes frais pour nos pièces, ils n'en tirent pas les mêmes profits ; mais n'importe ! il nous est dur de mourir, d'être publiés; nous aimons mieux être sifflés qu'ensevelis ; ordonnez, sire, qu'on nous joue, qu'on ne joue que nous ; — car nous sommes les seuls héritiers de Corneille, de Molière et de Racine, tandis que les nouveaux venus ne sont que des bâtards de Shakspeare, de Gœthe et de Schiller ! »

Comme c'était logique ! J'étais un bâtard de Shakspeare, de Gœthe et de Schiller, parce que je venais de faire *Henri III*, pièce si éminemment française, que, s'il y avait un reproche à lui faire, c'était de représenter trop fidèlement les mœurs de la fin du XVIe siècle.

Et, comme, en effet, la chose n'est pas croyable, nous mettons sous les yeux de nos lecteurs la pétition de ces messieurs :

« Sire,

» La gloire des lettres n'est pas la moins éclatante des gloires françaises, et la gloire de notre théâtre la moins brillante de nos gloires littéraires.

» Ainsi pensaient vos aïeux, quand ils ont honoré le Théâtre-Français d'une protection spéciale ; ainsi pensait Louis XIV, à qui il a dû sa première organisation. Persuadé que les chefs-d'œuvre que son règne avait fait éclore ne pouvaient être représentés avec trop de perfection, ce roi protecteur des lettres a voulu que les meilleurs acteurs disséminés dans les diverses troupes que possédait alors la capitale, fussent réunis en une seule, sous le titre de Comédiens ordinaires du roi.

» Il donna à cette troupe d'élite des règlements, il lui accorda des droits, et, entre autres, le privilége exclusif de représenter la tragédie et la haute comédie ; et il ajouta à ces faveurs celle de la doter. Son but, en cela, vous le savez, sire, n'était pas seulement de récompenser des acteurs qui avaient le bonheur de lui plaire, mais aussi de les encourager dans la pratique d'un genre qui, par son élévation, était en harmonie avec son âme royale ; mais aussi de perpétuer la prospérité de ce genre, et d'asseoir sur des bases solides un théâtre modèle soit pour les acteurs, soit pour les auteurs.

» Longtemps les intentions de Louis XIV ont été remplies sous ses successeurs, qui n'ont dégénéré de lui ni en goût ni en générosité; les deux genres qu'il affectionnait, et auxquels la scène française devait sa dignité et sa supériorité, y ont régné presque sans partage.

» Tel était encore l'état des choses à l'époque du décès de votre auguste frère; pourquoi faut-il avouer qu'il n'est plus tel aujourd'hui?

» La mort de l'acteur qui rivalisait de talent avec les acteurs les plus parfaits de quelque époque que ce soit, a porté plus d'un dommage au noble genre dont il était le soutien. Soit par dépravation de goût, soit par conscience de leur impuissance à le remplacer, quelques sociétaires du Théâtre-Français, prétendant que le genre où Talma excellait ne pouvait plus être utilement exploité, se sont efforcés d'exclure la tragédie de la scène, et de lui substituer des pièces composées à l'imitation des drames les plus bizarres que puissent offrir les littératures étrangères : drames qu'avant cette époque, on n'avait osé reproduire que sur nos théâtres infimes.

» Que des acteurs médiocres aient cette prétention, si bien d'accord avec leur médiocrité; que, ne pouvant s'élever jusqu'à la tragédie, ils veuillent la rabaisser au niveau de leur talent, cela se conçoit; mais ce qu'on a peine à concevoir, sire, c'est que cette prétention soit encouragée par les préposés qui devraient la combattre.

» Non-seulement ils violent les droits fondés sur les règlements pour favoriser, en toute circonstance, le genre objet de leur prédilection, mais, pour satisfaire aux exigences de ce genre, qui a moins pour but d'élever l'âme, d'intéresser le cœur, d'occuper l'esprit, que d'éblouir les yeux par des moyens matériels, par le fracas des décorations et par l'éclat du spectacle, ils épuisent la caisse du théâtre; ils accroissent sa dette; ils opèrent sa ruine. Et, cependant, comme la tragédie, malgré tout ce qu'on fait contre elle, lutte encore avec quelque avantage contre son ignoble rival, non contents de se refuser aux frais nécessaires, à l'appareil qu'elle réclame, les protecteurs de celui-ci s'étudient à déconcerter l'ensemble des représentations tragiques, à ne donner pour aide aux principaux acteurs que des sujets réprouvés par le public; bien plus encore, pour rendre toute représentation tragique désormais impossible, anticipant sur l'époque où les deux premiers sujets tragiques, mademoiselle Duchesnois et M. Lafond, doivent prendre leur retraite, ils prétendent les contraindre à subir, sous le nom de congé, un exil d'un an, pendant la durée duquel on se flatte de consommer l'absolue destruction du théâtre de Racine, Corneille et Voltaire.

» Sire, les agents sur lesquels votre confiance se repose des soins de surveiller et de diriger le théâtre répondent-ils bien à vos intentions protectrices ? Est-ce pour favoriser l'usurpation du mélodrame, est-ce pour lui livrer la scène tragique que les clefs leur en ont été remises? Les fonds que votre libéralité met à leur disposition, pour être employés dans l'intérêt du bon goût, doivent-ils être prodigués dans l'intérêt de leur goût particulier, qui tend à asservir le domaine de ces grands hommes à la Melpomène des boulevards, et à réduire leur art sublime à la condition d'un vil métier?

» Persuadés, sire, que la gloire de votre règne est intéressée à ce qu'aucune des sources de la gloire française ne s'altère, nous croyons devoir appeler votre attention sur la dégradation dont le premier de nos théâtres est menacé.

» Sire, le mal est grand déjà! encore quelques mois, et il sera sans remède; encore quelques mois, et, fermé tout à fait aux ouvrages qui faisaient les délices de la plus polie des cours, de la nation la plus éclairée, le théâtre fondé par Louis le Grand sera tombé au-dessous des tréteaux les plus abjects, ou plutôt le Théâtre-Français aura cessé d'exister.

» *Signé :* A.-V. ARNAULT, N. LEMERCIER, VIENNET, JOUY, ANDRIEUX, JAY, O. LEROY. »

Cette curieuse pièce était flanquée d'une autre pièce non moins curieuse; — quand nous disons flanquée, nous aurions dû dire précédée. — La lettre de mademoiselle Duchesnois que nous allons reproduire en entier, comme nous avons fait de la pétition de ces messieurs, était la fusée volante par laquelle on avertissait le public qu'on allait tirer le grand feu d'artifice.

On se rappelle la visite que M. Lafond m'avait faite à mon bureau, pour me demander si je n'avais pas dans ma pièce un gaillard bien campé qui vînt dire à la reine Christine : « Sacrebleu ! Votre Majesté n'a pas le droit de faire assassiner ce pauvre diable ! »

On se rappelle que je lui avais répondu que non.

Sur quoi, M. Lafond avait pirouetté et s'était retiré en disant que, dans ce cas, sa visite était non avenue.

Lors de la lecture d'*Henri III*, M. Lafond s'était dit que ce gaillard bien campé, trop bien campé même, qu'on appelait le duc de Guise, lui revenait de droit, lorsque, pas du tout, il avait vu distribuer ce rôle à Joanny, qui l'avait joué, sinon d'une manière irrépochable, du moins d'une manière remarquable.

Il en avait été autant de la pauvre mademoiselle Duchesnois ; elle avait vu passer successivement devant elle les deux rôles de Christine et de la duchesse de Guise ; elle m'avait fait l'honneur de les désirer tous deux, et deux fois, avec beaucoup de peine, je lui avais expliqué les impossibilités que je voyais à ce qu'elle jouât les deux rôles ; il en résultait que mademoiselle Duchesnois était furieuse, que la fureur est mauvaise conseillère, et qu'en somme mademoiselle Duchesnois, dans sa fureur, écrivait la lettre suivante :

« Monsieur,

» J'aurais voulu rester étrangère à la querelle qui s'est engagée dans les journaux, relativement au Théâtre-Français ; mais on se fonde sur des faits erronés, pour défendre un système qui compromet notre existence sociale ; je crois devoir au public des explications qui montreront la question sous son vrai jour.

» Sans doute le devoir des Comédiens français est, avant tout, de conserver la faveur du public, et l'on ne peut nous faire aucun reproche sous ce rapport, puisque, depuis trois années, nous avons laissé établir successivement, à grands frais, tous les ouvrages du nouveau genre ; il en est résulté que nos parts ont baissé de seize mille à sept mille francs, et que nous avons contracté, dans ce laps de temps, une dette que l'on porte à cent mille francs.

» Cependant, l'ancien répertoire et les ouvrages faits d'après les grands maîtres, *Tartufe, Phèdre, Zaïre, Germanicus, Sylla, Pierre de Portugal, Marie Stuart, l'École des Vieillards, Blanche, le Roman,* s'ils n'enrichissent plus le théâtre, continuent à faire l'argent de nos parts, et à subvenir aux dépenses inouïes de la mise en scène des drames. Malgré la ruine de notre prospérité et l'augmentation de notre dette, j'aurais gardé le silence, si l'on n'avait en même temps répandu le bruit que l'on allait dissoudre notre pacte social, pour nous mettre en régie, et élever à notre place un prétendu théâtre romantique. Ces bruits ont pris assez de consistance pour être répétés par plusieurs journaux, et l'on a remarqué que les défenseurs habituels de M. le commissaire royal, au lieu de les démentir, se sont efforcés de montrer les avantages d'un projet aussi ridicule.

» Les acteurs tragiques, qui, depuis l'arrivée de M. Taylor, avaient été l'objet d'une animadversion dont ils n'ont deviné la cause que dans ces derniers temps, furent attaqués dans ces mêmes journaux avec un acharnement sans exemple, avec ce refrain de circonstance : *Le public ne veut plus de tragédies.* Sans doute la tragédie ne fait plus les recettes énormes des beaux temps de Talma et des quinze premières années de ma carrière théâtrale; mais, sans parler de son importance et de sa nécessité, on peut s'assurer par les recettes — non par celles que l'on tient de M. le commissaire royal, mais par les recettes véritables, consignées sur le registre des pauvres, que je fais relever en ce moment pour les publier, — que la tragédie reprendrait sa prospérité, si l'administration lui accordait la protection qu'elle lui doit, au lieu de persécuter les acteurs et les auteurs qui la soutiennent encore.

» Il me serait difficile d'énumérer toutes les preuves de la mauvaise volonté de M. Taylor; mais en voici quelques-unes qui suffiront pour vous convaincre. Trois jeunes acteurs attirés de l'Odéon prêtaient quelque appui et quelque intérêt à la tragédie. M. Taylor a tenté de les chasser de la Comédie-Française. Il a réussi à l'égard de MM. Ligier et Victor; et, si M. David nous a été conservé, c'est par un jugement des tribunaux qui a forcé la volonté de M. le commissaire royal. M. Beauvallet, jeune homme qui donne de grandes espérances aux amis de l'art dramatique, s'est vu forcé de s'engager à un théâtre secondaire.

» Ce n'est pas tout; pour accomplir le dessein romantique, ma présence et celle de M. Lafond étaient importunes. Nous reçûmes, cet hiver, une intimation et presque un ordre de quitter Paris pour un an, et sans l'avoir sollicité, comme quelques journaux mal informés l'ont annoncé.

» C'est dans de telles circonstances, monsieur, que des littérateurs distingués qui, par leurs rapports avec les acteurs, connaissent bien mieux la situation du Théâtre-Français que les auteurs de plusieurs articles, ont cru devoir présenter un mémoire au roi, non pour demander l'exclusion du genre nouveau (plaisanterie inventée par les amis de M. Taylor, pour se donner l'avantage d'appeler *ridicule* une démarche honorable), mais pour réclamer une protection au moins égale pour les auteurs qu'on appelle *classiques*, et pour les acteurs qui soutiennent ce genre.

» Je vous prie de vouloir bien annoncer, monsieur, que je viens d'appeler MM. Taylor et le vicomte de la Rochefoucauld devant les tribunaux pour avoir à répondre d'une violation de nos règlements sociaux, au moyen de laquelle ils ont prorogé, depuis quatre ans, l'existence d'un comité qui devait, aux termes de nos statuts, être renouvelé par tiers chaque année.

» Je vous prie de vouloir bien aussi déclarer, en mon nom, que l'article renfermé dans le *Journal de Paris* de ce matin est erroné dans toutes ses propositions et dans tous ses chiffres, et que je m'empresserai d'en donner les preuves au public dans le plus court délai.

» Je suis aussi en mesure de relever le fait faux qu'aucun des signataires de la pétition ait voulu *retirer* ou *désavouer* sa signature; mais je sais, au contraire, que plusieurs de nos auteurs les plus distingués se préparent à faire paraître leur adhésion au Mémoire au roi.

» Je suis, etc.

» J. DUCHESNOIS. »

Nous avons dit que, sous un ministre spirituel, tout le monde a de l'esprit, même le roi.

Le roi répondit aux pétitionnaires :

« Messieurs,

» Je ne puis rien pour ce que vous désirez ; je n'ai, comme tous les Français, qu'une place au parterre. »

Maintenant, on me demandera comment M. Arnault conciliait cette demande contre moi, avec son amitié pour moi? comment, me recevant, tous les dimanches, chez lui à sa table, dans son intimité, il voulait me faire chasser du théâtre?

Oh! qu'on se rassure! M. Arnault était un esprit plus logique que cela : le dimanche qui avait suivi la représentation d'*Henri III*, — et c'était le lendemain, — j'avais trouvé madame Arnault toute seule à la maison, et elle m'avait dit en manière de conversation :

— Dumas, quand vous voudrez bien venir dîner avec nous, dites-nous-le d'avance, car vous risqueriez parfois de faire comme aujourd'hui, un dîner tête à tête avec moi, ce qui ne serait pas très-amusant pour vous.

J'avais compris, et je n'y étais pas retourné.

Au reste, le succès d'*Henri III* avait amené à sa suite tous les avantages et tous les ennuis des grands succès ; j'étais, pour le reste de l'hiver de 1829, l'auteur à la mode ; je recevais invitations sur invitations, et M. Sosthène de la Rochefoucauld, ministre de la maison du roi, m'écrivait une lettre par laquelle il me donnait mes entrées à tous les théâtres royaux, se fondant sur ce que, s'il ne me les donnait pas, j'étais bien homme à les prendre. Devéria fit une lithographie de moi; David (d'Angers), une médaille. On voit que rien ne manquait à ma gloire, même le petit côté ridicule qui accompagne toujours les réputations naissantes.

Puis on racontait une foule d'anecdotes plus absurdes les unes que les autres : on disait qu'après la représentation d'*Henri III*, quand les lustres de la salle avaient été éteints, à la lueur mourante des flambeaux du foyer, une ronde sabbatique pareille à la magnifique ronde de Boulanger avait eu lieu *autour* du buste de Racine, — qui est adossé à la muraille! que les funèbres danseurs avaient fait entendre ce refrain sacrilége : « Enfoncé Racine ! » et que même un cri de mort avait été poussé par un jeune fanatique nommé Amaury Duval, qui demandait la tête des académiciens ; — cri parricide, puisque ce malheureux était le fils de M. Amaury Duval, de l'Institut, et neveu de M. Alexandre Duval, de l'Académie française.

On accusait, en outre, — et cela pouvait bien être vrai, par exemple, — un romantique furieux, à qui Dieu, pour sa punition, avait envoyé une des sept plaies d'Égypte, d'avoir dit en se grattant frénétiquement :

— Décidément, Racine n'est qu'un polisson!

Ce fanatique se nommait Gentil.

De pareilles histoires, racontées sous le manteau de la cheminée, faisaient, comme vous le pensez bien, dresser les cheveux sur la tête de tous les honnêtes gens, et *le Constitutionnel*, qui a toujours été le représentant littéraire et politique des honnêtes gens, en était tout particulièrement indigné.

Ce fut à partir de cette époque que le digne bonhomme voua à toute idée qui ne datait pas d'un demi-siècle, et à tout auteur qui ne comptait pas moins de douze lustres, — style de rédaction 1838-1850, — cette haine vigoureuse dont parle Alceste, et qui, à notre avis, rancit bien plus et bien mieux au cœur des impuissants, des méchants et des envieux, qu'au cœur des gens de bien.

On s'attendait de jour en jour à une Saint-Barthélemy de classiques, et on félicitait ce pauvre M. Auger, qui venait de se tuer si tristement, d'avoir échappé au massacre général par le suicide.

La consternation était si grande, que le parti classique tout entier ne produisit qu'une pièce — qui tomba.

C'était *Élisabeth d'Angleterre*, de M. Ancelot.

Car nous n'appelons pas une pièce classique le *Marino Faliero* de Casimir Delavigne, si pompeusement baptisé du titre de mélodrame en vers.

Le choix même du sujet de *Marino Faliero*, l'imitation des principales scènes de Byron, était un double hommage au génie étranger et au goût moderne.

Casimir Delavigne, nous l'avons dit ailleurs, était né quinze ans trop tôt pour entrer franchement dans notre voie; aussi son allure fût-elle éternellement empêchée, et flotta-t-il incessamment de Voltaire à Byron, de Chénier à Shakspeare, sans parvenir à prendre une allure à lui. Au reste, rien n'avait été négligé pour le succès de *Marino Faliero*. Les journaux avaient fait grand bruit de l'ingratitude de MM. les Comédiens français, et du passage de Ligier à la Porte-Saint-Martin. On annonçait que l'ouverture était de Rossini, et les costumes de M. Delaroche.

Or, M. Delaroche étant juste en peinture ce que Casimir Delavigne était en littérature, M. Delaroche jouissait, alors, comme Casimir Delavigne, d'une réputation trop grande pour qu'il ne la vît pas décroître, pâlir, s'éteindre presque de son vivant.

Donc, Rossini avait fait la musique; donc, Delaroche avait fait les costumes.

La pièce fut représentée le 30 mai, et obtint un grand succès; mais, chose étrange! la part faite largement à l'auteur, le succès d'acteur ne revint ni à Ligier ni à madame Dorval; il revint à Gobert, qui jouait le rôle d'Israël Bertuccio.

L'ouvrage était, du reste, monté avec un luxe inouï, et

un si scrupuleux respect, particulièrement à l'endroit des costumes, que, M. Delaroche ayant jugé à propos, pour donner plus de pittoresque à ses dessins, de les faire mouvementer par le vent, le costumier du théâtre avait eu cette intelligente idée, de coudre le vent dans les manteaux.

J'ai dit ailleurs ce que je pensais de cette pièce.

CXXIII

Le magnétisme. — Opération sur une somnambule. — Je me fais magnétiser. — Mes observations. — Je magnétise à mon tour. — Expérience faite en diligence. — Autre expérience chez le procureur de la République de Joigny. — La petite Marie D***. — Ses prédictions politiques. — Je la guéris de la peur.

Entre ma représentation et celle de Casimir Delavigne, le monde savant s'était préoccupé d'un fait grave qui constatait la puissance du magnétisme, contestée depuis Mesmer.

Un des plus habiles chirurgiens de l'époque, Jules Cloquet, venait d'opérer madame Pl... d'un cancer au sein, sans que celle-ci, mise en état d'extase par son magnétiseur, eût manifesté la moindre sensibilité.

Un mot sur le magnétisme; — partons d'un fait, et allons jusqu'aux abstractions.

Madame Pl..., sur laquelle cette étrange tentative venait d'être opérée, était âgée de soixante-quatre à soixante-cinq ans, veuve depuis dix, et souffrait, depuis deux ou trois, d'engorgements glanduleux au sein droit.

Le docteur Chap... était le médecin de la malade; plusieurs fois il avait essayé du magnétisme, et s'en était bien trouvé. Il tenta d'appliquer le magnétisme à la guérison de madame Pl...; mais le mal était trop avancé, et il résolut de ne s'en servir que pour adoucir, s'il était possible, les douleurs de la malade au moment de l'opération.

Jules Cloquet fut appelé. On lui proposa d'opérer sur la malade endormie; il accepta, enchanté de se rendre compte d'un phénomène dont il doutait, et d'épargner, en même temps, à la patiente, la souffrance inséparablement liée à l'une des plus douloureuses opérations de la chirurgie.

Le docteur Chap... magnétisa madame Pl... et lui mit tout le côté droit dans un état d'insensibilité complète.

L'opération du sein commença par une incision de onze pouces, suivie d'une autre longue de neuf. Grâce à ces deux incisions, on put aller chercher, jusque sous l'aisselle, plusieurs glandes qui furent soigneusement disséquées. Pendant l'opération, qui dura dix minutes, la malade ne donna aucun signe de sensibilité. Il semblait au chirurgien — ce sont ses propres paroles — *qu'il taillait dans un cadavre* ; seulement, lorsque, l'opération finie, on en vint à laver la plaie avec une éponge, la malade, sans sortir de son extase, s'écria deux fois :

— Finissez donc ! ne me chatouillez pas ainsi.

L'opération terminée, madame Pl... fut tirée de son extase : elle ne se souvenait de rien, n'avait éprouvé aucune douleur, et manifesta un profond étonnement d'être opérée.

Les pansements se firent selon le mode ordinaire, et présentèrent tous les symptômes d'une prompte guérison.

Dès le septième jour, madame Pl... sortit en voiture.

La suppuration diminuait, la plaie marchait rapidement à la cicatrisation, quand, vers le soir du quinzième jour, la malade se plaignit d'éprouver une forte oppression, et un œdème se manifesta aux extrémités inférieures.

Tout cela est du réalisme le plus absolu. — Maintenant, voici où le merveilleux commence :

Madame Pl... avait une fille ; cette fille, arrivée de province pour soigner sa mère, avait été mise par le docteur Chap... en état de somnambulisme, et reconnue par lui comme étant d'une lucidité parfaite.

Elle fut endormie du sommeil magnétique, et consultée sur l'état de sa mère.

Au premier effort qu'elle fit pour voir, sa figure se décomposa, et les larmes lui vinrent aux yeux.

Elle annonça qu'une mort paisible, mais inévitable, frapperait sa mère, le lendemain matin.

. Questionnée sur l'aspect que présentait l'intérieur de la poitrine, elle déclara que le poumon du côté droit ne vivait plus, qu'il était vide et en suppuration vers la partie dorsale inférieure, et baignant dans un épanchement séreux ; que le poumon du côté gauche était sain, et, seul, alimentait la vie.

Quant aux viscères abdominaux, le foie, selon elle, était blanchâtre et ridé ; mais les intestins étaient sains.

Ces dépositions furent faites en présence de témoins.

Le lendemain, à l'heure dite, madame Pl... mourut. L'autopsie fut faite en présence des commissaires de l'Académie, et l'état du cadavre se trouva parfaitement conforme à la description faite par la somnambule.

Voilà ce que rapportèrent les journaux, voilà ce que consigna le procès-verbal, voilà ce que me raconta et me confirma Jules Cloquet lui-même, un jour que nous causions ensemble — avant que le chloroforme fût inventé — de ces grands mystères de la nature où se perd l'esprit humain.

Plus tard, et au moment où je préparais mon livre de *Joseph Balsamo*, ayant intérêt à approfondir cette question depuis si longtemps débattue de la puissance ou de l'impuissance du magnétisme, je résolus de faire quelques expériences personnelles, ne me fiant pas à celles que pourraient faire devant moi des étrangers ayant intérêt à accréditer le magnétisme.

Je me fis donc magnétiseur.

Voici ce que je remarquai :

J'étais doué d'une grande puissance magnétique, et cette puissance avait généralement prise sur les deux tiers des personnes que j'y soumettais.

Consignons ici que je ne l'exerçai jamais que sur des jeunes filles ou sur des femmes.

Cette puissance, sous le rapport des phénomènes physiques, était incontestable.

Une femme qui a subi une fois le sommeil magnétique est l'esclave de l'homme qui l'a endormie, même après son réveil.

Elle se souvient de ce qui s'est passé pendant son sommeil, ou elle l'oublie selon la volonté du magnétiseur. On pourrait lui faire tuer quelqu'un pendant son sommeil, et, avec la volonté qu'elle ignore le crime qu'elle a commis, le lui laisser à tout jamais ignorer.

On peut lui faire éprouver telle ou telle douleur à tel ou tel endroit : il suffira de la toucher à cet endroit-là du bout du doigt, du bout d'une canne, du bout d'une tringle en fer.

On peut lui faire éprouver une sensation de chaleur avec de la glace, une sensation de froid avec du feu ; on peut la griser avec un verre plein d'eau, et même avec un verre vide.

On peut lui mettre le bras, la jambe, tout le corps en catalepsie, le rendre dur et inflexible comme une barre de fer, mou et souple comme une écharpe.

On peut le rendre insensible à la pointe d'une aiguille, à la lame d'un bistouri, à la morsure d'un moxa.

Tout cela rentre, selon moi, dans le domaine des phénomènes physiques.

On peut même pousser le cerveau jusqu'à un degré d'exaltation qui fasse poëte un esprit ordinaire, qui donne à un enfant de douze ans les idées, les sensations et la façon de les exprimer d'une personne de vingt ou vingt-cinq.

Je fis un voyage en Bourgogne, en 1848. Dans la même voiture que ma fille et moi se trouvait une fort gracieuse femme de trente à trente-deux ans ; à peine avions-nous échangé quelques paroles ; il était onze heures du soir, et une des choses qu'elle m'avait dites, c'est qu'elle ne dormait jamais en voiture.

Dix minutes après, non-seulement elle dormait, mais encore elle dormait la tête appuyée sur mon épaule.

Je la réveillai : elle fut doublement étonnée, et de s'être endormie, et, une fois endormie, d'être venue chercher la position dans laquelle elle se retrouvait.

Je renouvelai l'expérience deux ou trois fois dans la nuit, et toujours elle réussit sans que j'eusse besoin de toucher ma voisine ; ma volonté suffit pour cela.

A un relais, au moment où la voiture était arrêtée et où l'on changeait de chevaux, je la réveillai brusquement en lui demandant l'heure qu'il était : elle ouvrit les yeux, et voulut tirer sa montre.

— C'est inutile, lui dis-je; dites-moi l'heure qu'il est à votre montre sans y regarder.

— Trois heures moins trois minutes, répondit-elle aussitôt.

Nous appelâmes le postillon, et, à la lueur de sa lanterne, nous vérifiâmes qu'il était juste trois heures moins trois minutes.

Ce furent, à peu près, les seules expériences que j'essayai sur cette personne; elles donnèrent les résultats que je viens de dire, lesquels — excepté l'heure vue à la montre sans la regarder — appartiennent encore à l'ordre des phénomènes physiques.

A Joigny, je me trouvais chez le procureur de la République M. Lorin, à qui je faisais une visite officielle, et que je voyais pour la première fois. C'était l'époque où je venais de publier *Balsamo*, et où cette publication avait mis le magnétisme à la mode. Il était rare, alors, que je misse le pied dans un salon, sans que je fusse interrogé sur ce grand mystère. A Joigny, je répondis ce que j'ai toujours répondu : « La puissance magnétique existe, mais à l'état de fait, et non de science; elle en est juste où en sont les aérostats: on enlève les ballons; on n'a pas encore trouvé moyen de les diriger. »

Quelques doutes furent exprimés par les personnes présentes, et surtout par les femmes. Je demandai à l'une de ces dames, madame B..., si elle me permettait de l'endormir; elle refusa de manière à me convaincre qu'elle ne m'en voudrait pas trop si j'opérais sur elle malgré son refus. Je n'eus pas moins l'air de m'y soumettre: mais, cinq minutes après, m'étant levé comme pour regarder une gravure placée derrière son fauteuil, j'appelai à mon secours toute ma puissance magnétique, et lui commandai avec obstination pendant cinq minutes de s'endormir; au bout de ces cinq minutes, elle dormait.

Alors, commença sur cette personne qui m'était parfaitement étrangère, et dans cette maison où j'allais pour la première fois, et où je ne rentrai jamais depuis, une série d'expériences extrêmement curieuses. Madame B..., bon gré, mal gré, obéissait non-seulement à mon ordre formulé par des paroles prononcées, mais encore à ma volonté muette. Pour elle, toutes les sensations étaient renversées : le feu était de la glace, la glace était du feu. Elle se plaignit d'un grand mal de tête ; je lui ceignis le front d'un bandeau factice que je lui dis enfermer de la neige, et elle se laissa aller à une sensation délicieuse de fraîcheur ; puis, un instant après, elle essuya sur son front l'eau qui s'échappait du bandeau absent, au fur et à mesure que la chaleur de son front faisait fondre cette neige imaginaire : mais bientôt son mouchoir ne suffit plus à l'opération : elle emprunta celui de son amie ; enfin, à la demande d'un mouchoir succéda la demande d'une serviette ; puis, successivement, la robe et les autres vêtements s'étant mouillés, elle demanda à passer dans un cabinet pour changer de tout. Je la laissai éprouver cette sensation de froid jusqu'au grelottement : puis, tout à coup, j'ordonnai aux vêtements de se sécher, et ils se séchèrent.

Tout cela, bien entendu, dans l'imagination de la somnanbule.

Elle avait une fort belle voix, assez étendue, mais qui s'arrêtait au contre-*si*. Je lui ordonnai de chanter et de monter jusqu'au contre-*re* ; elle chanta et donna juste les deux dernières notes, — ce qui lui était impossible dans l'état de veille, et ce qu'elle essaya inutilement quand je l'eus tirée de son sommeil magnétique.

Une ouvrière travaillait dans la chambre voisine ; je mis à la somnanbule un couteau à papier dans la main, le lui donnant comme un couteau véritable, et lui ordonnant d'aller poignarder cette ouvrière. Alors, ce qui restait de libre arbitre en elle se révolta ; elle refusa, se tordit, s'accrocha aux meubles ; mais je n'eus qu'à vouloir et à étendre le bras dans la direction que je désirais lui faire suivre, elle obéit et s'avança vers l'ouvrière, tout interdite, le couteau levé.

Elle avait les yeux ouverts, et sa figure, fort belle d'ailleurs, avait pris comme pantomine, une expression admirable. C'était beau comme miss Faucett jouant la scène du somnambulisme dans *Hamlet*. Le procureur de la République était effrayé à l'idée de cette puissance qui pouvait pousser, malgré elle, une personne jusqu'au crime.

Quand, par ma volonté, elle fut revenue au calme, j'essayai sur madame B... de la vue à distance. Elle avait connu, lors d'un séjour de garnison qu'il avait fait à Joigny, le colonel S. M... un de mes amis, je lui demandai où était le colonel à l'heure présente, et ce qu'il faisait.

Elle répondit que le colonel S. M... était en garnison à Lyon, et, pour le moment, au café des officiers, où il causait avec le lieutenant-colonel, debout, près du billard.

Puis, tout à coup, elle vit le colonel pâlir, chanceler, et aller s'asseoir sur une banquette.

Le colonel venait d'être pris d'une douleur rhumatismale au genou.

Je la touchai elle-même au genou et j'exprimai la volonté qu'elle éprouvât la même douleur ; elle jeta un cri, se roidit et versa de grosses larmes. Nous fûmes si effrayés de cette douleur factice qui présentait tous les signes d'une douleur réelle, que je la réveillai.

Une fois réveillée, elle se souvint de ce que je voulus, et perdit le souvenir des choses que je lui ordonnai d'oublier.

Puis commença une autre série d'expériences sur la femme éveillée.

Je l'enfermai dans un cercle imaginaire, tracé avec une canne, et je sortis, lui défendant de franchir ce cercle.

Cinq minutes après, je rentrai et la trouvai assise au milieu du salon ; elle attendait ma permission pour reprendre sa liberté.

Elle s'assit à un angle du salon, et j'allai me placer à l'autre bout ; je l'invitai à faire tous ses efforts pour ne pas venir me rejoindre, et, en même temps, je lui ordonnai de venir à moi.

Elle se cramponna à son fauteuil ; mais, attirée par une force irrésistible, elle fut obligée de le lâcher ; alors, elle se coucha à terre pour réagir contre cette attraction, mais la précaution fut inutile, elle vint en se traînant. Une fois à mes pieds, je n'eus qu'à approcher la main de sa tête, et à lever lentement la main; elle se leva obéissante, et, malgré elle, se trouva debout.

Elle demanda un verre d'eau : elle y goûta, c'était bien de l'eau ; puis, sans qu'elle eût déposé le verre, sans que le verre l'eût quittée, je lui dis que cette eau était du kirsch ; elle savait parfaitement le contraire, et, cependant, à la première gorgée qu'elle avala, elle jeta un cri : elle se croyait la bouche brûlée.

Pauvre femme! jeune et charmante créature, qui, depuis, êtes allée approfondir un bien autre mystère, celui de la mort! dites-moi, là-bas, avez-vous oublié ce qui se passait sur la terre, ou bien vous en souvenez-vous ?

Je n'en ai point fini avec le magnétisme ; il me reste, au contraire, à raconter ce que, sous ce rapport, j'ai vu de plus extraordinaire ; et ce que je vais raconter — et qui s'est passé devant douze ou quinze personnes — est un simple récit, en tout conforme au procès-verbal que dressèrent deux des spectateurs, et qui fut, séance tenante, signé de nous tous.

Pendant mon séjour à Auxerre, je fus reçu dans la maison de M. D***. — M. D*** avait deux enfants, un garçon de six ans, et une fille de onze.

Marie, c'était le nom de la fille de M. D***, était un amour d'enfant, ou plutôt un ange, car ses joues étaient pâles, ses yeux noirs et presque sévères. C'était une créature d'une délicatesse exquise, mais qui n'avait cependant que les qualités et l'intelligence d'une enfant de son âge, et à laquelle, par conséquent, j'avais fait attention à peine, excepté pour dire à ma fille :

— Regarde donc comme elle est jolie!

Et ma fille, étant de mon avis, avait fait un portrait de l'enfant éveillé.

Un jour, nous dinions dans une salle à manger donnant sur le jardin. On était au dessert; les deux enfants avaient quitté la table, et jouaient parmi les massifs et les fleurs.

On parlait de cette éternelle question du magnétisme, qui revenait avec une périodicité d'autant plus fatigante pour moi, qu'elle était ordinairement accompagnée de doutes contre lesquels je n'avais aucune preuve que les faits; or, comme les faits s'étaient presque toujours passés dans une autre localité que celle où la discussion avait lieu, j'étais obligé de choisir parmi les assistants un sujet que je jugeais apte au sommeil magnétique, et, disposé ou non, d'opérer sur ce sujet.

Or, quiconque fait des somnambules sait que cet exercice est une fatigue aussi grande pour le magnétiseur que pour le magnétisé.

Je racontai quelques-uns des faits que je viens de consigner dans le chapitre précédent ; mais ils furent accueillis par l'incrédulité la plus complète.

— Je ne croirai au magnétisme, me dit madame D***, que, par exemple... — et elle cherchait quelque chose qui lui parût impossible — lorsque vous aurez endormi ma fille Marie.

— Appelez mademoiselle Marie, faites-la asseoir à sa place à table, donnez-lui un biscuit et deux ou trois fruits; tandis qu'elle mangera, je tâcherai de l'endormir.

— Il n'y a aucun danger?
— Pour quoi?
— Pour la santé de ma fille.
— Aucun.
— Marie!

On appela l'enfant, qui accourut; on lui mit des reines-claudes et un biscuit sur son assiette, et on lui enjoignit de les manger à table.

Sa place était près de moi, à ma gauche. Pendant que l'on continuait de causer, comme si rien ne se préparait, j'étendis ma main derrière la tête de l'enfant, et, seul, je gardai le silence, concentré dans cette volonté que l'enfant subit le sommeil.

Au bout d'une demi-minute, elle avait cessé tout mouvement, et paraissait absorbée dans la contemplation d'une reine-claude qu'elle allait porter à sa bouche.

— Qu'as-tu donc, Marie? lui demanda sa mère.

L'enfant ne répondit point : elle était endormie.

Le sommeil avait été si rapide, que je n'y croyais pas moi-même.

Je lui renversai la tête sur le dossier de la chaise sans la toucher, par l'attraction pure et simple ; son visage offrait l'image du calme le plus parfait.

Je lui passai la main devant les yeux de bas en haut, avec l'intention que les yeux s'ouvrissent. Les yeux s'ouvrirent, les prunelles se levèrent vers le ciel, une légère ligne nacrée apparut au-dessous ; — l'enfant était en extase.

Dans cet état, les paupières n'éprouvaient pas le besoin de clignoter, et l'on pouvait approcher les objets aussi près qu'on le voulait de la pupille, sans que l'œil s'en inquiétât le moins du monde.

Ma fille fit son portrait, comme pendant à l'autre, tandis qu'elle était dans cet état. La différence de l'ange à l'enfant était si réelle, du premier portrait au second, qu'elle mit des ailes au second, et que ce dessin semble une étude d'après les plus beaux anges de Giotto ou de Pérugin.

L'enfant était en extase. Restait à savoir si elle parlerait.

Un simple attouchement de la main à la main lui donna la voix ; une simple invitation de se lever et de marcher lui donna le mouvement. Seulement, la voix était plaintive et sans accentuation ; seulement, le mouvement était bien plutôt celui d'un automate que celui d'un créature vivante.

Les yeux ouverts ou fermés, en avant ou en arrière, elle marchait également droit et avec une parfaite sécurité.

Je commençai par l'isoler ; elle n'entendit plus dès lors que moi, et ne répondit plus qu'à moi. La voix de son père, celle de sa mère, cessaient de parvenir jusqu'à elle ; un simple désir de ma part, exprimé par un signe, faisait cesser l'isolement, et remettait l'enfant en contact avec telle personne qu'il me plaisait de lui donner pour interlocuteur. Je lui transmis quelques questions auxquelles elle répondit d'une façon si précise, si nette, si intelligente, qu'il vint tout à coup à l'idée de son oncle de me dire :

— Interrogez-la donc sur la politique.

L'enfant, je le répète, avait onze ans. Toutes les questions politiques lui étaient donc parfaitement étrangères ; elle ignorait presque à un degré égal le nom des choses et celui des hommes.

Je vais copier exactement le procès-verbal de cette étrange séance, sans ajouter foi le moins du monde à aucune des prédictions faites par l'enfant, prédictions que je verrais, je l'avoue, s'accomplir avec le plus grand regret, et que je ne puis attribuer qu'à l'état fébrile dans lequel le sommeil magnétique avait jeté son cerveau.

Je conserve aux pages suivantes la forme du dialogue et les termes mêmes dans lesquels il eut lieu.

— Dans quel état social, à cette heure, sommes-nous, mon enfant?

— Monsieur, nous sommes en république.

— Pouvez-vous dire ce que c'est que la république?

— C'est un égal partage des droits entre tous les hommes qui composent un peuple, sans distinction de rang, de naissance ni de conditions.

Nous nous regardâmes, étourdis de ce début; les réponses avaient été faites sans hésitation aucune, et comme si elles eussent été apprises d'avance.

Je me retournai vers la mère.

— Irons-nous plus loin, madame? lui demandai-je.

Elle était immobile, presque muette.

— Oh! mon Dieu! dit-elle, j'ai peur que ce ne soit une fatigue bien grande pour la pauvre enfant que de répondre à de pareilles questions, si fort au-dessus de la portée de son âge et de son esprit; puis, je vous l'avoue, ajouta-t-elle, la façon dont elle y répond m'épouvante.

Je me retournai vers l'enfant.

— Le sommeil magnétique vous fatigue-t-il, Marie?

— Aucunement, monsieur.

— Vous croyez donc, pouvoir répondre à mes questions avec facilité?

— Sans doute.

— Cependant, ces questions ne sont pas de celles qu'on adresse à un enfant de votre âge.

— Dieu permet que je les comprenne.

Nous nous regardâmes de nouveau.

— Continuez, dit la mère.

— Continuez, dirent avec curiosité tous les assistants.

— L'état dans lequel nous sommes s'affermira-t-il?

— Oui, monsieur, il durera plusieurs années.

— Est-ce Lamartine ou Ledru-Rollin qui le consolidera?

— Ni l'un ni l'autre.

— Alors, nous aurons un président?

— Oui.

— Et, après ce président, qui aurons-nous?

— Henri V.

— Henri V?... Mais vous savez bien, mon enfant, qu'il est exilé!

— Oui, mais il rentrera en France.

— Comment cela, rentrera-t-il en France? est-ce par la force?

— Non, c'est du consentement des Français.

— Et par où rentrera-t-il en France?

— Par Grenoble.

— Se battra-t-il pour y rentrer?

— Non, il viendra en Italie; de l'Italie, il passera en Dauphiné, et, un matin, on dira : « Henri V est dans la citadelle de Grenoble. »

— Il y a donc une citadelle à Grenoble?

— Oui, monsieur.

— La voyez-vous?

— Oui, sur une hauteur.

— Et la ville?

— La ville est au bas, dans le fond.

— Y a-t-il une rivière dans la ville?

— Il y en a deux.

— Leurs eaux sont-elles de la même couleur?

— Non, il y en a une blanche et une verte.

Nous nous regardâmes avec plus d'étonnement encore que la première fois. Marie n'avait jamais été à Grenoble, et l'on ignorait si, éveillée, elle connaîtrait même de nom la capitale du Dauphiné.

— Mais êtes-vous bien sûre que ce soit le duc de Bordeaux qui soit à Grenoble?

— Aussi sûre que si son nom était écrit là.

Et elle montrait son front.

— Comment est-il ? Voyons, détaillez-le.

— Il est de taille moyenne, un peu gros ; il est châtain ; il a les yeux bleus, et ses cheveux sont coupés comme ceux des anges de mademoiselle Marie Dumas.

— Tenez, il passe devant vous, remarquez-vous dans sa démarche quelque chose de particulier ?

— Il boite.

— Mais, voyons, de Grenoble, où va-t-il ?

— A Lyon.

— Et, à Lyon, ne s'oppose-t-on pas à ce qu'il entre ?

— On avait l'intention de s'y opposer d'abord, mais je vois beaucoup d'ouvriers qui vont au-devant de lui, et qui l'amènent.

— Et il n'y aura pas quelques coups de fusil tirés ?

— Oh! si, monsieur, il y en aura plusieurs, mais sans faire de grands dommages.

— Où ces coups de fusil seront-ils tirés ?

— Sur la route de Paris à Lyon.

— Par quel faubourg rentrera-t-il dans Paris ?

— Par le faubourg Saint-Martin.

— Mais, mon enfant, à quoi servira qu'Henri V devienne roi de France, puisqu'il n'a pas d'enfants... — j'ajoutai en hésitant : — et qu'on dit qu'il ne peut pas en avoir ?

— Oh! ce n'est pas lui qui ne peut pas en avoir, monsieur, c'est sa femme.

— Cela reviendra au même, chère petite Marie, puisque le divorce n'est pas autorisé.

— Oh! oui, mais il y a une chose que Dieu seul et moi savons à cette heure.

— Laquelle ?

— C'est que sa femme mourra d'une maladie de poitrine.

— Et qui épousera-t-il ? Quelque princesse de Russie ou d'Allemagne, sans doute ?

— Non, il dira : « Je suis rentré par la volonté du peuple français, je veux épouser une fille du peuple. »

Nous nous mîmes à rire ; la divagation commençait à se mêler à la prophétie.

— Et où prendra-t-il cette fille du peuple, mon enfant ?

— Il dira : « Qu'on me cherche une jeune fille que j'ai vue dans le faubourg Saint-Martin, au n° 42 ; elle était montée sur une borne ; elle était vêtue d'une robe blanche, et tenait à la main une branche verte qu'elle agitait.

— Eh bien, ira-t-on au faubourg Saint-Martin ?

— Sans doute.

— Et l'on trouvera la jeune fille ?

— Oui, au n° 42.

— Et quelle est sa famille ?

— Son père est menuisier.

— Savez-vous comment on appelle cette future reine ?

— Léontine.

— Alors, le prince épousera cette jeune fille ?

— Oui.

— Et c'est d'elle qu'il aura un fils ?

— Il en aura deux.

— Et comment appellera-t-on l'aîné, Henri ou Charles ?

— Non, Henri V dira que ces deux noms ont porté trop grand malheur à ceux qui les ont eus ; on le nommera Léon.

— Combien de temps Henri V régnera-t-il ?

— De dix à onze ans.

— Comment mourra-t-il ?

— Il mourra d'une pleurésie qu'il aura gagnée en buvant de l'eau froide à une source, un jour qu'il chassera dans la forêt de Saint-Germain.

— Mais faites attention, mon enfant, que vous nous faites cette prédiction devant douze ou quatorze personnes ; il se peut qu'une des personnes qui sont ici prévienne le prince ; et, alors, le prince, sachant qu'il doit mourir s'il boit de l'eau froide, n'en boira pas.

— Il sera prévenu, mais il boira tout de même, disant qu'il mange bien des glaces ayant chaud, qu'il peut bien aussi boire de l'eau froide.

— Et qui le préviendra ?

— Votre fils, qui sera un de ses grands amis.

— Comment! mon fils, un des grands amis du prince?

— Oui, vous savez bien qu'il n'est pas de la même opinion que vous, votre fils?

Nous nous regardâmes, ma fille et moi, et nous nous mîmes à rire. Alexandre et moi sommes en querelle éternelle à l'endroit de la politique.

— Et, alors, Henri V étant mort, Léon I__er__ montera sur le trône?

— Oui, monsieur.

— Et qu'arrivera-t-il sous son règne?

— Je ne vois pas plus loin ; réveillez-moi.

Je m'empressai de la réveiller ; elle ne se souvenait de rien une fois éveillée; je lui fis quelques questions sur Lamartine, sur Ledru-Rollin, sur Grenoble, sur Henri V et sur Léon I__er__.

Elle se mit à rire.

Je lui passai les deux pouces sur le front, avec volonté qu'elle se souvînt, et elle se souvint à l'instant même; je la priai de recommencer son récit, et elle le recommença, tellement fidèle, tellement dans les mêmes termes, que la personne qui avait écrit mes demandes et ses réponses à mesure qu'elle parlait, put collationner l'ancienne narration sur la nouvelle.

Depuis, et à plusieurs reprises, je renouvelai d'autres expériences sur cette enfant; jamais chez elle, ou plutôt sur elle, la puissance magnétique n'eut de limites; je la rendais muette, aveugle, sourde à volonté ; et, d'un mot, je lui rendais toutes ses facultés, et les poussais à un degré de perfection qui semblait dépasser les bornes des sens mortels.

Par exemple, on la plaçait au piano, — endormie ou éveillée, peu importait; — elle commençait une sonate; une des personnes présentes m'indiquait tout bas l'air qu'elle désirait que l'enfant jouât, au lieu de sa sonate : la sonate cessait à l'instant, et l'enfant, du moment que j'avais étendu la main vers elle, jouait l'air demandé.

Nous recommençâmes vingt fois cette expérience devant les plus incrédules, jamais elle ne manqua.

La maison du père de Marie était bâtie sur l'emplacement d'un ancien cimetière; quelques inscriptions tumulaires se lisaient même sur les pierres du mur fermant le jardin ; il en résultait que, la nuit venue, la pauvre petite, tremblant de peur, n'osait plus faire un mouvement. Le soir de mon départ, madame D*** me parla de cette terreur, et mon influence sur l'enfant était telle, qu'elle me demanda si je n'y pouvais rien. J'étais tellement habitué à des miracles, que je répondis que c'était la chose du monde la plus facile, et que nous allions en faire l'expérience à l'instant même. En effet, j'appelai l'enfant ; je lui imposai les deux mains sur la tête avec la volonté de lui ôter toute crainte, et je lui dis :

— Marie, votre mère vient de me donner des pêches pour mon voyage; allez me chercher, pour les envelopper, des feuilles de vigne dans le jardin.

Il était neuf heures du soir; il faisait nuit noire; l'enfant partit en chantant, revint en chantant; elle rapportait des feuilles de vigne cueillies à l'endroit même où gisaient les pierres tumulaires qui lui faisaient si grande peur, même dans la journée.

Depuis ce moment, elle ne manifesta plus aucune hésitation à aller dans le jardin ou dans les autres parties de la maison, à quelque heure de la nuit que ce fût, et même sans lumière.

Je retournai à Auxerre, trois mois après; je n'avais annoncé mon voyage à personne. Deux jours avant mon arrivée, on voulut arracher une dent à la petite Marie.

— Non, bonne mère, dit-elle, attends ; M. Dumas arrivera après-demain : il me tiendra le petit doigt, tandis qu'on m'arrachera ma dent, et, alors, je ne sentirai pas le mal.

J'arrivai le jour dit; je mis la main de l'enfant dans la mienne, pendant l'opération, qui s'accomplit sans qu'elle parût éprouver aucune sensation de douleur.

Qu'on ne me demande pas l'explication des phénomènes que je raconte, il me serait impossible de la donner. J'affirme seulement que c'est la vérité.

Je ne suis point partisan du magnétisme; je n'en fais que lorsqu'on me force d'en faire, et j'y éprouve toujours une fatigue extrême.

Je crois qu'à l'aide du magnétisme, un malhonnête homme pourrait faire beaucoup de mal. Je doute qu'à l'aide du magnétisme, un honnête homme puisse faire le moindre bien.

Le magnétisme est un amusement, mais il n'est pas encore une science.

CXXIV

Nouveaux procès de presse. — *Le Mouton enragé.* — Fontan. — Mot d'Harel sur lui. — *Le Fils de l'Homme* en police correctionnelle. — L'auteur plaide sa cause en vers. — Embarras du duc d'Orléans à propos d'un portrait historique. — Les deux usurpations.

Nous avons laissé, vers la fin de l'année 1828, le gouvernement envoyant Béranger en prison pendant neuf mois; nous le retrouvons, au mois de juillet 1829, poursuivant *le Corsaire* en police correctionnelle, et faisant condamner M. Viennot, son gérant, à quinze jours de prison et trois cents francs d'amende, pour un article intitulé *Sottise des deux parts*.

Le même mois, il poursuit Fontan et Barthélemy : l'un pour un article de *l'Album*, intitulé *le Mouton enragé;* l'autre, pour son poëme du *Fils de l'Homme*.

Ces deux procès ont fait grand bruit; comme ils ont été de ceux qui, dans l'opinion publique, ont préparé la chute du gouvernement en le dépopularisant, nous nous y arrêterons plus longtemps.

Le 20 juin 1829, Fontan, qui avait fait représenter, un an ou deux auparavant, une tragédie de *Perkin Waerbek*, à l'Odéon, fit paraître dans l'ancien *Album*, rédigé par Magallon, son article du *Mouton enragé*.

Le ministère public crut voir, dans cet article, une offense à la personne du roi, et le déféra à la justice.

Voici les passages que signalait particulièrement l'acte d'accusation :

« Figurez-vous un joli mouton blanc, peigné, frisé, lavé chaque matin ; les yeux à fleur de tête, les oreilles longues, les jambes en forme de fuseaux, la ganache — autrement dit la lèvre inférieure — lourde et pendante ; enfin, un vrai mouton de Berry. Il marche à la tête du troupeau ; il en est presque le monarque ; un pré immense lui sert de pâture, à lui et aux siens ; sur le nombre d'arpents que le pré contient, une certaine quantité lui est dévolue de plein droit. C'est là que pousse l'herbe la plus tendre ; aussi devient-il gras, c'est un plaisir! Ce que c'est pourtant, que d'avoir un apanage !

» Notre mouton a nom Robin ; il répond par des salutations gracieuses aux compliments qu'on lui fait ; il montre les dents en signe de joie.

» Malgré son air de douceur, il est méchant quand il s'y met ; il donne dans l'occasion un coup de dent tout comme un autre. On m'a raconté qu'une brebis de ses parentes le mord chaque fois qu'elle le rencontre, parce qu'elle trouve qu'il ne gouverne pas assez despotiquement son troupeau, et — je vous le confie sous le sceau du secret — le pauvre Robin-Mouton est enragé !

» Ce n'est pas que sa rage soit apparente, au contraire, il cherche autant que possible à la dissimuler ; éprouve-t-il un accès, a-t-il besoin de satisfaire une mauvaise pensée, il a bien soin de regarder auparavant si personne ne l'observe ; car Mouton-Robin sait quel sort on destine aux animaux qui sont atteints de cette maladie ; il a peur des boulettes, Robin-Mouton !

» Et puis il sent sa faiblesse. Si encore il était un bélier, ah ! qu'il userait largement de ses deux cornes ! comme il nous ferait valoir ses prérogatives sur la gent moutonnière ! qui sait? peut-être même serait-il capable de déclarer la guerre au troupeau voisin. Mais, hélas! il est d'une famille qui n'aime pas beaucoup à se battre ; et, quelles que soient les velléités de conquête qui le chatouillent, il se ressouvient avec amertume que c'est du sang de mouton qui coule dans ses veines.

» Cette idée fatale le désespère. — Console-toi, Robin, tu n'as pas à te plaindre; ne dépend-il pas de toi de mener une vie paresseuse et commode? Qu'as-tu à faire du matin au soir? Rien. Tu bois, tu manges et tu dors; tes moutons exécutent fidèlement tes ordres, contentent tes moindres caprices; ils sautent à ta volonté; — que demandes-tu donc?

» Crois-moi, ne cherche pas à sortir de ta quiétude animale; repousse ces vastes idées de gloire qui sont trop grandes pour ton étroit cerveau; végète ainsi qu'ont végété tes pères; le ciel t'a créé mouton, meurs mouton! je te le déclare avec franchise, tu ne laisserais pas que d'être un charmant quadrupède, si, *in petto*, tu n'étais pas enragé! »

Fontan fut condamné à deux ans d'emprisonnement et à dix mille francs d'amende.

La condamnation était un peu bien dure; aussi fit-elle grand bruit. L'article, on en conviendra, n'était point assez bon pour mériter cette sévérité. — Il en résulta que Fontan fut érigé en martyr.

Au reste, devant les juges, Fontan, qui était un caractère entier et énergique, n'avait aucunement cherché à se justifier.

— Messieurs, avait-il dit simplement, que j'aie ou non eu l'intention que l'on vît dans mon article une allusion quelconque, j'ai le droit de ne point m'expliquer à ce sujet; je ne permets à personne de descendre au fond de ma conscience. J'ai voulu faire un article sur un mouton enragé, je l'ai fait; voilà les seuls éclaircissements que je doive et que je veuille vous donner.

J'avais beaucoup connu Fontan chez M. Villenave; il était grand ami de Théodore. C'était un esprit rude, et qui, dans sa rudesse, ne manquait pas d'une certaine poésie. Il était sale jusqu'au cynisme, moins aristocrate que Schaunard de *la Vie de bohème*; au lieu d'avoir une pipe pour toujours fumer, et une pipe plus belle pour aller dans le monde, il n'avait qu'un brûle-gueule qu'il ne quittait jamais, qui sentait mauvais allumé et à sa bouche, mais qui, éteint et dans sa poche, sentait plus mauvais encore.

Cette condamnation fit du bruit autour du nom de Fontan. La révolution de juillet l'alla chercher à Poissy, je crois : il reparut avec une certaine popularité, la popularité passagère de la persécution.

Harel, qui était, alors, directeur de l'Odéon, eut aussitôt l'idée d'exploiter cette popularité en lui demandant une pièce.

Fontan la lui fit ; cette pièce, qui s'appelait *Jeanne la Folle*, tomba ou n'eut qu'un succès médiocre.

— Décidément, me dit Harel en m'abordant après la représentation, décidément, je m'étais trompé, et Fontan avait plus de prison que de talent !

C'était malheureusement vrai.

Le pauvre Fontan mourut jeune encore, sans rien laisser de remarquable; il avait fait imprimer un volume de poésies, et représenter deux ou trois pièces, tragédies ou drames.

Quant à Barthélemy, sa condamnation était moins dure : elle consistait en trois mois de prison et mille francs d'amende.

Voici les causes du procès :

Nous avons déjà entretenu nos lecteurs des débuts de Barthélemy et Méry. Il sait comment les deux poëtes se réunirent, et comment furent faites *la Villéliade*, *la Peyronnéide*, *la Corbiéréide* et une foule d'autres pièces, qui, pendant deux ans, tinrent éveillée l'attention publique.

Un de ces poëmes, le plus important même de ces poëmes, fut le *Napoléon en Égypte*.

L'ouvrage avait obtenu un grand succès, et avait eu dix éditions en moins de six mois.

Méry, malade de l'absence du soleil, était allé chercher la chaleur et les brises maritimes, ces deux éléments opposés et qui, cependant, s'allient si bien, à Marseille. Barthélemy, resté seul, avait eu l'idée de partir pour Vienne, et d'offrir au jeune duc de Reichstadt un exemplaire du poëme dont son père était le héros.

De même qu'on avait *laissé* mourir le père d'un cancer politique, comme disait Benjamin Constant, on était en train de *laisser* mourir le fils d'une maladie de poitrine. Une charmante danseuse et une belle archiduchesse étaient les deux étranges docteurs que l'Autriche avait chargés de suivre, sur le prince, les progrès d'une maladie qui, trois ans plus tard, devait en faire un souvenir historique.

Il va sans dire que Barthélemy fit un voyage inutile, qu'on ne lui permit point de pénétrer jusqu'au prince, et qu'il rapporta son poëme sans avoir pu le lui offrir.

Cette odyssée avait fourni à Barthélemy le sujet d'un nouveau poëme intitulé *le Fils de l'Homme*.

C'était ce poëme qui était déféré à la justice.

Barthélemy avait annoncé d'avance qu'il se défendrait en vers.

On comprend qu'une pareille annonce avait amené, dès huit heures du matin, l'encombrement de la salle de la police correctionnelle, où se jugeait le poétique procès.

Barthélemy tint parole.

Voici quelques vers de ce singulier plaidoyer, qui n'a pas de précédent dans les archives de la justice.

Messieurs, dit-il :

> Voilà donc mon délit! sur un faible poëme
> La critique en simarre appelle l'anathème;
> Et ces vers, ennemis de la France et du roi,
> Témoins accusateurs, se dressent contre moi!
> Hélas! durant les nuits dont la paix me conseille,
> Quand je forçais mes yeux à soutenir la veille,
> Et que seul, aux lueurs de deux mourants flambeaux,
> De ce pénible écrit j'assemblais les lambeaux,
> Qui m'eût dit que cette œuvre, en naissant étouffée,
> D'un greffe criminel déplorable trophée,
> Appellerait un jour sur ces bancs ennemis
> Ma muse, vierge encor des arrêts de Thémis?
> Peut-être ai-je failli; mais, crédule victime,

Moi-même, j'ai bien pu m'aveugler sur mon crime,
Puisque des magistrats, vieux au métier des lois,
M'ont jugé non coupable une première fois.
Aussi, je l'avoûrai, la foudre inattendue,
Du haut du firmament à mes pieds descendue,
D'une moindre stupeur eût frappé mon esprit,
Que le soir si funeste à mon livre proscrit
Où d'un pouvoir jaloux les sombres émissaires
Se montraient en écharpe à mes pâles libraires,
Et, craignant d'ajourner leur gloire au lendemain,
Cherchaient *le Fils de l'Homme*, un mandat à la main.
Toutefois, je rends grâce au hasard tutélaire
Qui, sauvant un ami, de mes torts solidaire,
Sur moi seul de la loi suspend l'arrêt fatal.
Triste plus que moi-même, au rivage natal
Il attend aujourd'hui l'heure de la justice.
S'il eût été présent, il serait mon complice.
Éternels compagnons dans les mêmes travaux,
Forts de notre union, frères et non rivaux,
Jusqu'ici, dans l'arène à nos forces permise,
Nos deux noms enlacés n'eurent qu'une devise,
Et jamais l'un de nous, reniant son appui,
N'eût voulu d'un laurier qui n'eût été qu'à lui.
Trois ans, on entendit notre voix populaire
Harceler les géants assis au ministère;
Trois ans, sur les élus du conseil souverain
Nos bras ont agité le fouet alexandrin;
Et jamais l'ennemi, froissé de nos victoires,
N'arrêta nos élans par des réquisitoires.
Mais, dès le jour vengeur où, captive longtemps,
La foudre du château gronda sur les titans,
Suspendant tout à coup ses longues philippiques,
Notre muse plus fière, osant des chants épiques,
Évoqua du milieu des sables africains
Les soldats hasardeux des temps républicains,
Et montra, réunis en faisceau militaire,
Les drapeaux lumineux du Thabor et du Caire;
De nos cœurs citoyens là fut le dernier cri;
Notre muse se tut, et, tandis que Méry
Allait, sous le soleil de la vieille Phocée,
Ressusciter un corps usé par la pensée,

« J'osai, vers le Danube égarant mon essor,
» A la cour de Pyrrhus chercher le fils d'Hector. »
Je portais avec soin, dans mes humbles tablettes,
Ces dons qu'aux pieds des rois déposent les poëtes,
Et, poëte, j'allais pour redire à son fils
L'histoire d'un soldat, aux plaines de Memphis.
Voilà tout le complot d'un long pèlerinage.
Un pouvoir soupçonneux repoussa mon hommage,
Et, moi, loin d'un argus que rien n'avait fléchi,
Je repassai le Rhin, imprudemment franchi.

Voilà pour la défense du fait. — Après avoir défendu le fond, Barthélemy passait à la forme ; il se plaignait de cette science d'interprétation poussée si loin par les juges de tous les temps, il disait :

Pourtant, voilà mon crime ! Un songe, une élégie
Me condamne moi-même à mon apologie !
Partout, sur ce vélin, je frissonne de voir
Des vers séditieux soulignés d'un trait noir ;
Le doigt accusateur laisse partout sa trace,
Et je suis criminel jusque dans ma préface ;
Ah ! du moins, il fallait, moins prompt à me juger,
Pour me juger, tout lire et tout interroger ;
Il fallait, surmontant les ennuis de l'ouvrage,
Jusqu'au dernier feuillet forcer votre courage,
Et, traversant mon livre un scalpel à la main,
Avancer hardiment jusqu'au bout du chemin.
Certes, si comme vous on dépeçait un livre,
Combien peu d'écrivains seraient dignes de vivre !
Qu'on pourrait aisément trouver de noirs desseins
Jusque dans l'Évangile et les ouvrages saints !
Ma prose est toujours prête à disculper ma muse ;
La note me défend quand le texte m'accuse ;
D'un tissu régulier pourquoi rompre le fil ?
De quel droit venez-vous, annotateur subtil,
Dédaignant mon histoire, attaquer mon poëme,
Prendre comme mon tout la moitié de moi-même,
Et, fort de ma pensée arrêtée au milieu,
Diviser contre moi l'indivisible aveu ?

Mais j'ose plus encor, fort de mon innocence,
Armé du texte seul, j'accepte la défense ;
Seulement, n'allez pas, envenimant mes vers,
D'un sens clair et précis extraire un sens pervers !
Gardez-vous de chercher, trop savant interprète,
Sous ma lucide phrase une énigme secrète !
Ainsi, quand vous lirez : « qu'à mes yeux éblouis,
» La gloire a dérobé les fils de saint Louis ;
» Qu'aveuglément soumis aux droits de la puissance,
» Je ne me doutais pas, dans mon adolescence,
» Que l'héritier des lis, exilé de Mittau,
» Régnait chez les Anglais dans un humble château,
» Et que, depuis vingt ans, sa bonté paternelle !
» Rédigeait pour son peuple une charte éternelle ! »
Lisez de bonne foi comme chacun me lit.
Pourquoi vous tourmenter à flairer un délit,
A tourner ma franchise en coupable ironie,
A voir un seul côté de mon double génie ?
Voulez-vous donc me lire aux lueurs du fanal
Dont la sainte *Gazette* escorte son journal,
Et, serrant vos deux mains à nuire intéressées,
Exprimer du poison en tordant mes pensées ?

Ce sont certes là des vers bien faits et d'un bien habile versificateur, si ce n'est d'un grand poëte. A Athènes, devant cet aréopage où plaidait Eschyle, vous eussiez été acquitté, monsieur Barthélemy ! Mais, que voulez-vous ! nous ne sommes pas des Athéniens, et nos juges ne sont point des archontes !

Le poëte n'en continua pas moins, quoiqu'il fût facile de lire, sur le visage refrogné des juges, le peu de sympathie qu'ils éprouvaient pour la défense de l'accusé.

C'est toujours Barthélemy qui parle :

Jusqu'ici, l'on m'a vu, d'un tranquille visage,
Conquérir pour ma cause un facile avantage.
J'ai vengé sans effort, dans mon livre semés,
Quelques vers, quelques mots par Thémis décimés.
Redoublons de courage : un grand effort nous reste ;
Abordons sans pâlir ce passage funeste,

De l'un à l'autre bout chargé de sombres croix !
Là, sapant par mes vœux le palais de nos rois,
Ébranlant de l'État la base légitime,
D'un sang usurpateur j'appelle le régime,
J'invoque la Discorde aux bras ensanglantés !
Est-il vrai ? Suis-je donc si coupable ?... Écoutez !
« Il sait donc désormais, il n'a plus à connaître
» Ce qu'il est, ce qu'il fut et ce qu'il pouvait être.
» Oh ! que tu dois souvent te dire et repasser
» Dans quel large avenir tu devais te lancer !
» Combien dans ton berceau fut court ton premier rêve
» Doublement protégé par le droit et le glaive,
» Des peuples rassurés espoir consolateur,
» Petit-fils d'un César, et fils d'un empereur,
» Légataire du monde, en naissant roi de Rome,
» Tu n'es plus aujourd'ui rien que le *fils de l'homme !*
» Pourtant, quel fils de roi contre ce nom obscur
» N'échangerait son titre et son sceptre futur ?
» Mais quoi ! content d'un nom qui vaut un diadème,
» Ne veux-tu rien, un jour, conquérir par toi-même ?
» La nuit, quand douze fois ta pendule a frémi,
» Qu'aucun bruit ne sort plus du palais endormi,
» Et que, seul au milieu d'un appartement vide,
» Tu veilles, obsédé par ta pensée avide,
» Sans doute que parfois sur ton sort à venir
» Un démon familier te vient entretenir.
» Oui, tant que ton aïeul, sur ton adolescence,
» De sa noble tutelle étendra la puissance,
» Les jaloux archiducs, comprimant leur orgueil,
» Du vieillard tout-puissant imiteront l'accueil.
» Mais qui peut garantir cette paix fraternelle ?
» Peut-être en ce moment la mort lève son aile ;
» Tôt ou tard, au milieu de ses gardes hongrois,
» Elle mettra la faux sur le doyen des rois.
» Alors, il sera temps d'expliquer ce problème
» D'un sort mystérieux ignoré de toi-même.
» Fils de Napoléon, petit-fils de François,
» Entre deux avenirs il faudra faire un choix.
» Puisses-tu, dominé par le sang de ta mère,
» Bannir de ta pensée une vaine chimère,
» Et de l'ambition éteindre le flambeau !

» Le destin qui te reste est encore assez beau;
» Les rois ont grandement consolé ton jeune âge;
» Le duché de Reichstadt est un riche apanage,
» Et tu pourras, un jour, colonel allemand,
» Conduire à la parade un noble régiment !
» Qu'à ce but désormais ton jeune cœur aspire;
» Borne là tes désirs, ta gloire et ton empire.
» Des règnes imprévus ne gardons plus l'espoir,
» Ce qu'on vit une fois ne doit plus se revoir ! »

Non, poëte, ce que nous avions vu ne devait plus se revoir; non, l'enfant fantôme que vous évoquiez de sa tombe anticipée, ne devait être, pour l'histoire, qu'un de ces pâles spectres qu'elle montre dans ses poétiques lointains, comme Astyanax et comme Britannicus; non, nous ne devions plus revoir ce que nous avions vu; mais l'avenir nous gardait un spectacle non moins extraordinaire, et qui confirme ce que me disait, en 1838, le docteur Schlegel :

— L'histoire a été inventée pour nous prouver l'inutilité des exemples qu'elle donne.

Barthélemy, malgré son plaidoyer, et peut-être même à cause de son plaidoyer, fut donc condamné à trois mois de prison et à mille francs d'amende.

C'est ainsi que le gouvernement, qui successivement s'était aliéné le peuple par les procès scandaleux de Carbonneau, Pleignies et Tolleron; l'armée, par les exécutions de Bories, Raoul, Goubin et Pommier; la haute aristocratie militaire, par les assassinats de Brune, de Ramel, de Ney et de Mouton-Duverney; la bourgeoisie, par la dissolution de la garde nationale, s'aliénait la race bien autrement dangereuse des poëtes, des journalistes et des hommes de lettres, par les jugements qui frappaient successivement Paul Louis Courier, Cauchois-Lemaire, Magallon, Béranger, Fontan et Barthélemy.

Or, un gouvernement qui a contre lui le peuple, l'armée, la bourgeoisie et la littérature, est bien malade; le gouvernement était donc déjà bien malade le 31 juillet 1829, jour où fut prononcée la condamnation de Barthélemy, puisque, un an après, jour pour jour, il était mort.

Au reste, l'anecdote que je vais raconter prouvera que je n'étais pas sans avoir prévu les événements qui allaient s'accomplir.

Ma nouvelle place à la bibliothèque de M. le duc d'Orléans — place, comme j'ai déjà eu l'honneur de le faire remarquer, plus honorifique que lucrative, — avait pour moi ce grand avantage de me donner un immense cabinet, où je pouvais faire à peu près, et beaucoup plus commodément qu'à la bibliothèque royale, mes recherches littéraires et historiques.

J'y allais donc beaucoup plus régulièrement que mes deux confrères Vatout et Casimir Delavigne.

Il en résulta qu'un jour, le duc d'Orléans entra, chantonnant un air de messe, selon son habitude quand il était de belle humeur, et, il faut le dire, il l'était presque toujours.

— Oh! oh! remarqua-t-il, vous êtes seul, monsieur Dumas?
— Oui, monseigneur.

Le duc d'Orléans fit deux ou trois tours dans la bibliothèque en continuant de chanter.

— Alors, dit-il au bout d'un instant, ni Vatout, ni Casimir, ni Tallencourt?...

— MM. Vatout et Casimir ne sont pas venus, monseigneur, et Tallencourt est sorti.

Il refit deux autres tours en chantonnant toujours.

Il était évident qu'il avait envie de causer.

Je me hasardai à le questionner.

— Monseigneur désire-t-il quelque chose que je puisse faire, en l'absence de l'un ou l'autre de ces messieurs?

— Non, je voulais montrer à Vatout un portrait historique, et lui demander son avis.

— Malheureusement, en supposant que monseigneur ait besoin d'un avis, mon avis, à moi, ne peut remplacer celui de M. Vatout.

— Venez toujours, me dit le duc.

Je m'inclinai et suivis le prince, de la bibliothèque dans la galerie de tableaux.

Un portrait qu'on venait de rapporter de chez l'encadreur,

était sur un chevalet : ce portrait historique attendait que le nom de l'original fût écrit sur le cadre.

C'était un portrait de l'empereur, peint par Mauzaisse.

En 1829, un portrait de l'empereur chez le premier prince du sang royal, c'était une espèce de nouveauté hardie qui ne laissa point que de m'étonner.

— Que dites-vous de ce portrait ? me demanda le duc d'Orléans.

— Je n'aime pas beaucoup la peinture de M. Mauzaisse, monseigneur.

— Ah ! c'est vrai, j'oubliais que vous êtes romantique en peinture et en littérature ; vous aimez la peinture de M. Delacroix, vous ?

— Oui, monseigneur...; celle de M. Delacroix, celle de M. Scheffer, celle de M. Granet, celle de M. Decamps, celle de M. Boulanger, celle de M. Eugène Devéria ; oh ! nous avons de la marge !

— Bon ! je sais que vous vous tenez tous par la main ; mais il n'est pas question de cela. Voici un portrait que je viens de faire faire pour ma galerie ; il ne reste plus, comme vous le voyez, que le nom à y mettre. Dois-je mettre *Bonaparte ?* On y verra une affectation à ne reconnaître que le premier consul. Dois-je mettre *Napoléon ?* On y verra une affectation à désigner l'empereur ; voilà le point sur lequel je désirais demander l'avis de Vatout.

— Mais, répondis-je, il me semble que la chose est bien simple ; que monseigneur mette *Napoléon Bonaparte.*

— Oui ; mais c'est toujours désigner l'empereur... Napoléon, autant que je puis m'en souvenir, a fait du mal à votre famille, et vous ne l'aimez pas, je crois.

— Monseigneur, j'avoue qu'à l'endroit du grand homme, je n'en suis encore qu'où en était madame de Turenne, à l'admiration.

— C'était un grand homme ; mais il a deux taches terribles dans sa vie ; l'une est un crime, l'autre est une faute : son assassinat du duc d'Enghien, son mariage avec Marie-Louise.

— Monseigneur lui pardonne son usurpation ?

— Je n'ai pas dit cela.

— Monseigneur connaît *le Médecin malgré lui*.

— Oui, je l'admire fort.

— Eh bien, dans *le Médecin malgré lui*, Sganarelle dit qu'il y a fagot et fagot.

— Et vous voulez dire, vous?

— Qu'il y a usurpation et usurpation.

— Bah!

— Oui, monseigneur.

— Je ne comprends pas ce que vous voulez dire.

— Je veux dire — et monseigneur, qui a l'esprit si juste, comprendra facilement cela — qu'il y a l'usurpation qui substitue violemment une dynastie à une autre dynastie, qui brise toutes les racines que cette dynastie avait dans le pays, tous les intérêts qui se rattachaient à elle, qui laisse, soit dans l'aristocratie, soit dans la bourgeoisie, soit dans le peuple, une large plaie longtemps saignante, lente à se cicatriser, et l'usurpation qui substitue purement et simplement un homme à un homme, une branche verte à une branche desséchée, une popularité à une impopularité; — voilà ce que j'entends, monseigneur, par mes deux usurpations.

Le duc d'Orléans étendit la main en souriant vers moi, comme pour m'arrêter; mais néanmoins, me laissant finir:

— Monsieur Dumas, me dit-il, c'est là une question un peu bien subtile, et, si vous voulez y avoir une réponse, il faut la poser à un concile, et non à un prince du sang...

— Au reste, vous avez raison pour le portrait; je mettrai *Napoléon Bonaparte*.

Je saluai et me retirai dans la bibliothèque.

Le duc resta pensif dans la galerie.

CXXV

Quels sont les plus grands ennemis d'une pièce à succès. — Probité de mademoiselle Mars comme actrice. — Sa loge. — Les habitués de ses soupers. — Vatout. — Denniée. — Becquet. — Mornay. — Mademoiselle Mars chez elle. — Ses derniers jours au théâtre. — Résultat matériel du succès d'*Henri III*. — Ma première spéculation. — Refonte de *Christine*. — Où je vais chercher l'inspiration. — Deux autres caprices.

A la trente-cinquième représentation d'*Henri III*, mademoiselle Mars fut forcée de prendre son congé.

Elle fit tout ce qu'elle put pour que la Comédie-Française lui rachetât ce congé; elle donna toutes les facilités possibles, la Comédie-Française ne voulut entendre à rien.

Le succès d'*Henri III* servait les intérêts, mais blessait les amours-propres.

A la Comédie-Française, il y a ceci de remarquable, et qui n'existe point dans les autres théâtres, ou qui y existe à un degré moindre :

L'auteur qu'on joue a pour ennemis tous les acteurs qui ne jouent pas dans sa pièce.

Vers la fin des représentations d'*Henri III*, j'ai vu Monrose, cet excellent comédien que son talent devait mettre bien au-dessus des mesquines jalousies de la médiocrité, entrer au foyer en se frottant les mains, et en disant tout joyeux :

— Ah! nous avons fait cinq cents francs de moins ce soir qu'à la dernière représentation!

J'étais là, — il ne m'avait pas aperçu d'abord; — il me vit, fit semblant de ne pas me voir, et sortit.

Mademoiselle Mars fut sur le point de perdre son congé, tant elle avait peine à couper le succès.

C'était une très-honnête femme de théâtre que mademoiselle Mars, je dirai presque un honnête homme, d'une exactitude sévère, et devant laquelle tout le monde faisait son devoir, parce qu'elle faisait le sien comme une pensionnaire à sa première année.

Une seule fois, aux répétitions, elle fut en retard de quelques minutes.

— Je vous demande pardon d'être en retard d'un quart d'heure, dit-elle en entrant; mais je viens de perdre quarante mille francs... Vite, commençons!

Et elle répéta sans préoccupation aucune.

Un jour, au moment d'entrer en scène, elle eut une espèce de coup de sang. Au lieu d'interrompre le spectacle, comme une autre aurait fait, elle envoya chercher des sangsues qu'elle s'appliqua à la poitrine, entre le premier et le troisième acte, profitant de ce qu'elle ne jouait pas dans le second.

Lorsque j'entrai dans sa loge après la pièce, elle avait du sang jusque dans ses souliers.

Mademoiselle Mars avait une très-grande loge, — celle qu'à aujourd'hui mademoiselle Rachel. — A la fin de chaque représentation, la loge s'emplissait; c'était une habitude. Mademoiselle Mars ne se préoccupait pas le moins du monde des assistants : elle se déshabillait, ôtait son blanc, son rouge avec une adresse de décence remarquable; elle avait surtout une façon de changer de chemise, tout en causant et en ne laissant voir que le bout de ses doigts, qui était un tour de force d'habileté.

Sa toilette faite, ceux qui voulaient l'accompagner chez elle venaient et trouvaient le souper servi.

Les habitués de ces soupers étaient, en hommes, Vatout, Romieu, Denniée, Becquet et moi; en femmes, Julienne, sa dame de compagnie, — un type, — la belle Amigo, la blonde madame Mira, et parfois la vieille mère Fusil.

Tous les soirs de représentation, Mornay venait prendre mademoiselle Mars au théâtre, où l'attendait chez elle.

On connaît Romieu; je l'ai présenté au lecteur en compagnie de son ami Rousseau. Je ne dirai donc rien de lui, n'ayant rien à en dire de nouveau.

Quant à Vatout, c'est autre chose, je l'ai à peine indiqué;

madame Valmore a dit de lui, que c'était un *papillon en bottes fortes.* Le mot le peignait assez bien.

Vatout était plein de petits défauts et de grandes qualités; il avait le tort, quand on lui tendait la main, de vous donner le doigt; il prenait des airs de grand seigneur, sans parvenir à avoir jamais l'air d'un grand seigneur; avec son ton fat, c'était un excellent cœur; avec son aspect pesant, c'était un charmant esprit. Il avait une façon de dire certaines choses qui n'appartenait qu'à lui. Une de ses grandes prétentions était de ressembler au duc d'Orléans; on assure même que, dans l'intimité, il laissait deviner les causes de cette ressemblance. De son côté, le duc d'Orléans l'aimait beaucoup; le roi lui conserva l'amitié du duc d'Orléans; à la cour citoyenne, on citait ses calembours, et l'on chantait ses chansons. Il y en avait une surtout sur le maire d'Eu, qui faisait rage. Que la pudeur de nos lecteurs nous permette de l'introduire ici; comme c'était, suivant nous, son plus beau titre à l'Académie, n'en dépouillons pas le pauvre Vatout.

LE MAIRE D'EU

Air *à faire.*

L'ambition, c'est des bêtises;
Ça vous rend triste et soucieux;
Mais, dans le vieux manoir des Guises,
Qui ne serait ambitieux?...
Tourmenté du besoin de faire
Quelque chose dans ce beau lieu,
J'ai brigué l'honneur d'être maire,
Et l'on m'a nommé maire d'Eu!

Notre origine n'est pas claire...
Rollon nous gouverna jadis;
Mais César fut-il notre père,
Où descendons-nous de Smerdis?
Dans l'embarras de ma pensée,
Un mot peut tout concilier :
Nous sommes issus de Persée;
Voyez plutôt mon mobilier!

Je ne suis pas fort à mon aise :
Ma mairie est un petit coin,
Et mon trône une simple chaise
Qui me sert en cas de besoin ;
Mes habits ne sentent pas l'ambre ;
Mon équipage brille peu ;
Mais que m'importe ! un pot de chambre
Suffit bien pour un maire d'Eu !

On vante partout ma police ;
Ce qu'on fait ne m'échappe pas.
A tous je rends bonne justice ;
J'observe avec soin tous les cas.
On ne peut ni manger ni boire
Sans que tout passe sous mes yeux ;
Mais c'est surtout les jours de foire
Qu'on me voit souvent sur les lieux.

Grâce aux roses que l'on recueille
Dans mon laborieux emploi,
Je préfère mon portefeuille
A celui des agents du roi.
Je brave les ordres sinistres
Qui brise leur pouvoir tout net ;
Et, plus puissant que les ministres,
J'entre, en tout temps, au cabinet.

Je me complais dans mon empire ;
Il ne me cause aucun souci ;
J'aime l'air que l'on y respire ;
On voit, on sent la mer d'ici !
Partout l'aisance et le bien-être ;
Ma vie est un bouquet de fleurs...
Aussi j'aime beaucoup mieux être
Maire d'Eu que maire d'ailleurs !

Beau château bâti par les Guises,
Mer d'azur baignant le Tréport,
Lieux où Lauzun fit des bêtises,
Je suis à vous jusqu'à la mort ;

Je veux, sous l'écharpe française,
Mourir en sénateur romain,
Calme et tranquille sur ma chaise,
Tenant mes papiers à la main !

C'est encore de Vatout ce fameux mot à un administrateur qui, accompagnant le roi dans une ruelle où celui-ci avait voulu à toute force s'engager, s'excusait à chaque pas sur les rencontres qu'on y faisait, et qui prouvait que beaucoup de poules du genre de celle à qui Henri IV disait : « Restez, restez, la mère ! j'aime mieux voir la poule que l'œuf! » y avaient pondu.

— Oh ! sire, disait le pauvre diable, oh ! sire, si j'avais su que Votre Majesté passât par ici, je les eusse fait enlever.

— Vous n'en aviez pas le droit, monsieur le maire, répondit gravement Vatout ; ils avaient leurs papiers !

Vatout avait fait, vers 1821 ou 1822, un livre qui avait eu un énorme succès. C'étaient les aventures de la Charte, sous le titre d'*Histoire de la fille d'un Roi*. Il fit ensuite *l'Idée fixe*, qui fut à peine lue ; puis, quelque chose comme un roman intitulé *la Conspiration de Cellamare*; enfin, des publications sur les châteaux royaux. En somme, rien de saillant. Avec cela, Vatout était dévoré d'un désir, celui d'être de l'Académie, où il était poussé par Scribe. Il y arriva, le pauvre garçon ; mais, dans l'intervalle de sa nomination à sa réception, il alla, fidèle à l'exil comme il l'avait été à la puissance, faire une visite à la famille royale exilée à Claremont ; à la suite du dîner, il se trouva indisposé ; vingt-quatre heures après, il était mort !

Mort sans avoir eu cette joie de siéger une seule fois à l'Académie !

Pauvre Vatout! personne, j'en suis certain, ne lui rendit une justice plus réelle et ne le regretta plus que moi.

Je lui avais eu, avec beaucoup de peine, la voix d'Hugo.

Tout le monde parisien a connu Denniée, l'ancien ordonnateur général, homme d'esprit et de plaisir s'il en fut, parlant comme s'il eût eu des coquilles de noix plein la bouche, et racontant, avec un défaut de prononciation qui leur donnait un puissant cachet d'originalité, une foule d'histoires et d'anecdotes plus curieuses et plus amusantes les unes que les autres. Il adorait mademoiselle Mars, qui, de son côté, l'aimait beaucoup. Quand il y avait trois jours qu'on n'avait vu Denniée chez mademoiselle Mars, on envoyait demander de ses nouvelles, car on supposait qu'une maladie ou un accident pouvaient seuls causer une si longue absence.

Becquet n'était pas moins connu que Denniée, peut-être même l'était-il davantage; c'était un des rédacteurs hebdomadaires du *Journal des Débats*; il avait eu beaucoup d'esprit; mais, comme il s'enivrait régulièrement une fois par jour, il allait s'alourdissant peu à peu. On citait deux mots de lui à son père qui peuvent donner une idée de son respect et de son amour filials.

Un jour, le père Becquet apostrophait son fils sur cette malheureuse habitude qu'il avait de s'enivrer.

— Vois, malheureux! comme cela te vieillit, lui disait-il; on te prendrait pour mon père, et je vivrai dix ans plus que toi!

— Ah! répondit langoureusement Becquet, pourquoi donc avez-vous toujours des choses désagréables à me dire?

Becquet avait une autre habitude, celle de faire des dettes. Becquet devait à tout le monde, et cette dette publique désespérait son père.

— Malheureux! lui disait-il un autre jour, — *malheureux* était l'exclamation dont se servait habituellement le père Becquet à l'endroit de son fils; seulement, il en faisait tantôt un adjectif, tantôt un substantif; — malheureux! lui disait-il, je ne sais pas comment tu peux vivre ainsi, devant à Dieu et au diable!

— Je vous arrête là, mon père, répondit Becquet; vous venez justement de citer les deux seules personnes à qui je ne doive rien.

Le jour où le père de Becquet mourut, — c'est triste à dire, mais il y eut fête dans sa bourse et même dans son cœur; — il alla dîner au café de *Paris*, fit sa carte en homme qui ne regarde plus aux additions; — seulement, arrivé au vin, il appela le garçon : probablement, un doute l'avait pris, pour lequel il avait besoin d'un expert.

— Garçon, demanda-t-il, le bordeaux est-il de deuil?

Deux heures après, on emporta Becquet chez lui.

Un soir, je rencontrai Becquet dans un de ces merveilleux états d'ivresse que lui seul savait noblement porter.

C'était un 21 janvier.

— Comment! lui dis-je, gris un pareil jour, vous, Becquet?

— Est-ce qu'il y a, par hasard, un jour où il ne soit pas permis de se griser? demanda avec étonnement l'auteur du *Mouchoir bleu*.

— Mais oui, ce me semble; il y a, pour vous surtout qui êtes royaliste, le jour anniversaire de la mort du roi Louis XVI.

Becquet parut réfléchir un instant à la gravité de l'obsertion; puis, me posant la main sur l'épaule :

— Si on ne lui avait pas coupé le cou, à ce bon roi Louis XVI, croyez-vous qu'il serait mort aujourd'hui?

— C'est plus que probable.

— Eh bien, alors, dit Becquet en faisant claquer insoucieusement ses doigts, qu'avez-vous à me dire?

Et il s'éloigna avec cet aplomb de l'ivrogne, qui, par une longue habitude, a conquis sur le commun des buveurs cette supériorité d'être toujours certain de la rectitude de sa marche.

C'est ivre-mort, et sortant de chez mademoiselle Mars, que Becquet fit, au *Journal des Débats*, le fameux article qui finissait par ces mots, et qui renversa la monarchie : « Malheureuse France! malheureux roi! »

Becquet est mort de boire, et est mort en buvant.

Pendant les six derniers mois de sa vie, il ne dégrisa point : l'œil était devenu atone et sans expression; les mouvements étaient involontaires et instinctifs; sa main se portait machinalement à la bouteille pour verser du vin dans son verre, qu'il n'avait plus la force de vider. Jusqu'au dernier moment, mademoiselle Mars le reçut avec cette religion de l'amitié qui était une de ses qualités suprêmes.

Becquet mort, elle n'eut pas le courage de le regretter, mais elle le pleura.

Mornay formait, avec tous ceux que je viens de nommer, un singulier contraste.

Mornay, c'était l'élégance, l'aristocratie, la *gentry* personnifiée, et, avec toutes ces qualités, Mornay avait autant d'esprit, à lui seul, que nous tous ensemble.

Quand Mornay, nommé ministre plénipotentiaire, partit, d'abord pour le grand-duché de Bade, puis pour la Suède, le salon de mademoiselle Mars perdit son étoile polaire.

Il y a des esprits qui ont les qualités du briquet bien trempé, ils font feu sur tout ce qu'ils touchent; Mornay était un de ces esprits-là : nous lui servions tous de caillou. Quand, par hasard, il était trop fatigué pour avoir de l'esprit lui-même, il se contentait de nous en donner.

Mornay n'avait aucune fortune. Mademoiselle Mars, en mourant, lui laissait quarante mille livres de rente. Mornay décrocha un portrait de mademoiselle Mars, et l'emporta en disant :

— Voilà la seule chose à laquelle j'aie droit ici.

Et il laissa les quarante mille livres de rente aux héritiers de mademoiselle Mars.

Rien ne donnait moins l'idée de mademoiselle Mars chez elle que mademoiselle Mars au théâtre : mademoiselle Mars, au théâtre, avait une voix ravissante, quelque chose comme un chant, un regard caressant et velouté, un charme infini.

Chez elle, mademoiselle Mars avait la voix rude, le regard presque dur, les mouvements brusques et impatients.

Sa voix de théâtre était une chose factice, un instrument dont elle avait appris à jouer, et dont elle jouait à merveille, mais dont elle doutait, avec raison, lorsqu'elle avait à exprimer les grandes crises de la passion, ou à suivre les larges développements de la poésie; alors, elle avait peur d'érailler le satin de sa douce mélopée, et elle enviait presque l'accent rauque et enroué de madame Dorval, lequel permettait à celle-ci de jeter de ces cris qui, partis du cœur, vont au cœur.

Je n'ai jamais connu talent plus modeste que celui de mademoiselle Mars : jamais elle ne parlait d'elle, de ses succès, de ses créations ; elle admirait profondément son père, Monvel, dont elle était l'élève, et, quand elle parlait de lui, c'était avec un bonheur visible.

Mademoiselle Contat, aussi, était une de ses admirations, et c'était curieux de lui entendre confesser, sur certains points de l'art, son infériorité à l'endroit de cette grande actrice.

Je ne sais si toutes les histoires qu'on a faites sur l'âge que se donnait mademoiselle Mars sont vraies, mais je sais qu'elle n'a jamais caché une semaine à ses amis. Elle avait dans son salon un meuble de Boule qui avait été donné par la reine Marie-Antoinette à sa mère, comme étant accouchée le même jour qu'elle.

Mademoiselle Mars était donc juste du même âge que madame la duchesse d'Angoulême, — c'est-à-dire du 19 décembre 1778.

Lorsque mademoiselle Mars voulait, elle était charmante et avait beaucoup de comique dans l'esprit ; sa voix se prêtait parfaitement aux imitations, et, quand — depuis mademoiselle Plessy jusqu'à Ligier — elle passait en revue la Comédie-Française, la part de chacun était courte, mais elle était bonne.

Mademoiselle Mars se prenait souvent d'amitié ou d'intérêt pour des personnes auxquelles elle croyait reconnaître du talent, et, alors, elle les aidait de ses conseils, de son influence et de son talent. Un jour, elle ramena un paillasse qu'elle avait remarqué faisant la parade sur la place de Metz, et ne l'abandonna point qu'elle ne lui eût fait une petite position.

Elle me le recommanda en 1833 ou 1834, et ce ne fut que quinze ou dix-huit ans plus tard que j'eus l'occasion de faire quelque chose pour lui, en lui donnant le rôle de Lorrain, dans *la Barrière de Clichy*.

Cet homme, c'est Patonnelle, un des meilleurs troupiers du Cirque.

Comme Talma, mademoiselle Mars a vu grandir son talent jusqu'au jour où elle a quitté le théâtre. Mademoiselle de Belle-Isle, sa dernière création, a été une de ses créations les plus heureuses. Je fus son dernier soutien au théâtre, et j'ai eu le bonheur, selon toute probabilité, d'y prolonger sa carrière pendant deux ou trois ans.

Pendant les derniers temps de son séjour à la Comédie-Française, on l'y abreuva d'amertume. Un jour de représentation extraordinaire, on lui jeta une de ces couronnes d'immortelles comme on en dépose sur les tombeaux.

Elle avait été tressée dans une des loges du théâtre même, et je pourrais, à la rigueur, dire dans laquelle.

Lorsqu'elle quitta le théâtre, il en fut d'elle comme de Talma. Chacun avait cru remplacer Talma; chacun espéra remplacer mademoiselle Mars : on débuta dans ses vieux rôles; on en inventa de nouveaux. Directeurs et journaux firent leur métier en amassant le bruit et les éloges autour des réputations naissantes. On eut la monnaie de Turenne ; — a-t-on même la monnaie de mademoiselle Mars?...

Henri III, sans amener une très-grande aisance dans la maison, avait, cependant, produit un changement sensible; d'abord, il nous avait débarrassés de nos dettes ; il avait payé Porcher et M. Laffitte ; il nous avait permis de donner congé de notre petit logement de la rue Saint-Denis, et de louer pour ma mère, rue Madame, n° 7, un rez-de-chaussée avec jardin. L'air et la promenade lui étaient recommandés, et j'avais choisi cette rue et ce quartier, afin de la mettre porte à porte avec mesdames Villenave et Waldor, qui avaient, à la suite d'arrangements de famille, quitté leur maison de la rue de Vaugirard, pour prendre un appartement rue Madame, n° 11.

Quant à moi, j'avais loué un appartement séparé, au quatrième, au coin de la rue de l'Université et de la rue du Bac, et, comme mes relations nouvelles amenaient chez moi quelques-uns de ces messieurs et quelques-unes de ces dames du Théâtre-Français, j'avais donné à cet appartement une certaine élégance.

En outre ayant appris par le passé à ne pas trop compter

sur l'avenir, j'avais, moyennant dix-huit cents francs payés comptant, passé un traité pour ma nourriture d'un an, ou plutôt, pour trois cent soixante-cinq cachets de déjeuner, et trois cent soixante-cinq cachets de dîner, vin non compris.

Malheureusement, un mois après cet arrangement, le café Desmares fermait, et j'en étais pour mon année de nourriture. C'était ma première spéculation; elle avait assez mal tourné, comme on le voit.

Cependant, j'avais reçu des reproches d'une fort charmante personne du Théâtre-Français, laquelle s'était plainte, après avoir joué un bout de rôle dans *Henri III*, de n'avoir rien dans *Christine;* — car je me flattais toujours de cet espoir que ma *Christine*, à moi, passerait au Théâtre-Français, malgré le retard apporté à celle de M. Brault, lequel était mort dans l'intervalle; ce qui faisait que, maintenant, MM. les comédiens français ne se pressaient pas plus pour l'une que pour l'autre.

Ces reproches m'avaient été d'autant plus sensibles qu'ils étaient mérités, et que c'eût été une double ingratitude à moi que de n'y point faire droit.

En conséquence, j'avais répondu :

— Soyez tranquille, je vais refaire *Christine*, afin de lui donner une allure plus moderne et plus dramatique, et, de cette transformation, quelque chose sortira dont vous serez contente, je l'espère.

L'esprit d'un travailleur a de singulières préoccupations qui, parfois, sont si étranges, qu'elles touchent à la manie; tantôt on se figure qu'on ne trouvera bien son plan que dans tel ou tel endroit; tantôt, qu'on n'écrira bien sa pièce que sur tel ou tel papier. Moi, je m'étais fourré dans la tête que je ne trouverais une *Christine* nouvelle dans la vieille *Christine* qu'en faisant un petit voyage, et en me berçant au roulis d'une voiture.

Comme je n'étais point encore assez riche pour aller en poste, je choisis une diligence; peu m'importait pour quelle localité cette diligence partît, pourvu que je trouvasse le coupé, l'intérieur ou la rotonde vide.

J'allai dans la cour des Messageries, et, après deux heures d'attente, je trouvai ce que je cherchais, c'est-à-dire une diligence n'ayant personne dans son coupé.

Cette diligence partait pour le Havre.

J'avais de la chance, comme on le voit; je n'avais jamais vu un port de mer; j'allais faire d'une pierre deux coups.

A cette époque, on mettait vingt grandes heures pour aller de Paris au Havre; c'était bien mon affaire. L'inspiration aurait le temps de venir, ou elle ne viendrait jamais.

Je partis, et, comme, dans les œuvres d'art, l'imagination est naturellement pour beaucoup, une fois mon imagination satisfaite sur le mode de travail qu'on lui offrait, elle se mit à travailler.

Quand j'arrivai au Havre, ma pièce était refaite; la division de Stockolm, Fontainebleau et Rome était trouvée, et, de toute cette genèse nouvelle, avait surgi le rôle de Paula.

C'était une œuvre tout entière à remanier et à récrire; il ne pouvait pas rester grand'chose de l'ancienne pièce. Peu s'en fallut que je ne repartisse pour Paris, sans voir la mer, tant j'avais hâte de me mettre à la besogne.

Je restai au Havre juste le temps de manger des huîtres, de faire une promenade en mer, d'acheter deux vases de porcelaine plus cher qu'à Paris, et je remontai en diligence.

En soixante et douze heures, j'avais fait mon voyage et refait ma pièce.

J'ai parlé de ces préoccupations étranges qui vous imposent impérieusement certaines conditions pour l'accomplissement d'une œuvre. — Personne n'est moins maniaque que moi; personne, avec cette incessante habitude de travail que j'ai prise, ne travaille plus facilement que moi, et, cependant, j'ai subi trois fois cette nécessité absolue d'obéir à un caprice.

J'ai dit à quelle occasion j'avais cédé à la première; la seconde fut à propos de *Don Juan de Marana*, et la troisième, à propos du *Capitaine Paul*.

J'étais préoccupé de l'idée que je ne pourrais trouver

qu'au bruit d'une musique quelconque mon drame fantastique. Je demandai à mon ami Zimmermann des billets pour le Conservatoire, et, dans le coin d'une loge où se trouvaient trois personnes inconnues, les yeux fermés, et paraissant dormir, bercé dans un demi-sommeil par du Beethoven et du Weber, je trouvai, en deux heures, les scènes principales de mon drame.

Pour *le Capitaine Paul*, ce fut autre chose : j'avais besoin de la mer, d'un vaste horizon, de nuages courant dans le ciel, de brises soufflant dans les cordages et dans les mâts.

Je fis, pendant mon voyage en Sicile, stationner mon petit bâtiment pendant deux heures à l'ancre, et à l'entrée du détroit de Messine. Au bout de deux jours, *le Capitaine Paul* était terminé.

Au retour, je trouvai une lettre d'Hugo. Le succès d'*Henri III* lui avait mis le feu sous le ventre : il avait un drame, et m'invitait à en entendre la lecture chez Devéria.

Ce drame, c'était *Marion Delorme*.

CXXVI

Victor Hugo. — Sa naissance. — Sa mère. — Les Chassebœuf et les Cornet. — Le capitaine Hugo. — Signification de son nom. — Quel fut le parrain de Victor. — La famille Hugo en Corse. — M. Hugo est appelé à Naples par Joseph Bonaparte. — Il est nommé colonel et gouverneur de la province d'Avellino. — Souvenirs de la première enfance du poëte. — Fra Diavolo. — Joseph, roi d'Espagne. — Le colonel Hugo est fait général, comte, marquis et majordome. — L'archevêque de Tarragone. — Madame Hugo et ses enfants à Paris. — Le couvent des Feuillantines.

Consacrons quelques pages à l'auteur de *Marion Delorme*, de *Notre-Dame de Paris* et des *Orientales*. Nous estimons qu'il mérite bien que nous fassions une halte pour lui.

Victor Hugo naquit le 26 février 1803.

.Où, comment et dans quelles conditions? Ouvrons le volume des *Feuilles d'automne*, et le poëte va nous le dire lui-même dès la première page :

> Ce siècle avait deux ans; Rome remplaçait Sparte;
> Déjà Napoléon perçait sous Bonaparte,
> Et du premier consul, trop gêné par le droit,
> Le front de l'empereur brisait le masque étroit.
> Alors, dans Besançon, vieille ville espagnole,
> Jeté comme la graine au gré de l'air qui vole,
> Naquit, d'un sang breton et lorrain à la fois,
> Un enfant sans couleur, sans regard et sans voix;
> Si débile, qu'il fut, ainsi qu'une chimère,
> Abandonné de tous, excepté de sa mère,
> Et que son cou, ployé comme un frêle roseau,
> Fit faire, en même temps, sa bière et son berceau.
> Cet enfant que la vie effaçait de son livre,
> Et qui n'avait pas même un lendemain à vivre,
> C'est moi...

Cet enfant était si faible, en effet, que, quinze mois après sa naissance, il n'était pas encore parvenu à redresser sur ses épaules sa tête, qui, comme si elle eût déjà contenu toutes les pensées dont elle ne renfermait que le germe, s'obstinait à tomber sur sa poitrine.

Aussi, le poëte continue-t-il :

> Je vous dirai peut-être, quelque jour,
> Quel lait pur, que de soins, que de vœux, que d'amour,
> Prodigués pour ma vie, en naissant condamnée,
> M'ont fait deux fois le fils de ma mère obstinée.

Cette mère, au *sang breton*, qui, obstinée à la fois comme une Bretonne et comme une mère, disputait et arrachait son enfant à la mort, était fille d'un riche armateur de Nantes, petite-fille d'un des chefs de la grande bourgeoisie de cette terre d'opposition; de plus, cousine germaine de Constantin-François, comte de Chasseboeuf, lequel quitta ce grand nom féodal rappelant les barons pasteurs du moyen âge, pour celui de Volney, qui ne rappellerait qu'un nom de comédien de province, si le gentilhomme qui eut la singulière fantaisie de prendre ce nom ne l'eût illustré en le mettant au commencement de son *Voyage en Égypte*, et à la fin de son livre des *Ruines*; elle était, en outre, cousine d'une autre illustration impériale moins littéraire, plus politique, — du comte Cornet.

Le comte Cornet, un peu oublié peut-être aujourd'hui, député de Nantes, était arrivé au Conseil des Cinq-Cents; il s'y trouvait dans la fameuse journée du 18 brumaire, qui changea pour un demi-siècle la face de la France. Au lieu de défendre les priviléges de l'Assemblée, il soutint les prétentions de Bonaparte; Napoléon, reconnaissant, le fit sénateur, — récompense ordinaire de ces sortes de services, — puis comte; et, pour qu'il eût toutes choses, sinon en même qualité, au moins en même quantité que les membres de l'ancienne noblesse qui s'étaient ralliés à l'Empire, il lui donna un blason; seulement, par une de ces plaisanteries comme le soldat couronné s'en permettait parfois, ce blason, qui rappelait l'origine tant soit peu roturière de celui qu'il était destiné à anoblir, était d'azur à trois *cornets* d'argent.

Quant à madame Hugo, elle se nommait Sophie Trébuchet.

Elle avait, comme on le voit, deux pairies dans sa famille, la pairie du comte Volney et la pairie du comte Cornet.

Consignons ce fait; nous aurons l'occasion d'y revenir.

Pour le *sang lorrain* dont parle le poëte, il lui venait de son père, Joseph-Léopold-Sigisbert Hugo.

De ce côté, c'était autre chose : la noblesse était bien réelle, et sortait de vieille souche allemande.

Son aïeul, Georges Hugo, capitaine des gardes de je ne sais quel duc de Lorraine, avait, en 1531, et par lettres patentes datées de Lillebonne, en Normandie, été anobli par ce duc, qui lui avait donné pour blason un champ d'azur au chef d'argent chargé de deux merlettes de sable.

Trois merlettes sont, comme on le sait, les armes de la maison de Lorraine. On voit que le duc ne pouvait faire davantage pour son capitaine : une merlette de plus, et il le traitait comme lui-même.

Au reste, ceux qui voudront plus de détails sur ce point, où une authenticité plus grande sur les détails que nous donnons, pourront consulter d'Hozier, registre IV, au nom *Hugo*.

Mais ce que ne dit pas d'Hozier, et ce que nous dirons, nous qui croyons aux noms prédestinés, c'est qu'en vieil allemand, le mot *hugo* est l'équivalent du mot latin *spiritus*; souffle, âme, esprit!

Plus l'enfant était faible, plus il fallait se hâter de le baptiser. Le chef de bataillon Sigisbert Hugo, qui commandait, alors, à Besançon, le dépôt d'un régiment corse; en voyant son troisième fils naître si chétif, jeta les yeux autour de lui, et lui choisit pour parrain Victor Faneau de la Horie, fusillé en 1812, comme ayant été l'âme de la conspiration dont Mallet était le bras.

Ce fut de lui que le poëte reçut ce prénom de *Victor,* qui, réuni au nom, soit qu'il le précède ou qu'il le suive, ne peut se traduire autrement que par ces mots : « Esprit vainqueur, — âme triomphante, — souffle victorieux! »

Aussi le poëte n'eut-il jamais, comme son cousin maternel Chassebœuf, l'idée de s'appeler autrement que ne l'avait décidé le hasard de la naissance, et nous verrons même plus tard, quelque lustre que cette adjonction pût ajouter à son nom, qu'il refusa de s'appeler Hugo-Cornet.

Le père de Victor était un de ces rudes jouteurs, fils de la Révolution, qui prirent le mousquet en 1791, et qui ne déposèrent l'épée qu'en 1815. — D'autres la gardèrent jusqu'en 1830 ou 1848, et ce fut rarement un bonheur pour eux.

En 1795, il était lieutenant, et combattait dans la Vendée. Ce fut sa compagnie, laquelle faisait partie du détachement conduit par le commandant Muscar, qui prit Charette dans les bois de la Chabotière. Par un hasard étrange, ce fut le colonel Hugo qui prit Fra Diavolo dans la Calabre, et le général Hugo qui prit Juan Martin, autrement dit *l'Empecinado,* sur les bords du Tage; c'est-à-dire les trois principaux chefs de partisans de cette grande période de guerre qui dura plus d'un quart de siècle.

Il est bien entendu que nous ne comparons pas le noble et loyal Charette au brigand calabrais ni au bandit espagnol.

Charette fut fusillé; Fra Diavolo, pendu; Juan Martin, *garrotté*.

Après la pacification de la Vendée, le lieutenant, devenu capitaine, quitta la Loire pour le Rhin, la guerre civile pour la guerre étrangère, et fut attaché à l'état-major de Moreau, avec lequel il fit la campagne de 1796; puis il passa en Italie, appelé à servir dans le corps d'armée de Masséna.

A propos de mon père, j'ai dit quelle antipathie Bonaparte avait pour ces officiers qui lui arrivaient tout illustrés des armées de l'Ouest, des Pyrénées ou du Nord. Le capitaine Sigisbert Hugo va nous en offrir un nouvel exemple.

Le jour de la bataille de Caldiero, chargé par Masséna de tenir avec sa compagnie la tête du pont, il avait été le pivot sur lequel avait tourné toute la bataille; Masséna crut pouvoir, en récompense de ce magnifique fait d'armes, nommer le capitaine Hugo chef de bataillon.

Il avait compté sans la haine du général en chef.

Bonaparte demanda d'où venait le capitaine Hugo, et, quand il sut que c'était de l'armée du Rhin, il cassa la nomination.

Du reste, le roi Louis-Philippe fit à peu près au général la même injustice que Bonaparte au capitaine : le nom de la bataille de Caldiero est sur l'arc de triomphe de l'Étoile, et le nom du général Hugo n'y est pas.

Le poëte s'est vengé de cet étrange oubli par le dernier vers de sa dernière strophe à l'arc de triomphe de l'Étoile :

> Quand ma pensée ainsi, vieillissant ton attique,
> Te fait de l'avenir un passé magnifique,
> Alors, sous ta grandeur je me courbe effrayé;
> J'admire! et, fils pieux, passant que l'art anime,
> Je ne regrette rien devant ton mur sublime,
> Que Phidias absent, et mon père oublié!

Cependant, comme le capitaine Hugo n'était pas de ceux qui s'arrêtent en route, il fallut bien finir par le faire chef de bataillon. Cela arriva donc; — à quelle occasion? je ne sais plus bien.

Quoi qu'il en soit, il était chef de bataillon, et, par hasard, en garnison à Lunéville, quand les conférences pour la ratification du traité de Campo-Formio s'ouvrirent dans cette ville.

A ces conférences, Joseph Bonaparte, qui fut plus tard roi de Naples, puis roi d'Espagne et des Indes, Joseph Bonaparte était plénipotentiaire de la République.

J'ai beaucoup connu, à Florence, ce roi de Naples et d'Espagne. C'était un esprit plutôt doux qu'élevé, plutôt calme que hasardeux; comme son frère Louis, comme son frère Lucien, et nous dirons même comme son frère Napoléon, il avait eu, d'abord, la manie de la littérature; les autres avaient fait des mémoires, des comédies, des poëmes épiques : lui avait fait des romans.

Sa fille, aujourd'hui princesse de Canino, portait, je crois, le nom d'une des héroïnes de son père : elle s'appelait la princesse Zénaïde.

Le plénipotentiaire Joseph Bonaparte se lia avec le chef de bataillon Hugo, lequel, les conférences finies, passa, comme nous l'avons dit, à Besançon avec le dépôt du régiment corse.

Nous avons dit encore que c'était là qu'était né l'illustre poëte dont nous nous occupons.

Quelques mois après sa naissance, le dépôt que commandait son père reçut l'ordre d'aller prendre garnison à l'île d'Elbe. L'auteur de l'*Ode à la colonne,* ou plutôt des *Odes à la colonne,* devait commencer à vivre dans cette île, où Napoléon devait commencer à mourir.

La première langue que parla l'enfant prédestiné fut la langue italienne; le premier mot qu'il prononça — après ces deux mots par lesquels débute toute voix, toute bouche, toute langue humaine, *papa* et *maman* — fut une apostrophe à sa gouvernante; *cattiva !* l'appela-t-il un jour, sans qu'on sût qui lui avait appris ce mot.

Peut-être n'ignore-t-on pas que *cattiva* veut dire *méchante.*

A l'île d'Elbe, les souvenirs de l'enfant ne sont point encore éveillés, et rien de ce premier séjour parmi les hommes, rien de cette première halte au seuil de l'existence n'est resté présent à son esprit.

En 1806, le plénipotentiaire Joseph est nommé roi de Naples; alors, il se rappelle son ami le chef de bataillon de Lunéville; il s'informe de ce qu'il est devenu, apprend qu'il habite l'île d'Elbe, et que, de chef de bataillon, il a été fait lieutenant-colonel ou plutôt gros major, comme on disait encore en 1806.

Il lui écrit pour lui proposer de s'attacher à sa fortune, et de venir l'aider à fonder son trône dans la belle cité qu'il faut voir avant de mourir, quitte à mourir quand on l'a vue.

Mais on ne faisait pas de ces sortes d'escapades militaires sans la permission du maître. Le lieutenant-colonel Hugo demanda à l'empereur Napoléon la permission de suivre le roi Joseph.

L'empereur Napoléon daigna répondre que, non-seulement il autorisait ce changement de service, mais encore qu'il voyait avec plaisir l'élément français se mêler aux armées de ses frères, qui n'étaient que les ailes de sa propre armée.

C'est toujours avec un certain regret qu'un Français prend du service dans une armée étrangère, cette armée fût-elle destinée à être une des ailes de l'armée nationale. Aussi, pour adoucir autant qu'il était en lui cet exil, le nouveau roi fit-il le gros major Hugo colonel, lui donna-t-il la charge d'aide de camp, et le nomma-t-il gouverneur de la province d'Avellino.

Une fois installé dans son gouvernement, le mari songea à se rapprocher de sa femme, le père à embrasser ses enfants.

En 1807, madame Hugo et ses trois fils se mirent en route pour Naples.

Ainsi se continuait cette vie de pérégrinations qui avait pris l'enfant à son berceau, et qui, à travers son adolescence, devait le conduire jusqu'à la virilité.

C'est à ces longs voyages, accomplis par lui pendant le crépuscule de sa première enfance, que le poëte fait allusion quand il dit :

> Enfant, sur un tambour ma crèche fut posée ;
> Dans un casque pour moi l'eau sainte fut puisée ;
> Un soldat, m'ombrageant d'un belliqueux faisceau,
> De quelque vieux lambeau d'une bannière usée,
>   Fit les langes de mon berceau.
>
> Parmi les chars poudreux, les armes éclatantes,
> Une muse des camps m'emporta sous les tentes.
> Je dormis sur l'affût des canons meurtriers ;
> J'aimai les fiers coursiers aux crinières flottantes,
> Et l'éperon froissant les rauques étriers.
>
> Avec nos camps vainqueurs, dans l'Europe asservie,
> J'errai ; je parcourus la terre avant la vie,
> Et, tout enfant encor, des vieillards recueillis
> M'écoutaient, racontant d'une bouche ravie
> Mes jours si peu nombreux et déjà si remplis.
>
> Je visitai cette île en noirs débris féconde,
> Plus tard premier degré d'une chute profonde !
> Le haut Cenis, dont l'aigle aime les rocs lointains,
> Entendit, de son antre où l'avalanche gronde,
> Ses vieux glaçons crier sous mes pas enfantins.
>
> Vers l'Adige et l'Arno, je vins des bords du Rhône ;
> Je vis de l'Occident l'auguste Babylone :
> Rome, toujours vivante au fond de ses tombeaux,
> Reine du monde encor sur un débris de trône,
>   Avec une pourpre en lambeaux.
>
> Puis Turin ; puis Florence, aux plaisirs toujours prête ;
> Naple, aux bords embaumés où le printemps s'arrête,
> Et que Vésuve en feu couvre d'un dais brûlant,
> Comme un guerrier jaloux qui, témoin d'une fête,
> Jette, au milieu des fleurs, son panache sanglant !

Heureux, cent fois heureux qui peut broder de pareilles arabesques sur la trame naissante de sa vie !

Moi aussi, j'ai eu des souvenirs pareils aux tiens, frère ! mais je les ai dits en humble prose, heureux de les retrouver chez toi en vers splendides et retentissants.

Là, en effet, remontent les premiers souvenirs de l'enfant, souvenirs indélébiles qui se reflètent, comme un mirage des oasis perdues, dans la vieillesse la plus avancée.

Ainsi, bien souvent, à moi qui arrivais d'Italie, où j'ai fait quinze ou vingt voyages, Hugo, qui l'avait traversée seulement, cette belle Italie, parlait des grands aspects restés dans sa mémoire, et restés aussi présents que s'il eût été mon compagnon dans mes nombreuses courses !

Seulement, il voyait toujours les objets comme il les avait vus, non pas dans leur état normal, mais avec les accidents momentanés qui avaient produit dans ces objets des changements ou des altérations quelconques.

Parme lui apparaissait au milieu d'une inondation ; Aquapendente, détachant son rocher volcanique sur un orage tout plein d'éclairs : la colonne Trajane, avec l'excavation qu'on était occupé à pratiquer à l'entour.

De tout le reste, c'est-à-dire de Florence avec ses auberges crénelées, ses palais massifs, ses forteresses de granit ; de Rome avec ses fontaines jaillissantes, ses obélisques qui semblent en faire une ville contemporaine de la vieille Égypte, et sa colonnade du Bernin qui en fait une sœur du Louvre ; de Naples avec ses promenades, son Pausilippe, sa rue de Tolède, sa baie, ses îles et son Vésuve, il avait une idée aussi exacte que possible.

Une des choses qui avaient le plus amusé les trois enfants tout le long de la route, c'était de faire des croix avec des fétus de paille, et de les dresser dans les interstices que laissaient les glaces des portières avec leurs rainures. A la vue de ces calvaires innocents, les paysans italiens, ceux des environs de Rome surtout, fidèles au culte des images, se mettaient à genoux, ou tout au moins faisaient le signe de la croix.

La chose qui avait le plus effrayé les jeunes voyageurs, c'étaient les têtes de bandit placées sur des bâtons, au bord des routes, et qui séchaient ainsi au soleil. Ces pauvres enfants avaient nié longtemps que ce fussent des têtes véritables, et soutenaient que c'étaient des têtes à perruque comme, au commencement de ce siècle, époque où les perruques étaient encore assez communes, on en trouvait sur leur pied chez tous les coiffeurs; mais on les fit descendre, on leur montra de près l'affreuse réalité, et ce souvenir est un de ceux qui restèrent le plus profondément gravés dans la mémoire de Victor.

Quand il s'agit d'un homme comme Hugo, c'est-à-dire d'un génie hors ligne, qui a déjà joué et qui jouera encore un si grand rôle dans l'histoire littéraire et politique de son pays, c'est un devoir pour qui le connaît de mettre sous les yeux des contemporains et de l'avenir ces jeux d'ombre et de lumière qui ont fait le caractère de l'homme et le génie du poëte.

Le génie du poëte, nous l'espérons, ressortira tout entier de notre récit; le caractère de l'homme ressort de lui-même, de la conduite tenue, des faits accomplis.

Ce n'était point à Naples qu'était préparé le logement de madame Hugo et de ses fils; c'était à Avellino, capitale de la province dont le colonel Hugo avait été nommé gouverneur.

Ce logement était un palais, et même un palais de marbre, comme la plupart des palais de ce pays, où le marbre est plus commun que la pierre; seulement, ce palais présentait une singularité étrange qui ne pouvait ni échapper à l'œil d'un enfant, ni sortir de sa mémoire.

Un de ces tremblements de terre si habituels dans la péninsule italienne venait de secouer la Calabre de fond en comble; le palais de marbre d'Avellino avait été ébranlé comme les autres bâtiments; toutefois, plus solide qu'eux sur sa base, après avoir tremblé, oscillé, menacé un instant, il était resté debout, mais lézardé des combles à ses fondations.

La lézarde passait en diagonale à travers la muraille de la chambre de Victor; de sorte qu'il voyait à peu près aussi clairement — quoique d'une façon plus originale — la campagne à travers cette lézarde qu'à travers la fenêtre.

Le palais était bâti sur une espèce de précipice tout garni de gigantesques noisetiers, produisant ces énormes noisettes nommées *avelines*, du nom du pays d'où on les tire.

Les enfants, à l'époque où ces fruits arrivaient à maturité, passaient leur vie errant au milieu des noisetiers, suspendus sur l'abîme, pour cueillir des grappes des noisettes.

De là, sans doute, vient pour Hugo cette habitude des hauts lieux, ce mépris des précipices, et cette indifférence du vide qu'il possède plus que personne, et qui fait mon admiration, à moi surtout qui ai le vertige à un balcon du premier étage.

Vers ce temps-là, un des ennemis les plus acharnés des Français était Michel Pezza, surnommé Fra Diavolo, dont mon confrère Scribe a fait un opéra-comique, et qui faisait, lui, du drame, et même du plus terrible!

Fra Diavolo avait commencé par être chef de brigands, quelque chose comme Cartouche, plus la cruauté. Il exerçait cette pittoresque profession, lorsque le cardinal Ruffo, autre chef de brigands, mais sur une plus grande échelle, eut l'idée de reconquérir Naples à son bien-aimé souverain Ferdinand Ier, lequel avait abandonné sa capitale déguisé en laquais, à la suite de l'invasion française, provoquée par ses insolentes proclamations.

Tout le monde connaît cette période terrible de l'histoire des Deux-Siciles, cette orgie de sang présidée par deux courtisanes, où disparut toute une génération, et où l'on fut obligé, pour ne pas ruiner l'État, de donner des appointements fixes au bourreau, qui, jusque-là, touchait dix ducats par exécution.

Fra Diavolo avait réuni sa bande à l'armée du cardinal Ruffo, avait marché avec lui sur Naples, avait repris Naples avec lui; enfin, avait été fait colonel par Ferdinand Ier, et même comte, à ce que je crois.

Ferdinand Ier était néanmoins retourné plus tard en Sicile, fuyant, cette fois, non-seulement devant l'invasion française, mais encore devant la royauté d'un frère de l'empereur, et Fra Diavolo, avec son grade de colonel et son titre de comte, avait recommencé sa guerre de partisan et ses brigandages.

C'était le colonel Hugo qui avait été chargé de le prendre.

Sa tête était mise à prix à vingt mille ducats.

Une fois déjà, il lui avait échappé par un prodige d'audace et d'à-propos.

Poursuivi, traqué, enfermé de tous côtés, Fra Diavolo, avec deux cent cinquante ou trois cents hommes, débris de sa troupe, espérait pouvoir se sauver par un défilé qu'il croyait connu de lui seul.

Il avait donc dirigé sa marche vers ce défilé, lorsque, à son grand étonnement, il trouva ce dernier passage gardé comme les autres.

Sa suprême espérance s'évanouissait !

Il n'y avait pas moyen de retourner en arrière : on avait tâté de toutes les gorges, partout un mur de baïonnettes barrait le chemin.

— Allons, dit Fra Diavolo, nous n'avons plus qu'un moyen... Peut-être s'y laisseront-ils prendre ! Liez-moi les pieds et les mains, et attachez-moi sur un cheval...Vous m'avez fait prisonnier ; vous me conduisez au colonel français chargé de vous payer les vingt mille ducats, prix de ma tête... Pour le reste, laissez faire mon lieutenant, et dites comme lui.

Il fallait se hâter : on était en vue du détachement français, qui s'inquiétait de ce que pouvait être cette troupe d'hommes ; d'ailleurs, on avait l'habitude, surtout dans les circonstances extrêmes, de suivre aveuglément les instructions de Fra Diavolo. En une seconde, il fut garrotté et lié, comme Mazeppa, sur un cheval, et le cortége continua son chemin, piquant droit au détachement français.

Ce détachement se composait de cinq ou six cents hommes, et était commandé par un chef de bataillon.

En voyant cette troupe qui marchait à lui, le bataillon français marcha au-devant d'elle.

Les deux corps se joignirent.

Arrivée à une centaine de pas des Français, la troupe calabraise fit halte. Le lieutenant seul, vêtu en simple paysan, sortit des rangs, et s'avança vers le chef de bataillon.

— Que voulez-vous ? demanda celui-ci, et quel est cet homme garrotté ?

— Cet homme garrotté, dit le lieutenant, c'est Fra Diavolo,

que nous avons pris.... Ce que nous voulons, ce sont les vingt mille ducats promis pour sa tête.

A l'instant même, le nom de Fra Diavolo fut répété par toutes les bouches.

— Vous avez pris Fra Diavolo ? s'écria le chef du bataillon.

— Oui, répondit le lieutenant, et la preuve, c'est que le voici, lié et garrotté sur un cheval.

Les yeux de Fra Diavolo lancèrent des éclairs.

— Et comment l'avez-vous pris? demanda le chef de bataillon.

Le lieutenant inventa une fable. Fra Diavolo, traqué, poursuivi, chassé, était venu chercher un refuge dans un village qu'il croyait son allié. Pendant la nuit, il avait été arrêté, saisi, garrotté, et le village tout entier lui servait d'escorte, de peur qu'il ne s'échappât.

— Bandits! misérables! traîtres! cria Fra Diavolo.

L'explication suffisait parfaitement au chef de bataillon : d'ailleurs, le principal, c'était que Fra Diavolo fût pris; toutes les explications accompagnant cette capture étaient une affaire de simple curiosité.

— C'est bien ! dit-il, remettez-moi votre bandit.

— Soit ; mais remettez-nous les vingt mille ducats.

— Est-ce que j'ai les vingt mille ducats ? dit le chef de bataillon.

— Alors dit le lieutenant, pas d'argent, pas de Fra Diavolo !

— Hein ! fit le chef de bataillon.

— Oh ! dit le lieutenant, je sais bien que vous êtes les plus forts, et que vous pouvez nous le prendre si vous voulez ; mais, en nous le prenant, vous nous aurez volé vingt mille ducats dans notre poche.

Le chef de bataillon était un esprit logique ; il comprit la justesse de ce raisonnement.

— Eh bien, dit-il, conduisez votre prisonnier au quartier général ; je vais vous donner cent hommes pour vous accompagner.

Le lieutenant et Fra Diavolo échangèrent un regard narquois qui indiquait que le chef de bataillon donnait à plein collier dans le panneau.

Les cent hommes d'escorte et les deux cent cinquante paysans calabrais partirent pour le quartier général, distant de six lieues.

Seulement, on n'eut, au quartier général, aucune nouvelle de Fra Diavolo, et les cent hommes d'escorte ne reparurent jamais.

Arrivés dans un défilé, les cent Français avaient été égorgés, et Fra Diavolo et ses deux cent cinquante hommes avaient regagné la montagne !

Le colonel Hugo était piqué au jeu : ce fut, dès lors, entre lui et le chef calabrais, un assaut de ruses, un travail de marches et de contre-marches dans lequel Fra Diavolo finit par être vaincu.

Pris une seconde fois, Fra Diavolo fut envoyé à Naples, où devait s'instruire son procès, et les vingt mille ducats furent immédiatement payés à ceux que s'étaient emparés de lui.

Un matin, le colonel Hugo apprit que Fra Diavolo était condamné à être pendu.

Pendu! le mot sonnait mal à des oreilles françaises.

Le colonel Hugo partit à l'instant même pour Naples, et se présenta chez le roi, afin d'obtenir, non pas une commutation de peine, mais une commutation de supplice.

Il venait demander que Fra Diavolo, en sa qualité d'homme de guerre, fût fusillé.

Malheureusement, avant d'être homme de guerre, Fra Diavolo avait été bandit; avant de servir le cardinal Ruffo et Ferdinand Ier, Fra Diavolo s'était servi lui-même.

Les dossiers représentés par le roi Joseph au colonel Hugo étaient si bien rembourrés de guet-apens, de meurtres, d'incendies, que le colonel Hugo fut le premier à retirer sa proposition.

En conséquence, le colonel Michel Pezza, dit Fra Diavolo, comte de je ne sais plus quoi, fut pendu haut et court.

En 1808, Napoléon ayant déclaré que les Bourbons d'Espagne avaient cessé de régner, Joseph Bonaparte passa du trône des Deux-Siciles au trône d'Espagne, où le colonel Hugo le suivit.

Aussitôt son arrivée à Madrid, le colonel Hugo fut fait général de brigade, gouverneur du cours du Tage, premier majordome et premier aide de camp du roi, grand d'Espagne, comte de Cogolludo, et marquis de Cifuentès et de Siguença!

C'étaient là de grandes preuves de faveur; mais, parmi ces preuves de faveur, il y en avait une que le colonel Hugo n'acceptait qu'avec une certaine répugnance : c'était le titre de marquis.

— Sire, dit-il à Joseph lorsque le roi d'Espagne daigna lui annoncer ce qu'il venait de faire pour lui, je croyais que l'empereur avait aboli le titre de marquis?

— Pas en Espagne, mon cher colonel : en France seulement.

— Sire, insista le nouveau général, si l'empereur ne l'a aboli qu'en France, Molière l'a aboli partout.

Et le général Hugo, se contentant de son titre de comte, ne porta jamais celui de marquis.

Mais, bon gré, mal gré il n'en était pas moins emmarquisé et emmajordomisé.

Au nombre des priviléges de cette dernière charge étaient les présentations.

Un jour, le nouveau majordome eut à présenter au roi Joseph l'archevêque de Tarragone, qui venait de se rallier.

L'archevêque de Tarragone avait une réputation de laideur laissant bien loin derrière elle celle que le fils du général Hugo devait faire plus tard au sonneur de Notre-Dame. Aussi, en apercevant le digne prélat, et en reconnaissant que, non-seulement il n'avait pas volé sa réputation, mais encore qu'on ne la lui faisait peut-être pas telle qu'il la méritait, le majordome, ignorant que l'archevêque parlât et entendît le français, ne put-il, après ces mots sacramentels prononcés en pur castillan : *Señor, presento á Vuestra Magestad el señor arzobispo de Tarragona,* s'empêcher d'ajouter en français :

— Le plus vilain b..... du royaume de Votre Majesté!

L'archevêque salua respectueusement le roi; puis, se retournant vers le majordome :

— Merci, général! dit-il dans un français de la meilleure qualité et du plus pur accent.

Il était impossible, dans l'état précaire où se trouvait l'Espagne, que le général Hugo eût songé, en quittant Naples, à emmener ses enfants avec lui.

Aussi madame Hugo, Abel, Eugène et Victor étaient-ils revenus en France.

A peine de retour à Paris, madame Hugo, qui avait pu apprécier, pendant les deux ans qu'elle avait passés au palais d'Avellino, l'influence que pouvait avoir sur la santé de ses enfants une résidence bien aérée où il leur fût permis de jouer et de courir en liberté, madame Hugo avait loué l'ancien couvent des Feuillantines.

Plus tard, nous verrons, à propos de ce couvent, quels souvenirs son grand jardin, tout frais d'ombre, tout resplendissant de soleil, a laissés dans l'esprit du poëte.

C'est là que les trois enfants furent lâchés en liberté, comme je l'étais moi-même dans ce grand parc de Saint-Rémy dont j'ai raconté les splendeurs.

C'est là qu'échappant au niveau universitaire, Hugo apprit le latin très-bien et le grec très-mal, grâce aux soins d'un ancien oratorien, prêtre marié, nommé Larivière.

> Il savait le latin très-bien, très-mal le grec!

a dit de lui son élève dans une pièce de vers encore inédite.

Madame Hugo demeura dans cette retraite, où elle abritait sa riche couvée, de 1808 à 1811.

Au commencement de 1811, elle reçu une lettre de son mari.

Le gouvernement du roi Joseph paraissait s'affermir. Il s'agissait donc de partir pour Madrid, où les trois enfants devaient entrer dans les pages.

CXXVII

Départ pour l'Espagne. — Voyage de Paris à Bayonne. — Le trésor. — Ordre de marche du convoi. — M. du Saillant. — M. de Cotadilla. — Irun. — Ernani. — Salinas. — Le bataillon d'*écloppés*. — Les rations de vivres de madame Hugo. — Les quarante grenadiers hollandais. — Mondragon. — Le précipice. — Burgos. — Celadas. — Alerte. — La revue de la reine.

Partir pour Madrid, c'était là une grande affaire ; on va en juger tout à l'heure.

D'abord, il y avait la France à traverser de Paris à Bayonne.

Cela n'était rien : une question de temps, voilà tout. Il y a un siècle, on mettait cinq semaines, et, il y a quarante ans, neuf jours à faire un trajet qu'on a fait ensuite en cinquante heures, et qu'on fait aujourd'hui en quinze ou dix-huit. On couchait à Blois, à Angoulême et à Bordeaux.

Puis il y avait l'Espagne à traverser, de Bayonne à Madrid.

Quand nous en serons là, nous verrons quelle affaire peu commode c'était que de traverser l'Espagne de Bayonne à Madrid, en l'an de grâce 1811, du règne de Napoléon le septième.

Afin de traverser la France, madame Hugo loua pour elle, ses enfants, son domestique et sa femme de chambre, la diligence tout entière.

Les diligences, à cette époque, portaient, comme toute l'époque, la livrée de l'empereur : c'étaient de grandes voitures peintes en vert, avec des intérieurs à six, et des cabriolets de cuir à trois places ; au total, neuf places.

Toute la charge des bagages pesait derrière et dessus.

Six personnes seulement devaient occuper la vaste maison, qui se mit en route à l'heure accoutumée, et roula pesamment vers la frontière.

A Poitiers, deux voyageurs se présentèrent pour monter dans la voiture : l'un français, l'autre espagnol. On leur dit qu'elle était louée entièrement par une dame française : ils parurent si désespérés, que madame Hugo leur offrit à chacun — à la condition de ne point la payer — une place qu'ils acceptèrent.

Madame Hugo conserva l'intérieur de la voiture pour elle, Abel, Eugène, le domestique et la femme de chambre ; quant à Victor, il fut impossible de le déposséder de son cabriolet.

Il y resta avec les deux voyageurs étrangers.

Il a gardé de l'un des deux voyageurs nommé Isnel, qui le bourra, lui et ses frères, de gâteaux et de sucreries pendant toute la route, un souvenir que le temps n'a pu altérer.

Enfin, le neuvième jour, on arriva à Bayonne. Mais, là, force fut de s'arrêter : on ne pouvait pénétrer en Espagne qu'avec ce qu'on appelait le trésor.

C'est là un détail curieux.

Joseph était roi d'Espagne ; mais sa royauté se bornait à Madrid et aux endroits occupés par l'armée française. Tout le reste du pays était révolté.

Quand un corps d'armée quelconque faisait, à travers l'insurrection, une trouée dans le pays, l'insurrection, qui s'ouvrait devant lui, se refermait derrière. L'armée devenait une espèce d'île flottante, une Délos constamment battue par la vague de la révolte.

Il n'y avait pas moyen de lever de contributions dans un pareil état de choses.

Aussi le roi d'Espagne et des Indes, qui, en réalité, ne possédait pas plus l'Espagne que les Indes, non-seulement n'eût pas pu soutenir l'éclat de sa cour, mais encore serait mort de faim à Madrid, si, quatre fois par an, Napoléon n'eût pas envoyé *ses appointements* à ce préfet de l'Empire.

Les appointements du roi Joseph étaient de quarante-huit millions. En conséquence, tous les trois mois, on faisait un envoi de douze millions.

C'était là ce que l'on appelait le *trésor*.

Ce trésor, on le comprend bien, n'était pas sans être amoureusement convoité par les guerilleros espagnols ; aussi lui adjoignait-on une vigoureuse escorte chargée de tenir, autant que possible, ces messieurs à distance.

C'était sous la protection de cette escorte que se rangeaient les voyageurs qui avaient besoin à Madrid, comme se mettent sous la protection des caravanes les pèlerins de la Mecque.

Néanmoins, malgré les précautions prises, malgré l'escorte, malgré les deux ou trois mille hommes qui la composaient, le trésor et les pèlerins n'étaient pas toujours en sûreté ; le précédent convoi avait été attaqué, pillé, égorgé à Salinas, et, cela, avec d'effroyables circonstances. Le général Lejeune a fait, autant que je puis me le rappeler, de cette attaque un tableau qui fut exposé au Salon de 1824 ou 1825.

Mais n'importe, là, cependant, était la plus grande sécurité. On attendit donc un mois à peu près le convoi à Bayonne.

Il arriva vers la fin d'avril.

Pendant ce temps, madame Hugo avait eu le loisir de faire ses préparatifs : elle avait acheté une voiture, la seule, d'ailleurs, qui fût à vendre à Bayonne.

C'était un de ces grands bahuts que l'on ne retrouverait aujourd'hui que dans les dessins de Piranèse, et peut-être aussi, par hasard, à la suite de quelque gala pontifical, dans les rues de Rome.

Qu'on se figure une caisse énorme, suspendue entre deux brancards, sur de colossales soupentes, avec des marchepieds soudés à ces brancards ; de sorte que l'on commençait par monter sur le brancard, et que l'on finissait par descendre dans la voiture.

Cette voiture offrait, du reste, cet avantage, qu'à la rigueur elle pouvait se convertir en forteresse, les parois étant à l'épreuve de la balle, et ne pouvant être démolies que par la mitraille ou les boulets.

Au moment du départ, de graves contestations s'élevèrent sur le pas à prendre dans la marche. Il y avait peut être à Bayonne trois cents voitures et cinq ou six cents voyageurs attendant, comme madame Hugo, la rassurante escorte ; ce n'était pas chose facile que de faire prévaloir l'étiquette dans une pareille foule, composée, d'ailleurs, presque entièrement de femmes ou d'hommes attachés aux premières fonctions de l'État, ou appartenant aux plus vieilles familles d'Espagne.

En jetant un coup d'œil sur l'ordre de cette marche, on verra que les places à prendre, et pour l'obtention desquelles chacun faisait valoir ses droits, avaient une valeur qui excusait l'entêtement que l'on mettait à se les disputer.

Voici comment était réglée la marche du convoi, escorté par un détachement de trois mille hommes :

D'abord, en tête et comme avant-garde, marchaient cinq cents hommes, armes chargées.

Ensuite venaient les fourgons contenant le trésor, vingt-cinq ou trente voitures entourées par mille hommes placés sur cinq d'épaisseur.

Puis arrivaient, selon leur rang, leur titre, leur grade, et surtout selon l'ancienneté de leur grandesse, les voyageurs, qui, ainsi que nous l'avons dit, pouvaient être six cents, et qui occupaient trois cents voitures.

Ces trois cents voitures, attelées les unes de quatre, les autres de six mules, formaient une ligne d'une lieue de long.

Cette ligne ne pouvait être défendue d'une façon aussi énergique que le trésor : il eût fallu, pour cela, non pas trois mille, mais dix mille hommes. Les voitures n'étaient donc gardées que par une file de soldats marchant un seul homme de front au lieu de cinq.

Enfin, le convoi était fermé par cinq cents autres hommes traînant une pièce de canon, et formant l'extrémité de l'immense reptile, qui, ainsi, mordait par la tête et piquait par la queue.

Il résultait de cette disposition que, pour être bien gardé, il fallait absolument appartenir à la portion du convoi qui se soudait immédiatement aux fourgons du trésor.

Être le numéro 1, 2 ou 3 n'était donc pas simplement une question d'étiquette ; c'était une question de vie ou de mort.

Madame Hugo, qui avait à veiller en même temps sur elle et sur ses trois enfants, fit valoir ses droits, non pas en femme craintive, mais en mère inquiète.

Plusieurs femmes de grands d'Espagne d'une grandesse ancienne, et entre autres la duchesse de Villa-Hermosa, avaient le droit, la question posée sur ce point, de passer avant madame Hugo; mais madame Hugo, comme femme d'un général français, aide de camp du roi, prima le tout et passa la première, malgré les réclamations, les plaintes et les récriminations des grands et des grandes d'Espagne, ses aînés.

Elle avait, au reste, été merveilleusement servie dans sa prétention par l'arrivée à Bayonne d'un des aides de camp de son mari, M. le marquis du Saillant fils de cette sœur de Mirabeau que l'illustre orateur aimait et estimait assez pour lui rendre compte de ses faits et gestes politiques dans une des plus curieuses lettres qu'il ait écrites.

En outre, l'escorte était commandée en premier par le duc de Cotadilla, homme de grand nom, de grande fortune et de grand appétit, rallié à Joseph; et, en second, par le colonel de Montfort, jeune homme de trente ans, charmant sous son uniforme de hussard, et appartenant à cette race élégante et brave de jeunes colonels, parmi lesquels on comptait le colonel Lefèvre, le colonel Bessières, le colonel Moncey; — tous fils de maréchaux, qui restèrent tués ou mutilés sur les champs de bataille de l'Empire, et dont un seul peut-être, le colonel Moncey, traversant cet ouragan de balles et de boulets qui dura dix ans, vit la Restauration.

Le duc de Cotadilla et M. de Montfort avaient produit sur la jeune imagination du futur poëte une impression bien différente.

Vingt ans après, celle qui avait été produite par l'appétit de M. le duc de Cotadilla se retrouvait dans *Claude Gueux*:

« Claude Gueux était un grand mangeur ; c'était une particularité de son organisation : il avait l'estomac fait de telle sorte, que la nourriture de deux hommes suffisait à peine à sa journée. M. de Cotadilla avait un de ces appétits-là et en riait : mais ce qui est une occasion de gaieté pour un duc grand d'Espagne qui a cinq cent mille moutons, est une charge pour un ouvrier, et un malheur pour un prisonnier. »

Du duc de Cotadilla, il n'en est, ni avant ni après ce paragraphe, pas autrement question dans *Claude Gueux*. On voit que l'illustre grand d'Espagne avait laissé chez Victor Hugo un souvenir tout spécial.

Je ne sache pas que nulle part Hugo ait parlé du colonel Montfort; mais cela viendra un jour ou l'autre : il faut toujours que les premiers souvenirs de la jeunesse débordent tout entiers, soit un peu plus tôt, soit un peu plus tard.

Quant à M. le marquis du Saillant, c'était un homme de cinquante à cinquante-cinq ans, aimant ses aises, brave toujours, mais plus brave encore quand on le dérangeait dans son repas ou dans son sommeil, attendu que, comme rien ne lui était plus désagréable que d'être dérangé, il faisait, du mieux qu'il lui était possible, payer son dérangement à l'ennemi.

Enfin, toute l'immense machine se mit en route, traversant la Bidassoa en vue de l'île des Faisans, la fameuse île matrimoniale et politique.

Le premier jour, on alla coucher à Irun.

Une autre architecture, d'autres mœurs, une autre langue, frappèrent vivement l'esprit de l'enfant. Cette halte d'Irun lui resta dans l'esprit, et il revit Irun, dans ses rêves de poésie, à côté des villes bien autrement importantes de Burgos, de Vittoria et de Valladolid.

> L'Espagne me montrait ses couvents, ses bastilles;
> Burgos, sa cathédrale aux gothiques aiguilles;
> *Irun, ses toits de bois;* Vittoria, ses tours;
> Et toi, Valladolid, tes palais de familles,
> Fiers de laisser rouiller des chaînes dans leurs cours.

Puis quelle impression cette manière de voyager ne produisait-elle pas sur le cerveau de l'enfant qui, devenu homme, devait posséder à un si haut degré la faculté descriptive !

Qu'on se figure ces cinq cents hommes formant l'avant-garde ; ces mille hommes escortant les fourgons lourds et retentissants ; cette grande voiture avec des dorures à moitié effacées venant après, attelée de six mules renforcées, dans les passages difficiles, de deux et même de quatre bœufs, conduite par un *mayoral*, escortée par deux *zagales*. Qu'on se figure le soleil ardent, la poussière dévorante, les armes étincelant dans l'atmosphère rougeâtre, des villages dévastés, une population ennemie et menaçante, des souvenirs sanglants, terribles, inouïs, paraissant se rapporter bien plutôt à des îles de l'Océanie qu'à un continent européen, — et l'on aura une idée de ce que nous n'essayons pas même de décrire, de ce que Hugo seul pourrait raconter.

Le premier jour, on avait fait trois lieues !

Le second jour, on alla coucher au village d'Ernani. Dans les souvenirs du poëte, le nom du village s'est changé en un nom d'homme. Tout le monde connaît le poétique bandit amant de doña Sol, ennemi de Charles-Quint, rival de Ruy Gomez.

Le troisième jour, un curieux spectacle fut donné aux voyageurs : c'était celui d'un bataillon d'*écloppés*.

On appelait bataillon d'écloppés une réunion de soldats de toutes armes, un débris de vingt combats, ou parfois d'une seule bataille; car, alors, les batailles étaient rudes. Souvent deux, trois, quatre régiments étaient écrasés; on ramassait sur le champ de bataille mille, quinze cents, deux mille blessés; on taillait la jambe à celui-ci; on coupait le bras à celui-là; on extrayait une balle à l'un; on enlevait des esquilles à l'autre. Tout cela restait en arrière, et, le jour de la guérison venu, ou à peu près, de ces débris de quatre ou cinq régiments, on formait un bataillon d'écloppés qu'on renvoyait en France, le chargeant de sa propre défense; c'était à ces pauvres gens de se bien défendre, pour tirer du terrible jeu de la guerre ce qui restait d'eux.

On rencontra donc, à Salinas, un bataillon de ce genre. Il était formé de chasseurs, de cuirassiers, de carabiniers, de hussards, pas un à qui il ne manquât un bras, une jambe, le nez ou un œil. Tout cela était gai, chantant, criant : « Vive l'empereur ! » Ce qui frappa surtout les enfants, c'est que chaque homme avait, soit sur son épaule, soit sur l'arçon de sa selle, un perroquet ou un singe; quelques-uns même avaient l'un et l'autre. Ils arrivaient du Portugal, où ils avaient laissé leurs membres, et d'où ils avaient emporté cette ménagerie.

A Mondragon, c'est-à-dire à deux ou trois lieues avant Salinas, on avait, grâce au dévouement des soldats, échappé à un danger assez grave. Quand je dis *on avait*, je veux parler de madame Hugo et de ses trois enfants.

Mais nous devons faire précéder le récit de cet incident d'une petite explication.

Les soldats recevaient leurs vivres tous les trois jours; mais, selon leur louable habitude, ils mangeaient en vingt-quatre heures la ration de ces trois jours, ou jetaient les vivres qui les gênaient; de sorte que l'on jeûnait, en général, de la tête à la queue du convoi, un jour au moins sur trois.

Ce jeûne était d'autant plus pénible à supporter, — surtout à l'endroit des liquides, qui ne se jetaient pas, mais qui s'absorbaient presque toujours prématurément, — que l'on voyageait dans des plaines arides, sous un soleil de plomb, par une atmosphère étouffante.

On partait au point du jour, afin d'avoir un peu de fraîcheur; on s'arrêtait à midi ; on buvait et on mangeait ; puis on se remettait en route jusqu'au soir.

Les soldats campaient autour des fourgons ; les chefs et les voyageurs logeaient dans les villages ou dans les villes par billets de logement ; madame Hugo presque toujours était logée chez l'alcade.

Là, on lui faisait, tous les soirs, la distribution de vivres ; c'étaient les rations de campagne comme on les eût données à son mari, c'est-à-dire vingt rations.

Or, comme ces rations étaient très-abondantes, c'étaient de véritables montagnes de pain, de viande et d'outres pleines de vin que l'on entassait devant elle tous les soirs.

Alors, s'avançaient les soldats qui marchaient à droite et à gauche de sa voiture, sur toute la longueur des six mules et de l'immense carrosse, — quarante hommes à peu près.

Ces quarante hommes étaient des grenadiers hollandais. Les armées françaises, à cette époque, comme les légions romaines du temps d'Auguste, étaient un mélange de tous les peuples de l'Europe.

Ces quarante hommes prenaient et se partageaient les vivres de madame Hugo, qui n'avait que faire de vingt rations de pain, de vin et de viande pour elle, ses enfants et ses domestiques, presque toujours nourris par l'hôte chez lequel ils étaient logés, ni pour le mayoral et les deux zagalès, qui vivaient d'un verre d'eau, d'un morceau de pain frotté d'ail, et de la fumée de leurs cigarettes. Il en résultait une reconnaissance profonde pour madame Hugo de la part des quarante Hollandais.

Cette reconnaissance se manifesta dans deux occasions. Disons qu'elle fut la première; l'autre viendra à son tour.

On sortait de Mondragon par une voûte sombre et inclinée formant la porte de la ville; le chemin qui continuait cette voûte tournait rapidement, côtoyant, à droite, un précipice. Quelques bornes étaient placées au bord de ce chemin, afin que les voitures emportées vers l'abîme eussent une dernière chance de s'arrêter, si, par hasard, elles rencontraient une de ces bornes.

Soit que mayoral et zagales ne connussent pas la disposition du terrain, soit qu'ils ne fussent pas maîtres de la direction de la lourde voiture, celle-ci, emportée par son poids, en débouchant de la voûte obscure, s'avançait rapidemnet vers le précipice, quand les grenadiers hollandais, voyant le danger que courait madame Hugo, se précipitèrent à la tête des mules, et, en les forçant à se détourner rapidement, arrêtèrent la voiture comme une des roues commençait à mordre sur le précipice.

Un instant, les voyageurs restèrent suspendus — suspendus est le véritable mot — entre la vie et la mort.

La vie l'emporta.

Deux ou trois soldats avaient failli être précipités par la secousse; les uns s'accrochèrent aux traits, les autres aux brancards. En somme, les plus malades en furent quittes pour des écorchures qui ne les empêchèrent pas de faire fête, le soir, à la distribution de vivres de madame Hugo.

Le duc de Cotadilla, qui était fort galant malgré ses soixante ans, et qui caracolait toute la journée à la portière de madame Hugo, y joignit quelques bouteilles de rhum qui firent, de cette distribution, une véritable solennité.

Au bout de douze ou quinze jours de voyage, on arriva à Burgos. Souvent, depuis Bayonne, on avait eu d'assez vives alertes ; mais bientôt on avait reconnu que ceux que l'on prenait pour des guerilleros n'étaient que de simples muletiers réunis en troupes pour leur propre sûreté. Au reste, la méprise était facile : les muletiers étaient armés à peu près comme des partisans, et il fallait les voir de bien près pour distinguer, à travers la poussière soulevée autour d'eux, qu'ils étaient montés sur des mules, et non sur des chevaux.

Burgos était marqué dans l'itinéraire pour une halte de trois ou quatre jours. Madame Hugo profita de ces trois ou quatre jours pour faire voir à ses enfants la cathédrale, cette merveille d'architecture gothique, la porte de Charles-Quint et le tombeau du Cid.

De ce tombeau du Cid, les soldats avaient fait une cible à la carabine !

L'enfant quitta Burgos ébloui, haletant, émerveillé. Si jeune qu'il fût, il avait déjà l'ardente admiration des chefs-d'œuvre de l'art achitectural, et la cathédrale de Burgos, avec ses soixante ou quatre-vingts clochetons, est un véritable chef-d'œuvre de ce genre.

Par une fatalité étrange, le général Hugo, chargé en 1813, de la retraite d'Espagne, renversa trois de ces clochetons en faisant sauter la citadelle de la ville de Burgos, dont il fut le dernier gouverneur.

Plus on avançait, plus les traces de la destruction devenaient fréquentes. Après Burgos, on s'arrêta à un village qui avait été Celadas ; il était ruiné de fond en comble ; puis, sur ses ruines, comme si l'on avait eu peur qu'il n'en revînt, le feu avait été artistement promené.

Rien de plus triste que ce village brûlé par le feu, au milieu de ces plaines brulées par le soleil.

Quelques pans de muraille restaient debout, crnulants et

sans-toit. Les enfants de la caravane firent de ces ruines une forteresse ; la petite troupe fut bientôt partagée en assiégeants et en assiégés. La guerre, qui était, à cette époque, le métier des pères, était le jeu des enfants. Le petit Victor et ses deux frères faisaient partie des assiégeants.

Au moment où ils escaladaient une brèche pour entrer dans la ville, et comme Victor, toujours amoureux des cimes, courait, sans doute pour faire une diversion dans l'attaque, sur la crête d'un mur, le pied lui manqua, et il tomba la tête la première, non seulement de la hauteur du mur, mais encore dans une cave défoncée : sa tête porta contre l'angle d'une pierre ; le choc fut si violent, qu'il resta évanoui sur la place.

Personne ne l'avait vu tomber : il n'avait point crié, tant avait été rapide l'effet du coup. L'assaut continua donc, comme si les assiégeants n'eussent point perdu un de leurs soldats.

La ville prise, vainqueurs et vaincus se comptèrent, et, seulement alors, reconnurent qu'un des leurs était glorieusement resté sur le champ de bataille, et que celui-là était le jeune Victor Hugo.

On se mit à la recherche de l'absent, Abel et Eugène en tête, et l'on fouilla si bien coins et recoins, que l'on finit par découvrir le blessé gisant dans les profondeurs d'une excavation.

Comme il ne donnait aucun signe d'existence, on le crut mort, et, avec de grandes lamentations, on le ramena à madame Hugo, qui, elle, sut bien voir qu'il vivait encore.

Il y avait de tout dans ce convoi, jusqu'à — chose que nous avons oublié de mentionner — jusqu'à six ou huit conseillers d'État que Napoléon envoyait tout faits à son frère ! On trouva donc facilement un médecin.

Le médecin pansa l'enfant. Par bonheur, le choc avait été plus violent que le coup n'avait été profond ; la blessure était donc plus effrayante que dangereuse, et, quoique, aujourd'hui encore, la cicatrice de cette blessure soit parfaitement visible à l'endroit où Hugo porte la raie de ses cheveux, dès le lendemain, l'enfant n'y pensait plus, et, comme Kléber après la prise d'Alexandrie, était tout prêt à assiéger une autre ville.

Jusque-là, au reste, rien de sérieux n'avait troublé la marche de la caravane. De temps en temps, la balle d'un guerilléro embusqué venait se perdre dans l'épaisseur des panneaux d'une voiture ou brisait la glace de quelque portière ; le colonel Montfort envoyait une vingtaine de hussards fouiller les buissons du milieu desquels était parti le coup ; mais, chose toujours facile dans la portion du pays où l'on se trouvait alors, le coupable se laissait glisser au fond de quelque ravin, ou gagnait la gorge de quelque montagne, et tout était dit.

Un soir, cependant, l'alerte fut vive, et l'on crut, cette fois, avoir véritablement affaire à un ennemi sérieux.

On avait fait les deux tiers du trajet, à peu près, et l'on était arrivé à la petite ville de Valverde, agglomération de maisons sombres, aux murailles élevées et sans ouvertures, qui semble un nid de forteresses du temps de Louis XIII. Comme d'habitude, l'escorte avait établi son camp à l'entrée de la ville ; des sentinelles avaient été placées dans toutes les directions, et les voyageurs et les chefs avaient reçu leur billet de logement chez les principaux habitants.

Madame Hugo, comme d'habitude encore, était logée chez l'alcade.

En la quittant, le duc de Cotadilla lui avait dit :

— Prenez garde à vous, madame ; nous sommes au cœur de l'insurrection, et votre hôte a, non-seulement fort mauvaise réputation, mais encore fort mauvais visage.

Madame Hugo ne pouvait juger que du visage, et, sur ce point, elle était parfaitement de l'avis du duc de Cotadilla.

Au reste, intérieur de maison digne de la ville et en harmonie avec l'hôte : portes barrées de fer et doublées de tôle : vestibules austères et sombres comme des entrées de couvent ; grandes chambres aux murs nus, avec de la terre pour parquet au rez-de-chaussée, carrelées au premier étage ; pour tous meubles, des bancs de bois et des fauteuils de cuir.

Toute la maison visitée, pour y choisir le logement qui lui paraîtrait le plus convenable, madame Hugo s'arrêta au rez-de-chaussée, dans une immense salle basse éclairée par une branche de pin brûlant dans une main de fer qui sortait de la muraille, fit tirer de l'immense portemanteau où il était renfermé le lit dans lequel elle couchait tous les soirs, réunit une douzaine de peaux de mouton pour le coucher des enfants, introduisit M. du Saillant dans un réduit attenant à la grande salle, et, la nuit venue, attendit les événements.

L'attente n'était pas gaie; les événements promis étaient terribles. Depuis le commencement de la guerre, les Espagnols s'étaient fait une réputation de férocité qui, comme toutes les bonnes réputations, allait croissant; ce qu'ils inventaient de tortures pour les malheureux Français tombant entre leurs mains, n'avait point de nom. Chez les peuples primitifs, et purement féroces, comme chez les Turcs, par exemple, où la vie se termine par trois supplices, la décollation, le lacet ou le pal, on est sûr de ce qui vous attend; c'est le pal, le lacet ou la décollation; l'imagination des bourreaux ne va pas au delà de ces trois genres de mort.

Mais, chez un peuple civilisé comme l'Espagne, qui a eu Charles-Quint, Philippe II et l'inquisition, c'est autre chose: il s'agit, pour le malheureux condamné à mort, d'être rôti à petit feu, scié entre deux planches, mis au chevalet, pendu par les pieds; d'avoir les entrailles dévidées comme un écheveau de coton; d'avoir le corps découpé en aiguillettes sur le modèle d'un pourpoint du XVIe siècle; d'avoir les yeux crevés, le nez, la langue ou les poings coupés! Oh! les bourreaux espagnols étaient pleins de fantaisie! D'ailleurs, quand ils étaient à bout de caprices, ils avaient le répertoire de l'inquisition, et, qu'on ne l'oublie pas, les hommes qui nous faisaient la guerre étaient surtout des catholiques, des prêtres, des saints!

Malgré toutes ces pensées peu récréatives pour une mère qui répond à son mari d'elle-même et de ses trois enfants, madame Hugo commençait à s'endormir, enviant la tranquillité du colonel du Saillant, qui dormait, lui, depuis longtemps dans le réduit qu'on avait découvert attenant à cette salle basse, lorsque tout à coup éclata une vive fusillade accompagnée de cris « Aux armes! »

On se couchait — surtout après de pareils avis reçus — à peu près tout habillé; aussi en un instant fut-on debout. La fusillade se soutenait, parfaitement nourrie, quoique capricieusement dirigée, et les cris « Aux armes ! » redoublaient.

Au milieu de ces cris, on frappa aux volets extérieurs de la grande salle basse plusieurs coups assez vigoureux pour être entendus, assez ménagés pour n'être pas effrayants.

Madame Hugo ouvrit.

C'était le colonel Montfort qui avait cogné aux contrevents avec la poignée de son sabre.

— C'est moi, madame, dit-il, moi, le colonel Montfort, qui ai l'honneur de vous présenter mes compliments. Il paraît que l'ennemi nous attaque ; mais soyez tranquille, nos mesures sont prises pour le bien recevoir. En tout cas, veuillez vous barricader en dedans, et n'ouvrir qu'au duc de Cotadilla ou à moi.

Madame Hugo remercia le colonel Montfort de son attention ; M. du Saillant alla le rejoindre ; on referma derrière lui la porte, que l'on l'on barricada à triple verrou, et l'on attendit.

Pendant quelque temps, la fusillade continua, paraissant même augmenter dans certains moments ; enfin, elle diminua et s'éteignit peu à peu.

Qui avait vaincu ? Français ou Espagnols ? On l'ignorait encore, mais on avait bon espoir en faveur des Français, lorsqu'on frappa de nouveau au volet, et lorsque, au milieu de grands éclats de rire, madame Hugo reconnut les voix du duc de Cotadilla, du colonel Montfort et de l'aide de camp de son mari.

Elle était invitée à faire ouvrir la grande porte.

La grande porte fut ouverte, et les trois officiers entrèrent.

Un trompette de hussards avait, un peu en avant de la ville, découvert un coin de prairie où il avait pensé que son cheval, pour lequel il avait les plus grands égards, trouverait un peu d'herbe fraîche; les postes établis, il avait été mettre son cheval au piquet dans cette petite oasis. Un paysan avait remarqué et admiré cette confiance; la nuit venue, il s'était glissé de buissons en buissons pour s'emparer du cheval; celui-ci l'avait tranquillement laissé faire jusqu'au moment où il s'était senti détaché du piquet; mais, alors, il s'était, d'une violente secousse, arraché à son larron, et, ruant, hennissant, bondissant, il était revenu vers le camp français.

La sentinelle avancée avait crié : « Qui vive? » Le cheval, bien entendu, avait continué son chemin sans répondre. La sentinelle avait fait feu, et s'était repliée sur le premier poste en criant : « Aux armes ! » Le premier poste avait fait feu, et crié : « Aux armes ! » Alors, les soldats à leur tour avaient couru à leurs fusils en faisceaux et tout chargés, puis avaient fait feu, et crié : « Aux armes! De là l'alerte, de là la fusillade, de là l'effroyable tumulte qui avait, pendant une heure, rempli de feu, de fumée et de bruit la petite ville de Valverde.

On ne songea point à dormir du reste de la nuit, que madame Hugo et les trois officiers passèrent ensemble, et, le lendemain, au point du jour, on se remit en marche.

Ce lendemain — au lieu de la scène assez effrayante de la nuit — préparait, pour le grand soleil du midi, une autre scène passablement grotesque.

On était dans une grande plaine à la halte du milieu du jour. Les soldats, couverts de poussière, ruisselants de sueur, sous un soleil de trente-cinq degrés, achevaient leur repas, lorsque arriva un courrier annonçant au duc de Cotadilla que la reine, qui, de son côté, était en route avec une escorte pour rejoindre son mari, ne tarderait point à passer.

Le duc de Cotadilla remercia le courrier de l'avis, et, après s'être informé du temps où la reine devait avoir rejoint, et avoir appris qu'il pouvait compter sur une heure, à peu près, lui donna liberté de poursuivre son chemin.

Puis, s'avançant vers la portière de la voiture de madame Hugo, où, comme on sait, il avait l'habitude de venir causer :

— Madame, lui dit-il, je vous invite à baisser vos stores, d'abord à cause du soleil, et ensuite à cause du spectacle que va être forcée de vous offrir l'escorte. La reine passe dans une heure ; je désire que, pour lui faire honneur, mes hommes se mettent en grande tenue ; ils sont obligés de changer de tout, depuis la cravate jusqu'aux guêtres. Dans ce changement, plus étendu encore que je ne vous le dis, il y aura des évolutions que peut braver l'œil d'un général ou d'un colonel, mais qui seraient moins convenables pour les regards d'une femme. Vous voilà avertie, madame ; je vais faire avertir la duchesse de Villa-Hermosa et les autres dames.

Et, avec sa politesse ordinaire, le duc de Cotodilla prit congé de madame Hugo, et donna ses ordres.

Madame Hugo tira ses stores.

Les ordres du duc de Cotadilla étaient que les soldats se missent à l'instant même en grande tenue pour faire la haie sur le passage de la reine.

Aussitôt, les hommes se placèrent sur une seule ligne tenant toute la route, formèrent les faisceaux, ouvrirent les sacs, et commencèrent leur toilette.

Ils en étaient juste à l'endroit le plus délicat de cette toilette, à l'endroit précis pour lequel le duc de Cotadilla avait invité les dames à baisser les stores de leurs voitures, lorsqu'un immense nuage de poussière parut au sommet d'une montagne distante de cinq cents pas, et que les cris « La reine! la reine! » se firent entendre.

La reine était en avance de plus d'une demi-heure sur l'heure indiquée par le courrier.

Il y avait là de quoi troubler une tête plus forte que ne l'était celle du duc de Cotadilla ; d'ailleurs, dans aucun livre de théorie le commandement à faire en pareil cas n'était prévu. Il garda donc le silence, et, réduits à leur propre inspiration, les tambours battirent aux champs, les soldats coururent aux armes, et les chefs inférieurs crièrent :

— A vos rangs !

Il en résulta que la reine d'Espagne passa une revue telle que jamais reine ni impératrice, fût-ce Marguerite de Bourgogne ou Catherine II, n'en avait passé, et, comme elle apprit plus tard que M. de Cotadilla avait été prévenu de son arrivée, rien ne put lui ôter de l'esprit cette idée, que la nudité de ces trois mille hommes était une galanterie que lui avait faite l'illustre duc.

La reine passée, comme la grande tenue était devenue inutile, on reprit la petite tenue, on réintégra la grande dans le sac, on donna le signal du départ, et l'on se remit en route.

CXXVIII.

Ségovie. — M. de Tilly. — L'Alcazar. — Les doublons. — Le château de M. de la Calprenède et celui du grand d'Espagne. — Les bourdalous. — Otero. — Encore les Hollandais. — Le Guadarrama. — Arrivée à Madrid. — Le palais de Masserano. — La comète. — Le collège. — Don Manoel et don Bazilio. — Tacite et Plaute. — Lillo. — L'hiver de 1812 à 1813. — L'Empecinado. — Le verre d'eau sucrée. — L'armée de mérinos. — Retour à Paris.

On arriva à Valladolid ; puis, de Valladolid, où l'on fit une halte de quelques jours, on gagna Ségovie à travers des montagnes abruptes, tantôt taillées à pic, tantôt conduisant par d'assez douces pentes à des sommets du haut desquels on découvrait de vastes plaines embrasées par le soleil de juin. Le comte de Tilly, homme de l'ancienne cour, page du roi Louis XVI, et qui a laissé des Mémoires qui ne manquent point, je ne dirai pas d'un certain intérêt, mais d'un certain pittoresque, chose plus rare à cette époque, était gouverneur de Ségovie. Il vint recevoir madame Hugo à la portière de sa voiture, l'installa dans un palais, et se chargea d'elle et de ses enfants pour tout le temps qu'ils seraient à Ségovie.

Ce qui frappa le plus notre jeune poète pendant son séjour dans cette ville, ce qui laissa un double souvenir dans son esprit, ce fut sa visite à l'Alcazar ; palais de fée splendide, moins renommé mais aussi beau que ceux de Grenade et de Séville, avec sa salle où sont peints, dans des trèfles et sur fond d'or tous les portraits des rois mores.

Nous n'avons pas besoin de dire que ces peintures sont postérieures aux Arabes, à qui leur religion défend de peindre des images.

Puis l'Alcazar était en même temps l'hôtel de la Monnaie.

M. de Tilly conduisit madame Hugo et ses enfants dans la salle du balancier; là, pour chacun des enfants, il fit frapper un doublon qu'il leur donna.

Hugo, et ce fut une des grandes douleurs de sa jeunesse, perdit le sien plus tard à Madrid, en le laissant glisser dans la rainure intérieure d'une portière de voiture.

On attendit huit jours un renfort; on n'osait se hasarder à partir pour Madrid sans une nouvelle escorte; cette nouvelle escorte arriva, et l'on se mit en route.

A Ségovie, madame Hugo, comme nous l'avons dit, avait, par les soins du comte de Tilly, été logée dans le palais d'un grand d'Espagne.

Dans ce palais, comme dans celui de M. de la Calprenède, tout était en argent : chandeliers, bassins, cuvettes, tout, jusqu'aux pots de chambre.

Un de ces derniers meubles avait séduit madame Hugo par sa forme élégante et originale. C'était un charmant petit *bourdalou*.

Peut-être m'arrêtera-t-on afin de me demander d'où vient cette assimilation du célèbre élève des jésuites avec un vase de nuit, et pourquoi l'on a donné à un pot de chambre le nom d'un prédicateur. Je le dirai quand j'en aurai fini avec la séduction opérée par un de ces petits meubles sur madame Hugo, et la suite qu'elle eut.

Madame Hugo, séduite, disons-nous, par la forme du charmant bourdalou, avait fait demander au maître de la maison qu'elle habitait la permission de le lui acheter.

Mais, en véritable Espagnol, c'est-à-dire en implacable ennemi de notre nation, le vieux Castillan avait fait répondre que madame Hugo pouvait, si c'était son bon plaisir, prendre et emporter l'objet qu'elle désirait, mais que, quant à lui, il ne vendait rien à des Français.

Comme, dans ce cas, prendre, c'était voler, madame Hugo

s'abstint, et, en supposant que le bourdalou fît partie d'une collection, la collection ne fut pas dépareillée.

Maintenant, pourquoi ces petits vases allongés s'appellent-ils des *bourdalous*?

Voici :

C'est que l'illustre prédicateur faisait de si interminables sermons, que les femmes durent prendre, contre leur longueur, certaines précautions que nous croyons inutile d'expliquer.

Plus heureux que Christophe Colomb, le fondateur de l'éloquence chrétienne a donné son nom, nous ne dirons pas à un nouveau continent découvert par lui, mais à un nouveau meuble inventé à cause de lui, lequel meuble, par sa forme allongée et étroite, offrait de plus grandes facilités de transport.

Ce point historique éclairci, à la satisfaction de nos lecteurs, nous le pensons du moins, rejoignons le convoi sur la route de Madrid.

Il est à une lieue d'Otero, où l'on doit passer la nuit, et dont on aperçoit déjà les tours ; il fait une halte forcée sur la grande route, pavée d'énormes quartiers de roc, un des rayons de la roue de derrière du gigantesque carrosse de madame Hugo venant de se fendre en deux.

Le duc de Cotadilla, fidèle à ses habitudes de courtoisie, avait ordonné une halte générale, ce qui avait beaucoup fait crier. Une halte générale à sept heures du soir ! une halte qui pouvait durer une heure ou deux, et exposer le convoi à être surpris par la nuit ! c'était tout ce que le duc eût pu ordonner s'il eût été question d'un des fourgons du trésor, mais ce qui dépassait tous ses droits, quand il ne s'agissait que de la femme d'un général français, grande d'Espagne depuis trois ans à peine !

Aussi une immense clameur s'éleva-t-elle de tout le convoi.

Il y avait des précédents. En pareil cas, la malencontreuse voiture était abandonnée corps et biens, et devenait ce qu'il plaisait à Dieu !

Le duc de Cotadilla avait grande envie de tenir bon; mais les clameurs montèrent si haut, qu'elles l'emportèrent.

Force fut au convoi de continuer son chemin pour Otero; mais il resta au pauvre carrosse abandonné un secours sur lequel madame Hugo n'avait pas compté.

C'étaient les quarante grenadiers hollandais, qui demandèrent la faveur de rester près du carrosse afin de lui servir d'escorte, lorsque la roue raccommodée lui permettrait de poursuivre son chemin.

Cette faveur leur fut accordée.

Le convoi se remit en marche, et peu à peu, comme une marée qui se retire, laissa le carrosse échoué sur la grande route.

Au reste, jamais naufragés abandonnés dans une île déserte ne se mirent avec plus d'ardeur à la construction d'un radeau que ne se mirent au raccommodage de la roue les quarante grenadiers hollandais.

L'œuvre dura une heure environ.

Lorsqu'on repartit, on avait depuis longtemps perdu de vue l'arrière-garde du convoi; et l'obscurité commençait à tomber.

Cependant, malgré toutes ces circonstances défavorables, le carrosse, madame Hugo, les trois enfants, le domestique, la femme de chambre et les quarante grenadiers hollandais entrèrent dans Otero à dix heures du soir, sans avoir eu, ce qui indiquait un incroyable bonheur, maille à partir avec les guerilleros.

Pendant la nuit, grâce aux soins d'un charron de l'endroit que l'on fit travailler de force, et dont deux maréchaux ferrants inspectèrent le travail, le carrosse fut raccommodé, et se trouva, le lendemain, en état de reprendre sa place en tête de la file de voitures.

On atteignit la chaîne du Guadarrama; on s'engagea dans la montagne; on gravit jusqu'à son plus haut sommet; on fit une halte au pied du lion gigantesque qui tourne le dos à la Vieille-Castille, et qui, la patte sur l'écusson des Espagnes, regarde la Nouvelle-Castille; puis l'on descendit vers la campagne de Madrid.

La campagne de Rome est fauve, tigrée, resplendissante de soleil, vivante, si l'on peut parler ainsi, malgré sa solitude.

La campagne de Madrid est nue, aride, grise et semblable à un cimetière.

Sur les limites de cette plaine s'élève l'Escurial, pareil à un tombeau. C'est l'effet qu'il fit à Hugo, qui le visita trente-cinq ans avant moi.

> L'Espagne m'accueillit livrée à la conquête;
> Je franchis le Bergare où mugit la tempête;
> *De loin, pour un tombeau, je pris l'Escurial;*
> Et le triple aqueduc vit s'incliner ma tête
> Devant son front impérial.

De l'Escurial à Madrid, le convoi se déroula comme un long serpent; une seule fois on coucha en route : ce fut à Galapagar. — Le lendemain, à six heures du soir, on était à Madrid.

A peine entré dans les rues, chacun se débanda tout joyeux de n'être plus soumis à la discipline militaire.

Madame Hugo prit congé du duc de Cotadilla, du colonel Montfort et de ses quarante Hollandais; puis le colonel du Saillant la conduisit au palais des princes de Masserano, qui lui était destiné.

Le général était dans son gouvernement de Guadalaxara; nous verrons plus tard ce qu'il y faisait.

Le palais Masserano était situé *calle de la Reyna*.

C'était une immense construction du XVIIe siècle dans toute sa splendeur et toute sa sévérité, sans jardin, mais avec une foule de petites cours carrées, dallées en marbre, ayant un jet d'eau au milieu, dans lesquelles on ne pénétrait que par des espèces de poternes, où le soleil n'arrivait jamais, et qui, profondes de quarante ou cinquante pieds, et juste assez larges pour qu'un loup pût tourner autour du jet d'eau, n'étaient rien autre chose que des réservoirs d'ombre et de fraîcheur.

A l'intérieur, autant que se le rappelle Victor, ce palais était d'une magnificence inouïe. La salle à manger surtout, garnie sur ses quatre faces d'une grande vitrine, étalait, dans toute sa hauteur, d'admirables dessins de Fra Bartolomeo, de Velasquez, de Murillo, de Sébastien del Piombo, de Léonard de Vinci, de Raphaël et de Michel-Ange.

Cette salle à manger donnait dans un vaste salon tendu de damas bleu, lequel donnait, enfin, dans ce que l'on appelait la chambre de la princesse, immense, tapissée et meublée en lampas bleu et argent.

De l'autre côté de la salle à manger, après avoir traversé une antichambre ayant pour tout ornement des coffres de chêne destinés à servir de siéges aux domestiques; on entrait dans une immense galerie où était la collection des portraits, en pied et en grand costume, des comtes de Masserano, puis des princes du même nom, dont le principat, d'ailleurs, ne remontait pas au milieu du XVIIe siècle.

C'est dans ces grandes galeries que les enfants jouaient, avec les fils du général Lucotte, à cache-cache, — dans des salles de cent cinquante pieds de long, et dans des vases de Chine et de faïence de six pieds de haut!

Le soir, on passait le temps sur un grand balcon d'où l'on regardait la comète, dans laquelle on pouvait voir distinctement, disaient les prêtres espagnols, la Vierge donnant la main à Ferdinand VII.

Un matin, arriva une escorte de cavaliers westphaliens accompagnant un messager du général Hugo.

Ce messager apportait une lettre.

Le général ne pouvait venir à Madrid, occupé qu'il était à guerroyer sur les bords du Tage.

Le but principal de la lettre était d'indiquer le collége où devaient être placés les trois enfants.

Ils devaient être placés dans le séminaire des Nobles, d'où ils sortiraient pour entrer dans les pages. On n'y entrait d'ordinaire qu'à treize ans; mais, quoique Abel n'en eût que douze, Eugène que dix, et Victor que huit, on faisait une exception en leur faveur, et une licence du roi ordonnait qu'ils y entrassent immédiatement.

Il fallut quitter le splendide palais Masserano avec ses beaux dessins de maîtres, ses magnifiques tapisseries, ses galeries sans fin ornées de vases de Chine, et leurs murailles où semblaient revivre trois générations de comtes et de princes dans leur costume de cérémonie ou dans leur armure de guerre, pour le sombre séminaire situé *calle San-Isidro*.

En effet, le séminaire des Nobles était un édifice de l'aspect le plus austère, avec de grandes cours sans arbres, et l'on pourrait presque dire de vastes salles d'étude sans écoliers.

Il y avait — les trois nouveaux venus compris — vingt-cinq élèves dans ce séminaire, qui en renfermait trois cents avant l'invasion française.

C'était la proportion, à peu près, dans laquelle la grandesse d'Espagne s'était ralliée à Joseph Bonaparte.

Et encore, sur ces vingt-cinq élèves, il y avait, comme nous l'avons dit, les trois fils du général Hugo et un prisonnier espagnol.

L'entrée du séminaire fut sombre aux pauvres enfants. Qu'on se figure, en effet, des salles d'étude, des dortoirs, des lavoirs, des réfectoires disposés pour trois cents élèves, et dans lesquels s'égarent vingt-cinq malheureux écoliers : c'était là que le *rari nantes* de Virgile recevait son entière application !

L'établissement était tenu par deux jésuites dirigeant le collége avec une austérité, en apparence, égale ; ces deux jésuites, qui présentaient à eux deux chacun des types opposés de l'ordre, se nommaient don Manoel et don Bazilio.

Don Bazilio était haut de taille, avait cinquante-cinq ans à peu près, le front chauve et découvert, le nez en bec de vautour, la bouche grande et ferme, et le menton avancé.

C'était un caractère dur, sévère, et ne pardonnant jamais.

Mais aussi c'était un caractère juste, et ne punissant, après tout, que lorsqu'on méritait d'être puni.

L'autre, don Manoel, était grassouillet, bien en point ; il avait la figure pleine, le visage souriant, presque gai, l'air doux, gracieux, caressant pour les nouveaux venus; toujours prêt, en apparence, à excuser ou du moins à atténuer les fautes ; en somme, très-faux, très-fourbe, très-méchant, et, sans doute par ordre supérieur, dirigeant seul le collége, malgré la collaboration qu'avait l'air de lui prêter don Bazilio.

Au bout d'un certain temps, de sympathique qu'il était d'abord, don Manoël devenait insupportable.

On commençait par haïr don Bazilio ; mais, comme il était juste dans sa sévérité, on revenait peu à peu sur cette haine.

Les études que ces deux jésuites faisaient faire à leurs élèves étaient dérisoires. La faiblesse de ces études était telle, qu'il fallut, dans un collége où composaient des jeunes gens de dix-huit à vingt ans, établir une classe particulière pour les nouveaux venus, dont l'aîné n'avait que douze ans.

En effet, jugeant les enfants à la taille, lorsqu'il s'agit de les examiner, on mit entre les mains d'Abel un *Quinte-Curce*, entre les mains d'Eugène un *De Viris*, et entre les mains du petit Victor un *Epitome*.

Mais, à la vue de ce livre, avec lequel il en avait fini depuis longtemps, l'enfant se révolta et demanda hardiment un *Tacite*.

Les pères se regardèrent stupéfaits ; mais, quitte à punir l'audacieux qui s'était permis cette mauvaise plaisanterie, ils ne lui en apportèrent pas moins le livre.

Victor l'ouvrit, et traduisit immédiatement le paragraphe de Cocceius Nerva, sur lequel il était tombé par hasard.

Les deux autres frères prirent le *Tacite* à leur tour, et donnèrent une preuve de science, sinon supérieure, au moins égale.

On leur apporta *Perse* et *Juvénal*; les deux satiriques leur étaient familiers, et non-seulement ils les expliquèrent, mais encore ils offrirent d'en réciter par cœur des satires entières.

Ainsi, les enfants arrivés de France jouaient avec ces trois auteurs, regardés au séminaire des Nobles comme inaccessibles aux rhétoriciens de vingt ans !

Les deux jésuites se réunirent en conseil, et, après avoir

décidé que l'on créerait, pour les trois nouveaux venus, une classe à part, arrêtèrent qu'ils expliqueraient *Plaute*.

C'était don Manoel, qui avec son esprit tout jésuitique, avait choisi un auteur plein d'ellipses, hérissé d'idiotismes, bourré de patois romain, pareil à celui que les paysans parlent dans Molière, faisant éternellement allusion à des mœurs déjà disparues du temps de Cicéron.

Aussi arriva-t-il à son but : les enfants s'émoussèrent sur *Plaute* ; c'était ce qu'on voulait pour briser leur orgueil.

Les vingt-deux autres élèves étaient des Espagnols, fils de grands d'Espagne ralliés à Joseph. Parmi ceux-ci étaient deux fils de famille auxquels Victor, dans ses œuvres, à consacré deux souvenirs différents : le comte de Belverana, qu'il a mis dans *Lucrèce Borgia*, et Raymond de Benavente, auquel il a adressé, en 1823, l'ode qui commence par cette strophe :

> Hélas! j'ai compris ton sourire,
> Semblable au ris du condamné
> Quand le mot qui doit le proscrire
> A son oreille a résonné!
> En pressant ta main convulsive,
> J'ai compris ta douleur pensive,
> Et ton regard morne et profond,
> Qui, pareil à l'éclair des nues,
> Brille sur des mers inconnues,
> Mais ne peut en montrer le fond.

Une des remarques que fit le jeune poëte, et qui est particulière aux mœurs espagnoles, c'est que ces enfants, qui allaient de treize à vingt ans en parcourant tous les âges intermédiaires, se tutoyaient tous comme il convient à des fils de grands d'Espagne, et ne s'appelaient jamais ni par leur nom de baptême, ni par leur nom de famille, mais seulement par leur titre de prince, duc, marquis, comte ou baron.

On appelait Victor baron, ce qui le rendait très-fier.

Au nombre de ces jeunes gens, — et nous devons, par conséquent, pour être exact dans nos chiffres, réduire à vingt et un le nombre de tous ces petits nobliaux, — il y en avait un qui n'était ni chevalier, ni baron, ni comte, ni marquis, ni duc, ni prince, et qui, cependant, n'était pas la figure la moins remarquable du collége.

C'était un jeune officier espagnol nommé Lillo, âgé de quinze ans, et fait prisonnier au siège de Badajoz.

Il s'était battu comme un démon, avait tué de sa main un grenadier français, et n'avait été pris qu'après une défense héroïque.

On allait le fusiller, quand, par hasard, le maréchal Soult était passé, s'était informé, avait appris de quoi il s'agissait, et l'avait expédié à Madrid en donnant l'ordre qu'on le mît au collége.

L'ordre avait été exécuté : Lillo était au collége ; seulement, il y était au double titre d'élève et de prisonnier.

Cet enfant, qui avait eu le grade de sous-lieutenant, qui avait commandé à des hommes, qui avait tenu la campagne en plein air et le harnois sur le dos, supportait mal cette discipline collégiale pleine de tracasseries jésuitiques, et à laquelle, moins le dortoir commun, où, cependant, chacun avait son alcôve, il était soumis comme les autres.

Aussi demeurait-il, autant que cela lui était permis, solitaire et enrageant au fond du cœur. Dans ses rapports avec les autres jeunes gens, il était froid, mélancolique et hautain.

Il va sans dire que les trois Français étaient l'objet de sa haine toute particulière, et qu'à chaque instant il avait maille à partir, lui soldat de Ferdinand VII, avec l'un des trois fils, et quelquefois même avec les trois fils du général de Joseph.

Un jour, devant Eugène, il appela Napoléon *Napoladron* ; il est vrai de dire que c'était le nom que presque toujours les Espagnols donnaient au vainqueur d'Austerlitz.

L'injure n'en fut pas moins sensible à Eugène, lequel riposta en lui disant que lui, Lillo, avait été pris entre les jambes des grenadiers français.

Lillo avait un compas à la main ; il ne chercha point d'autre arme, se jeta sur Eugène, et le frappa violemment à la joue.

La blessure ou plutôt la déchirure avait un pouce et demi de long.

Eugène voulait se battre en duel, Lillo ne demandait pas mieux; mais les professeurs intervinrent et séparèrent le jeune homme et l'enfant.

Le lendemain, Lillo disparut; et ni Victor ni ses frères ne surent jamais ce qu'il était devenu.

J'entends encore Victor me dire de sa voix grave, le jour où il me raconta cette anecdote:

— Il avait raison, ce jeune homme: il défendait son pays... Mais les enfants ne savent pas cela!

On vivait claustralement au séminaire des Nobles; pas un couvent de moines, en Espagne, n'avait peut-être une règle plus sévère. Une fois tous les quinze jours, on sortait pour aller en promenade; et encore, la promenade était restreinte : on ne pouvait même pas aller aux Délices, — supposez nos Champs-Élysées, — à cause des bandes de guérillas.

C'eût été une bonne prise, et qui eût coûté une belle rançon, que ces vingt ou vingt-cinq enfants appartenant, non-seulement aux premières familles de Madrid, mais encore à des familles ralliées au frère de *Napoladron*, comme disait Lillo.

Au reste, de temps en temps, au bruit d'une porte qui s'ouvrait, les enfants levaient la tête, et voyaient apparaître le XVIIe siècle au commencement du XIXe.

Un jour, on était au réfectoire, on mangeait en silence, pendant que, dans une chaire élevée au milieu d'une immense salle, un des sous-maîtres faisait une lecture pieuse en langue espagnole. Depuis plus d'un an, les quatre petits Benavente n'avaient pas vu leur mère.

Tout à coup, la porte s'ouvre à deux battants, comme pour un prince, un cardinal ou un grand d'Espagne.

C'était la princesse de Benavente.

Elle fit quelques pas dans la salle, et attendit.

Alors, ses quatre fils se levèrent, se placèrent selon leur âge, l'aîné le premier, le second après, et ainsi de suite, et, sans faire un pas plus vite que l'autre, s'avancèrent cérémonieusement, et baisèrent la main de leur mère par rang d'âge et de taille.

Cela frappa beaucoup les trois jeunes Français, qui ne comprenaient rien à une pareille étiquette, habitués qu'ils étaient, quand ils apercevaient leur mère, à courir à elle, et à lui sauter au cou.

Au bout de six mois de séjour au séminaire des Nobles, Abel atteignit sa douzième année, et, par privilége spécial, entra aux pages à douze ans.

L'hiver et la famine arrivèrent. Il fit très-froid partout pendant ce fatal hiver de 1812 à 1813, quoiqu'on ne s'occupât guère que du froid qu'il faisait en Russie. Napoléon voulait attirer et concentrer les yeux sur lui dans ses revers comme dans ses victoires.

Au fond de cet immense séminaire des Nobles, de ces dortoirs, de ces salles d'étude, de ces réfectoires disposés pour trois cents élèves, et où ils étaient vingt-cinq, les enfants mouraient de froid : rien ne pouvait réchauffer ces vastes pièces dans lesquelles il n'y avait pas une seule cheminée. Quelques braseros disposés au milieu des salles servaient à constater la victoire de l'hiver.

Ajoutez à cela que, non-seulement les enfants mouraient de froid, mais encore qu'ils mouraient de faim. Les plus riches manquèrent de pain, à Madrid, en 1812. Le roi Joseph lui-même ordonna, pour le bon exemple sans doute, que l'on ne servît sur sa table que du pain de munition.

A chaque instant, on trouvait dans la rue des gens qui, n'ayant pas même les braseros du séminaire des Nobles, et le pain de munition du roi Joseph, se couchaient au seuil d'un palais dans un manteau en haillons, et mouraient de faim et de froid.

Tant qu'ils étaient vivants, on se gardait bien de les nourrir ou de les réchauffer. Morts, on les enlevait et on les enterrait.

Le pain manquait au séminaire des Nobles comme partout; les enfants se plaignaient beaucoup de la faim; aux moins patients, le père Manoel disait :

— Faites une croix sur votre ventre, et cela vous nourrira.

Les enfants faisaient force croix ; cela les réchauffait un peu, mais ne les nourrissait pas du tout.

Aussi soupçonnaient-ils don Manoel, qui restait gras au milieu de visages amaigris et attristés, d'avoir avec la cuisine des accointances illicites qui restaient cachées même à don Bazilio.

Pendant ce temps, le général Hugo tenait la campagne sur les bords du Tage, et faisait contre le fameux Juan Martin, surnommé l'*Empecinado*, ce qu'il avait fait en Vendée contre Charette, et en Calabre contre Fra Diavolo.

Lui-même a, d'une façon aussi modeste que savante, raconté stratégiquement cette belle campagne, qui finit par la capture et l'exécution du chef des guérillas qu'il poursuivait. Nous prendrons seulement les hasards pittoresques, ces lambeaux que l'histoire arrache de sa robe, et que les chroniqueurs ramassent précieusement pour leurs mémoires.

Un jour, le général Hugo arrive, avec une centaine d'hommes, près d'un village situé sur une des mille petites rivières qui affluent dans le Tage. Pour ne pas donner une alarme inutile, il entre dans le village avec deux aides de camp seulement, afin d'obtenir des habitants quelques renseignements dont il avait besoin.

Il venait de son camp, composé de cinq à six mille hommes à peu près, et situé une lieue au-dessous, en aval de la rivière.

Pour avoir ces renseignements qu'il désirait, il s'adresse au propriétaire d'une grande raffinerie de sucre, lequel, le voyant avec deux aides de camp seulement, reste complétement muet.

Le général Hugo avait soif. Ne pouvant avoir les renseignements, il désira au moins se rafraîchir, et demanda un verre d'eau.

— De l'eau ? dit le propriétaire de la raffinerie. Il y en a à la rivière.

Et il ferma sa porte au nez du général.

Le général attendit un instant pour voir si la porte ne se rouvrirait pas.

Au lieu de la porte, ce fut une fenêtre qui s'ouvrit. Un canon de fusil se montra sournoisement; un coup de feu se fit entendre, et une balle siffla.

Au bruit du coup de feu, le détachement resté hors de la ville accourut.

Lorsque les soldats surent ce qui venait de se passer, ils voulaient démolir la sucrerie et brûler le village.

Le général Hugo les arrêta.

Puis, s'adressant à son officier d'ordonnance :

— Cours au camp, lui dit-il, et invite de ma part les six mille hommes qui le composent à boire de l'eau sucrée; ce sera une douceur, et il y a longtemps que les pauvres diables n'en ont eu !

Une des qualités de l'époque impériale était de comprendre vite, quand on voulait comprendre : l'aide de camp comprit, et partit au galop.

Les soldats aussi comprirent. Ils enfoncèrent les portes de la raffinerie, et jetèrent deux ou trois mille pains de sucre dans la rivière.

Pendant toute la journée, les six mille hommes du général Hugo eurent de l'eau sucrée à bouche que veux-tu !

Ce trait est resté dans les annales de l'armée d'Espagne comme une des galanteries les plus délicates qu'un général ait jamais faites à ses soldats.

Un autre jour, on était en marche, toujours sur les bords de ce même Tage, dans les vastes plaines de la Vieille-Castille, entre Tolède et Aranjuez.

C'était par un de ces soleils ardents qui faisaient si fort regretter à Sancho de n'avoir pas sous la main un bon fromage à la pie, quand, tout à coup, les éclaireurs rabattirent au grand galop sur l'avant-garde, et vinrent annoncer au général Hugo qu'un corps d'armée qui ne pouvait être qu'ennemi, et qui paraissait être considérable, marchait à l'encontre de l'armée française.

En effet, à l'horizon, on voyait s'élever un de ces nuages

de poussière tels que les grandes armées ou le simoun en poussent seuls devant eux. Cette poussière flamboyait comme ces nuages d'or et de feu qui s'emparent de l'atmosphère dans les chaudes journées de la canicule.

Le général Hugo donna l'ordre de faire halte.

Puis il se porta en avant avec une centaine d'hommes pour examiner lui-même la position de l'ennemi, et, s'il était possible, deviner ses intentions.

Il n'y avait point à se faire illusion. Une troupe immense, à en juger par l'espace qu'elle tenait et la poussière qu'elle soulevait, marchait à lui, l'une de ses ailes appuyée à la rive droite du Tage.

L'infanterie reçut à l'instant même l'ordre de se mettre en bataille; les artilleurs, celui d'établir leurs batteries sur un petit monticule; la cavalerie, de s'étendre sur l'aile droite.

Puis on poussa quelques hommes à cheval en avant, sous les ordres d'un officier d'ordonnance.

L'officier et les hommes revinrent un instant après au galop.

Le général Hugo crut ses hommes *ramenés*, et, comme pas un seul coup de fusil n'avait été tiré, il s'apprêtait, en termes militaires, à laver la tête aux fuyards, lorsqu'il lui sembla voir, au fur et à mesure qu'ils se rapprochaient, des signes non équivoques d'hilarité sur la figure de l'officier et des soldats.

— Eh bien, qu'est-ce? demanda le général, et à qui avons-nous affaire?

— Général, dit l'aide de camp, nous avons affaire à un troupeau de trois cent mille mérinos gardé par deux cents chiens, conduit par douze pâtres, et appartenant à M. *Quatre-centberger*.

— Quelle plaisanterie me faites-vous là, monsieur? dit le général en fronçant le sourcil.

— Je ne plaisante pas, mon général, dit l'officier, et, dans dix minutes, vous verrez que j'ai eu l'honneur de vous dire l'exacte vérité.

Un troupeau de trois cent mille moutons, l'eau en vint à la

bouche des soldats! Quel beau pendant à ce gigantesque verre d'eau sucrée que leur avait déjà payé le général!

Le corps d'armée était de quatre mille hommes; c'était bien le moins que tout soldat eût un mouton. Chacun calculait déjà à quelle sauce il mettrait le sien.

A l'annonce de l'étrange nouvelle, M. Hugo s'était porté en avant.

En effet, il vit d'abord venir, à travers la poussière, une douzaine de cavaliers armés de longs bâtons garnis de clous, comme des lances; derrière eux, formant un front impénétrable, venaient les trois cent mille moutons, et, sur les flancs des trois cent mille moutons, allaient, venaient, aboyant et mordant, deux cents chiens. On eût dit la migration d'une de ces grandes tribus arabes du temps d'Abraham.

Tout était vrai, jusqu'au nom du propriétaire, auquel l'officier s'était seulement permis, vu la circonstance, de faire un léger changement d'orthographe.

Le propriétaire ne s'appelait pas exactement *Quatrecentberger*, mais *Katzenberger*. On voit que la différence dans la prononciation était si légère, que l'on pouvait passer à l'officier ce calembour approximatif.

M. Katzenberger était un riche spéculateur alsacien qui avait mis à peu près toute sa fortune dans une spéculation sur les mérinos.

Cette nouvelle que le troupeau appartenait à un compatriote jeta une grande tristesse dans l'armée.

Il n'y avait point de probabilité que M. Hugo laissât entamer le troupeau de M. Katzenberger, fût-il de trois cent et même de quatre cent mille bêtes.

En effet, le chef des bergers, qui avait tremblé un instant en voyant se dresser devant lui la ruine de son maître, reçut du général Hugo, non-seulement l'assurance que l'on ne toucherait pas à un poil de la toison de ses mérinos, mais encore un laissez passer qui recommandait à tout corps d'armée français le respect le plus absolu envers les bergers, les chiens et les moutons de M. Katzenberger.

Chose étrange! le troupeau parvint en France sans accident

notable, et, par ce retour presque inespéré, M. Katzenberger vit doubler, tripler, quadrupler sa fortune.

Son premier mouvement fut d'offrir au général Hugo une somme en proportion avec le service qu'il lui avait rendu.

Le premier et le dernier mouvement du général Hugo fut de refuser cette somme.

C'était, je crois, trois cent mille francs : un franc par mouton.

Consignons ici que le général Hugo, après avoir fait, dans une position supérieure, pendant quatre ans, la guerre en Espagne; après avoir été chargé de soutenir la retraite de Madrid à Bayonne, position qui donne toujours à un général de grandes facilités pour s'enrichir, est mort sans galerie de tableaux, sans un seul Murillo, sans un seul Velasquez, sans un seul Zurbaran, n'ayant d'autre fortune que sa pension de retraite.

C'est incroyable, n'est-ce pas? Eh bien, c'est ainsi.

Mais, me demanderont les directeurs du Musée, ou les amateurs millionnaires qui ont acheté des tableaux six cent mille, deux cent mille, cinquante mille et même vingt-cinq mille francs à la vente après décès de M. le maréchal Soult, que tira-t-il donc de son désintéressement vis-à-vis de M. Katzenberger?

Il en tira un dîner annuel que lui donnait à Paris, à lui et à toute sa famille, au jour anniversaire de ce grand événement d'où datait sa fortune, M. Katzenberger, qui venait de Strasbourg tout exprès pour cela.

Il est vrai que le dîner était gigantesque, et devait coûter au moins cinquante louis au Strasbourgeois reconnaissant.

Pendant l'hiver de 1812 et les premiers mois de 1813, les choses commencèrent, en contre-coup de nos affaires de Russie, à s'embrouiller tellement en Espagne, que le général Hugo comprit qu'il y avait danger à garder à Madrid sa femme et ses enfants.

En conséquence, madame Hugo et ses deux plus jeunes fils, sous la protection d'un convoi non moins vigoureusement escorté que celui dont nous avons raconté la marche, effectuèrent leur départ et retournèrent de Madrid à Bayonne avec le même bonheur qu'ils étaient venus de Bayonne à Madrid.

Madame Hugo avait gardé à tout hasard le couvent des Feuillantines, où les deux enfants retrouvèrent leur ancien nid, plein d'ombre et de lumière, de récréation et de travail; et, de plus, l'abbé Larivière et son *Tacite*.

Abel Hugo, soldat à treize ans, était resté près de son père, auquel il servit d'aide de camp, pendant la retraite d'Espagne, c'est-à-dire après ces deux grandes batailles de Salamanque et de Vittoria, — le Leipzig et le Waterloo du Midi!

CXXIX

Grenadier ou général. — Premier début de Victor Hugo. — Il obtient une mention honorable au concours académique. — Il remporte trois prix dans les jeux Floraux. — *Han d'Islande.* — Le poëte et le garde du corps. — Mariage d'Hugo. — Les *Odes et Ballades.* — Proposition du cousin Cornet.

En rentrant en France, les débris de l'armée d'Espagne trouvèrent un corps d'observation français qui les attendait avec l'ordre impérial d'incorporer l'armée espagnole dans l'armée française.

Seulement, ces quatre ans de service en Espagne, cette laborieuse campagne pendant laquelle on avait eu à lutter, non-seulement contre deux armées, mais encore contre une population tout entière; ces sièges terribles qui n'ont leur équivalent que dans l'antiquité, où femmes et enfants, le fusil et le poignard à la main, défendaient chaque angle de rempart, chaque maison, chaque pierre; ces sierras qui avaient rappelé la guerre des Titans en allumant des feux sur toutes les hautes cimes; ces montagnes à pic enlevées par des charges de cavalerie; ces rochers défendus et emportés un à un; ces vingt défilés qui furent autant de Thermopyles; cette boucherie dans laquelle la torture et la mort attendaient le prisonnier; tout cela était nul, non avenu, tout cela n'existait pas, n'avait jamais existé, du moment que l'on avait évacué l'Espagne.

On aurait pu demander à Napoléon pourquoi il avait évacué la Russie.

Mais lui, l'invincible, c'était un Dieu même qui l'avait courbé sous lui; comme Thor, fils d'Odin, c'était avec la mort en personne qu'il avait lutté; il n'avait pas été vaincu comme Xercès, il avait été foudroyé comme Cambyse.

La distinction était subtile; mais on ne discutait pas avec le vainqueur d'Austerlitz, à plus forte raison avec le vaincu de la Bérésina.

Les services des Français en Espagne n'existaient donc pas, et — moins deux cent mille hommes restés sur les champs de bataille de Talavera, de Saragosse, de Baylen, de Salamanque et de Vittoria, — tout était comme si rien n'eût été.

En conséquence, le général Hugo trouva cet ordre à son adresse en arrivant à Bayonne:

« Le *major* Hugo se mettra immédiatement à la disposition du général Belliard. »

Le lendemain, le général Hugo se présente chez le général Belliard en costume de simple grenadier et avec des épaulettes de laine.

Belliard ne le reconnaissait pas.

Le général Hugo se nomma.

— Que signifie cet uniforme de simple soldat ? demanda Belliard.

— Grenadier ou général, répondit Hugo.

Belliard lui sauta au cou.

Le même jour, il renvoyait l'ordre à l'empereur.

L'ordre revint avec cette note en marge de la main de Napoléon:

« Le *général* Hugo ira prendre immédiatement le commandement de Thionville. »

C'est à l'histoire à consigner les détails de ce siége, pendant lequel le général Hugo trouva moyen de défendre la citadelle et de ménager la ville.

La citadelle de Thionville fut une des dernières sur lesquelles flotta le drapeau tricolore.

Enfin, il fallut rendre la place, non pas à l'ennemi, mais aux Bourbons.

Le général Hugo ne voulut pas même rester à Paris. Trop de choses lui brisaient le cœur, à lui, vieux soldat, dans cette capitale où les femmes avaient été au-devant des Cosaques avec des fleurs, où la population avait crié: «Vivent les alliés!» où l'on avait traîné dans le ruisseau la statue de l'empereur.

Il acheta le château de Saint-Lazare, à Blois, et s'y retira.

Il n'y avait plus moyen de garder le beau couvent des Feuillantines. Madame Hugo, restée à Paris pour veiller sur ses enfants, prit un modeste logement, et mit Eugène et Victor dans la pension de l'abbé Cordier, rue Sainte-Marguerite.

Abel, officier et émancipé, resta libre.

Eugène et Victor étaient destinés à l'École polytechnique.

Nous avons dit, au reste, que le couvent des Feuillantines avait tenu parole, et fait de Victor un poëte.

Assistons au premier début de l'enfant.

Combien je remercierais aujourd'hui le contemporain qui me donnerait, sur Dante, sur Shakspeare ou sur Corneille, les détails que vingt ans d'amitié avec lui me permettent de consigner ici sur Victor Hugo!

On était en pleine Restauration. L'Académie avait donné pour sujet de son prix annuel, couronné le 25 août, jour de la Saint-Louis: *Le bonheur que procure l'étude dans toutes les situations de la vie.*

Sans en rien dire à personne, Victor avait concouru.

Selon la loi du concours, il avait mis son nom dans un papier cacheté joint à sa pièce de vers; seulement, à son nom, il avait ajouté son âge, quatorze ans et demi.

D'ailleurs, cet âge, il le disait dans le courant même de sa pièce de vers:

> Moi qui, toujours fuyant les cités et les cours,
> De trois lustres à peine ai vu finir le cours.

Voyez-vous ce futur philosophe qui, à quatorze ans, avait *fui les cités et les cours !...*

C'est charmant de naïveté enfantine.

Eh bien, chose curieuse, ce furent ces quatorze ans qu'accusait le poëte qui empêchèrent le poëte d'être couronné. M. Raynouard, rapporteur, déclara que le concurrent, en se donnant *trois lustres à peine,* — c'était ainsi que l'on comptait en 1817, et que l'Académie compte encore, — M. Raynouard, dis-je, déclara que le concurrent avait voulu se moquer de l'Académie.

Et, comme si l'Académie n'était pas habituée à ce que l'on se moquât d'elle, le prix fut partagé entre Saintine et Lebrun.

Cependant, on lut tout au long la pièce de l'imprudent qui s'était moqué de l'Académie en se donnant quatorze ans et demi.

L'assemblée, qui se moquait que l'on se moquât de l'Académie, applaudit fort les vers du jeune poëte.

Les suivants surtout furent couverts de bravos, et eussent été bissés, si l'on bissait à l'Académie :

> Mon Virgile à la main, bocages verts et sombres,
> Que j'aime à m'égarer sous vos paisibles ombres!
> Que j'aime, en parcourant vos gracieux détours,
> A pleurer sur Didon, à plaindre ses amours!
> Là, mon âme, tranquille et sans inquiétude,
> S'ouvre avec plus de verve aux charmes de l'étude;
> Là, mon cœur est plus tendre et sait mieux compatir
> A des maux que peut-être il doit un jour sentir.

Du reste, le concours était remarquable. Au nombre des concurrents étaient — nous les avons déjà nommés en disant que le prix avait été partagé entre eux — Saintine et Lebrun, d'abord ; puis Casimir Delavigne, Loyson, qui acquit depuis une certaine popularité que vint interrompre la mort, et, enfin, Victor Hugo.

Loyson eut l'accessit, et Victor Hugo — quoiqu'il se fût moqué de l'Académie, au dire de M. Raynouard, — la première mention honorable.

Casimir Delavigne, qui, lui, s'était véritablement moqué de l'Académie en prenant le contre-pied de la question, eut une mention honorable à part en dehors du concours.

Victor jouait aux barres pendant qu'on l'applaudissait à l'Académie. Les premières nouvelles qu'il eut de son succès lui furent données par Abel et Malitourne, qui entrèrent tout courants, et qui lui sautèrent au cou en lui racontant ce qui venait de se passer, et comment il aurait, selon toute probabilité, obtenu le prix, si l'Académie eût voulu admettre qu'un poëte de quatorze ans fit de pareils vers.

La supposition, non pas qu'il eût voulu se moquer de l'Académie, mais qu'il eût pu mentir, blessa fort l'enfant, lequel s'enquit de son extrait de naissance, se le procura et l'envoya à l'Académie.

Vide pedes ! vide latus !

Il fallait bien croire.

Alors, l'indignation de la respectable grand'-mère se changea en admiration.

M. Raynouard répondit au poëte lauréat une vraie lettre de secrétaire perpétuel.

Il y avait même une belle et bonne faute d'orthographe dans la lettre de M. le secrétaire perpétuel : il répondait à Victor Hugo qu'il *fairait* avec plaisir sa connaissance.

D'eux-mêmes, et sans y être poussés, deux autres membres de l'Académie répondaient en même temps au jeune poëte.

C'étaient François de Neufchâteau et Campenon.

> Tendre ami des neuf Sœurs, mes bras vous sont ouverts,
>   Venez, j'aime toujours les vers,

répondait François de Neufchâteau.

> L'esprit et le bon goût nous ont rassasiés ;
>   J'ai rencontré des cœurs de glace
> Pour des vers pleins de charme et de verve et de grâce
>   Que Malfilâtre eût enviés !

répondait Campenon.

Quant à Chateaubriand, il appelait Hugo, *l'Enfant sublime*.

Le mot resta.

A cette époque, on concourait encore pour les jeux Floraux; Hugo concourut deux années de suite, en 1818 et 1819.

Il eut trois prix.

Les pièces couronnées étaient *Moïse sur le Nil, les Vierges de Verdun, la Statue de Henri IV*.

Victor avait, en outre, publié deux satires et une ode. Les satires étaient *le Télégraphe* et *le Racoleur politique*; l'ode était l'*Ode sur la Vendée*.

Il avait publié ces trois pièces à ses frais, et, chose étrange! elles avaient rapporté huit cents francs à leur auteur.

Alors, les poésies se vendaient : la société avait soif de quelque chose de nouveau ; ce quelque chose de nouveau lui était offert, et elle approchait naïvement ses lèvres de la coupe.

Cependant, deux années de rhétorique en latin, deux années de philosophie, quatre années de mathématiques avaient conduit l'étudiant au seuil de l'École polytechnique.

Arrivé là, il jeta son premier regard réel dans l'avenir, et s'effraya. L'avenir qu'on lui préparait n'était pas la vocation qu'il s'était faite.

Au moment de franchir ce grand pas de l'examen, il écrivit à son père.

Il a un état, il est poëte, il ne veut pas entrer à l'École ; il peut se passer de la pension de douze cents francs.

Le général Hugo, homme de décision lui-même, comprit ce parti pris; il n'y avait pas de temps perdu : Victor avait dix-huit mois pour le concours. Il supprima la pension, abandonnant le poëte à ses propres forces.

Victor avait devant lui un trésor inépuisable comme ceux des *Mille et une Nuits* : il avait les huit cents francs, produit de ses deux satires et de son ode.

Avec ces huit cents francs, il vécut treize mois, et, pendant ces treize mois, il composa et écrivit *Han d'Islande*. Cet étrange ouvrage fut le début d'un jeune homme de dix-neuf ans.

Pendant qu'il écrivait *Han d'Islande*, — chose qui ne contribua pas médiocrement à la teinte de l'ouvrage, — Victor perdit sa mère.

Ce fut le premier deuil de son cœur; seulement, il fut éternel.

Et, en effet, nous qui avons vu grandir l'enfant aux Feuillantines, à Avellino, au séminaire des Nobles, nous pouvons juger ce qu'était pour lui sa mère.

Aussi, dans un de ces moments de tristesse profonde où le cœur saignant cherche un entourage en harmonie avec son propre deuil, le jeune homme était allé à Versailles, la ville de toutes les tristesses et de tous les deuils.

Il avait déjeuné au café ; il tenait un journal à la main; il ne lisait pas, il pensait.

Un garde du corps qui ne pensait pas, et qui voulait lire, lui prit ce journal des mains. — Blond et rose, Victor, à dix-neuf ans, en paraissait quinze.

Le garde du corps croyait avoir affaire à un enfant, il insultait un homme ; un homme qui se trouvait dans un de ces sombres moments de la vie où un danger devient une bonne fortune.

Aussi le jeune homme accepta-t-il la querelle qu'on lui cherchait, si grossière, si inutile qu'elle fût.

On se battit à l'épée, presque séance tenante ; Victor reçut un coup d'épée dans le bras.

Cet accident retarda de quinze jours l'apparition de *Han d'Islande*.

Par bonheur, ce cœur si profondément atteint avait, comme toute profonde nuit, son étoile ; comme tout abîme, sa fleur : — il aimait!

Il aimait avec passion une jeune fille de quinze ans avec laquelle il avait été élevé, mademoiselle Fouché.

Il épousa cette jeune fille. — C'est aujourd'hui la femme dévouée qui suit le poëte dans son exil.

Han d'Islande, vendu mille francs, fut la dot des époux, qui avaient trente-cinq ans à eux deux.

Les témoins du mariage furent Alexandre Soumet et Alfred

de Vigny, poëtes eux-mêmes, débutant eux-mêmes dans l'art et presque dans la vie.

Le premier volume de poésies publié sur ces entrefaites par Victor, imprimé chez Guiraudet, rue Saint-Honoré, 335, et vendu chez Pélissier, place du Palais-Royal, rapporta neuf cents francs.

De ces neuf cents francs, le poëte acheta le premier châle qu'il donna à sa jeune femme.

D'autres femmes, des femmes de banquier ou de prince ont eu des cachemires plus beaux que celui-là, madame ! nulle n'a eu tissu plus précieux, étoffe plus magnifique!

Le succès de ce premier volume fut immense. Je me rappelle en avoir reçu le contre-coup en province.

Le premier volume de Lamartine, *Méditations poétiques*, avait paru en 1820. C'était un succès gigantesque et mérité qu'il fallait, autant que possible, étouffer par un succès rival.

Par hasard, cette fois, le succès rival était un succès égal. Les deux succès marchèrent de front, se donnant la main, s'appuyant l'un sur l'autre.

On ne parvint pas plus, alors, à brouiller les deux poëtes, quelque différence qu'il y eût dans leur manière, qu'on ne parvint, trente ans plus tard, à brouiller les deux hommes politiques, quelque différence qu'il y eût dans leur opinion.

La noce s'était faite chez M. Fouché, le père de la fiancée, qui habitait l'hôtel du conseil de guerre.

Le repas avait eu lieu dans la salle même où avait été condamné — coïncidence étrange et à laquelle nous reviendrons tout à l'heure — le général la Horie, parrain de Victor.

Han d'Islande, que nous avons fort injustement abandonné, avait eu un succès de curiosité au moins égal au succès de ses fraîches et blondes sœurs les *Odes*. Seulement, *Han d'Islande* ne portait pas de nom d'auteur, et il était impossible de deviner que cette poignée de lis, de lilas et de roses qu'on appelait *Odes et Ballades*, fût poussée à l'ombre de ce chêne sombre et rugueux qu'on appelait *Han d'Islande*.

Nodier avait lu *Han d'Islande*, et en avait été émerveillé.

— Bon et cher Nodier! qu'on trouve près de tout ce qui

grandit pour lui servir de soutien, près de tout ce qui fleurit pour le faire épanouir, il avait déclaré que Byron et Mathurin étaient dépassés, et que l'auteur inconnu de *Han d'Islande* avait, enfin, atteint l'idéal du cauchemar.

Lui qui devait faire *Smarra!* c'était, par ma foi, bien modeste.

Nodier n'était pas un de ces hommes auxquels l'auteur d'un livre, sous quelque voile anonyme qu'il s'enveloppât, pût rester longtemps caché. Il découvrit — le grand bibliomane, qui avait fait tant de découvertes du même genre, mais autrement difficiles à faire, — que l'auteur de *Han d'Islande* était Victor Hugo. Seulement, qu'était-ce que Victor Hugo? Quelque misanthrope comme Timon, quelque cynique comme Diogène, quelque pleureur comme Démocrite.

Il leva le voile, et trouva — vous savez qui — ce jeune homme blond et rose qui venait d'avoir vingt ans, et en paraissait seize.

Il recula d'étonnement: c'était à n'y pas croire. Là où il cherchait la physionomie grimaçante du vieux pessimiste, il trouvait le sourire jeune, naïf et plein d'espérance du poëte naissant.

A partir de ce premier jour où ils se rencontrèrent, furent posées les bases de cette amitié que rien n'altéra jamais.

C'était ainsi qu'aimait Nodier, et qu'on l'aimait.

Au reste, l'aisance, presque la fortune, allait entrer dans le jeune ménage : la première édition de *Han d'Islande*, vendue mille francs, était épuisée, et, au même moment où Thiers, débutant de son côté, se couvrait du nom de Félix Bodin pour vendre son *Histoire de la Révolution*, Victor vendait sa seconde édition de *Han d'Islande* dix mille francs.

C'étaient les libraires Lecointre et Durey qui semaient cette pluie d'or sur le lit nuptial des jeunes époux.

En même temps, les honneurs venaient frapper à leur porte.

On se rappelle le cousin Cornet, fait sénateur et comte sous l'Empire, et devenu pair de France sous la Restauration: la célébrité naissante de Victor avait chatouillé son vieil amour-propre de député de Nantes et de membre des Cinq-Cents. Il n'avait pas d'enfant à qui léguer son blason d'azur à trois cornets d'argent et son manteau de pair; il proposait d'étendre ce manteau sur les épaules du jeune poëte, et, cela, à une seule condition.

Il est vrai que la condition était sévère : afin que son nom, à lui, ne pérît point, le jeune poëte s'appellerait Victor Hugo-Cornet.

La proposition fut transmise par le général Hugo à l'auteur de *Han d'Islande* et des *Odes et Ballades*.

L'auteur de *Han d'Islande* et des *Odes et Ballades* répondit qu'il préférait s'appeler Victor Hugo tout court; que, d'ailleurs, si l'envie lui prenait, un jour, d'être pair de France, il n'avait besoin de personne pour cela, et se ferait bien pair de France tout seul.

L'offre du comte Cornet fut donc repoussée.

Il y avait un autre cousin qui, après les *Odes et Ballades*, avait été tout près de faire la même proposition d'héritage au jeune poëte : c'était le comte Volney ; mais, par malheur, il avait appris que *Han d'Islande* sortait de la même plume que les *Odes et Ballades*, et il avait secoué la tête en agrafant plus solidement que jamais son manteau de pair sur ses épaules.

CXXX

Léopoldine. — Les opinions du fils de la Vendéenne. — Le conspirateur Delon. — Hugo lui offre un asile. — Louis XVIII fait une pension de douze cents francs à l'auteur des *Odes et Ballades*. — Le poëte chez le directeur général des postes. — Comment il apprend l'existence du cabinet noir. — Il est nommé chevalier de la Légion d'honneur. — Beauchesne. — *Bug-Jargal*. — La soirée de l'ambassadeur d'Autriche. — *Ode à la Colonne*. — *Cromwell*. — Comment fut faite *Marion Delorme*.

En 1824, naquit, en même temps qu'un nouveau volume d'odes, cette charmante petite Léopoldine que nous avons vue disparaître si tristement en face du château de Villequier, noyée avec son mari, dans un beau jour, par un caprice du vent; — cruelle épreuve du destin peut-être, qui tenait à connaître la trempe de ce cœur de père, dont il savait avoir besoin au jour des tempêtes civiles qui se préparaient.

Toutes ces odes portaient l'empreinte de l'opinion royaliste.

C'est que le jeune homme, à peine sorti de l'enfance, était le fils de sa mère vendéenne, de cette sainte femme qui, dans la guerre civile de 1793, avait sauvé dix-neuf prêtres.

Les amis du général Hugo, qui, sans faire d'opposition ouverte, appartenait à ce qu'on appelait, à cette époque, l'opinion libérale, s'inquiétaient parfois de ces tendances ultra-monarchiques; mais le général secouait la tête et leur répondait en souriant:

— Laissons faire le temps; l'enfant a les opinions de sa mère; l'homme aura les opinions de son père.

Veut-on voir comment le poëte raconte lui-même cette promesse faite par son père, non-seulement à un ami, mais à la France, mais à l'avenir, mais au monde:

« Décembre 1820.

» Le tout jeune homme qui s'éveille de nos jours aux idées politiques est dans une perplexité étrange: en général, nos pères sont bonapartistes, et nos mères sont royalistes.

» Nos pères ne voient dans Napoléon que l'homme qui leur donnait des épaulettes; nos mères ne voient dans Bonaparte que l'homme qui leur prenait leurs fils.

» Pour nos pères, la Révolution, c'est la plus grande chose qu'ait pu faire le génie d'une assemblée ; l'Empire, c'est la plus grande chose qu'ait pu faire le génie d'un homme.

» Pour nos mères, la Révolution, c'est une guillotine; l'Empire, c'est un sabre.

» Nous autres enfants nés sous le Consulat, nous avons tous grandi sur les genoux de nos mères; — nos pères étaient au camp; — et bien souvent, privées, par la fantaisie conquérante d'un homme, de leur mari, de leur frère, elles ont fixé sur nous, frais écoliers de huit ou dix ans, leurs doux yeux maternels remplis de larmes, en songeant que nous aurions dix-huit ans en 1820, et qu'en 1825, nous serions colonels ou morts.

» L'acclamation qui a salué Louis XVIII en 1814, ç'a été le cri de joie des mères.

» En général, il est peu d'adolescents de notre génération qui n'aient sucé, avec le lait de leur mère, la haine des deux époques violentes qui ont précédé la Restauration. Le Croque mitaine des enfants de 1803, c'était Robespierre; le Croque mitaine des enfants de 1815, c'était Bonaparte.

» Dernièrement, je venais de soutenir ardemment, en présence de mon père, mes opinions vendéennes. Mon père m'a écouté parler en silence, puis il s'est tourné vers le général L..., qui était là, et il lui a dit:

» — *Laissons faire le temps; l'enfant est de l'opinion de sa mère; l'homme sera de l'opinion de son père.*

» Cette prédiction m'a rendu tout pensif.

» Quoi qu'il arrive, et en admettant même jusqu'à un certain point que l'expérience puisse modifier l'impression que nous fait le premier aspect des choses à notre entrée dans la vie, l'honnête homme est sûr de ne pas errer en soumettant toutes ces modifications à la sévère critique de sa conscience. Un bonne conscience qui veille dans son esprit le sauve de toutes les mauvaises directions où l'honnêteté peut se perdre. Au moyen âge, on croyait que tout liquide où un saphir avait séjourné était un préservatif contre la peste, le charbon, la lèpre, et toutes ses espèces, dit Jean-Baptiste de Rocoles.

» Ce saphir, c'est la conscience. »

Ces quelques lignes sont l'explication complète de la conduite politique de Victor aux différentes époques de sa vie.

Cependant, cette opinion royaliste qui se manifestait par de si beaux vers, aux yeux de ceux-là pour qui elle était un péché, se faisait absoudre par de bonnes actions.

Citons un fait qui, d'ailleurs, se reflétera d'une façon originale dans la vie du poëte.

En 1822, la conspiration de Berton éclate; tous les yeux se tournent du côté de Saumur.

Au nombre des conjurés était — outre Berton, qui est mort si bravement; outre Cafe, qui s'ouvrit les veines, comme un héros antique, avec un morceau de vitre brisée, — un jeune homme nommé Delon.

Ce jeune homme, que j'avais entrevu chez M. Deviolaine, avec lequel sa famille était liée, avait plus d'une fois porté le petit Victor sur son épaule, ou fait sauter le futur poëte sur ses genoux.

C'était le fils d'un ancien officier qui avait servi sous les ordres du général Hugo.

Dans le fameux procès des chauffeurs, cet officier avait été capitaine rapporteur; dans le procès non moins fameux de Malet, il avait été chef de bataillon rapporteur; et, dans l'un et l'autre procès, sans faire de distinction entre les coupables, il avait réclamé la peine de mort.

Le général la Horie, ce parrain de Victor dont nous avons parlé, avait donc été fusillé sur le rapport de Delon.

Chose étrange, c'était le fils de cet homme qui avait réclamé la mort contre les autres pour cause de conspiration, que la mort poursuivait pour la même cause!

Depuis le jour où le chef de bataillon Delon, au lieu de se récuser, avait porté la parole contre le général la Horie, il y avait eu rupture entière entre la famille Hugo et la famille Delon.

Mais, s'il y avait eu rupture entre les cœurs des pères, il n'y avait pas eu rupture entre les cœurs des enfants.

Victor demeurait, alors, rue de Mézières, n° 10.

Il lut, un matin, dans le journal, cette terrible histoire de la conspiration de Saumur.

Tous les complices étaient arrêtés ou à peu près, à l'exception de Delon, qui était en fuite.

Aussitôt, ses souvenirs d'enfant, si puissants, si indestructibles, reviennent à la pensée du poëte; il prend plume, papier et encre, et, oubliant la haine de la famille et la différence d'opinion, il écrit *à madame Delon, à Saint-Denis:*

« Madame,

» J'apprends que votre fils est proscrit et fugitif ; nos opinions sont opposées, mais c'est une raison de plus pour qu'on ne vienne pas le chercher chez moi.

» Je l'attends ; à quelque heure du jour ou de la nuit qu'il arrive, il sera le bienvenu, certain que je suis qu'aucun refuge ne peut-être plus sûr pour lui que cette part de ma chambre que je lui offre.

» J'habite dans une maison sans portier, rue de Mézières, n° 10, au cinquième. Je veillerai à ce que, nuit et jour, la porte reste ouverte.

» Veuillez agréer, madame, l'hommage de mes sentiments les plus respectueux.

» VICTOR HUGO. »

Cette lettre écrite, naïf comme un enfant qu'il était, le poëte la mit à la poste.

A la poste ! une lettre adressée à la mère d'un homme que toute la police pourchassait !

Puis, la lettre mise à la poste, à chaque crépuscule tombant, Victor sortait explorant les environs, et croyant voir Delon dans chaque homme rasant les murs.

Delon ne vint pas.

Mais ce qui vint, à son grand étonnement, sans qu'il eût fait aucune démarche pour cela, ce fut une pension de douze cents livres, dont l'auteur des *Odes et Ballades* reçut un matin, dans sa petite chambre de la rue de Mézières, le brevet signé de Louis XVIII.

Le brevet ne pouvait arriver mieux ; le poëte venait de se marier.

Le 13 avril 1825, Hugo se présente à l'hôtel des postes, pour retenir les trois places de la malle pour lui, sa femme et une servante. Il allait à Blois.

Son désir était que ces trois places fussent assurées d'avance.

Malheureusement, c'était chose difficile : la malle allait jusqu'à Bordeaux ; assurer des places jusqu'à Blois, c'était risquer que la malle fût vide de Blois à Bordeaux.

Cependant, cette faveur que sollicitait Victor, un homme pouvait l'accorder, c'était M. Roger, le directeur des postes.

M. Roger était presque un homme de lettres; M. Roger était de l'Académie ; il était possible qu'il fît pour Victor Hugo ce que Victor Hugo désirait.

Victor se décida à monter chez M. le directeur général des postes.

L'huissier annonça le poëte.

Au nom de Victor Hugo, déjà fort célèbre à cette époque, surtout par l'ode qui avait paru sur la mort de Louis XVIII, ode que nous avons citée en partie, M. Roger se leva, et vint au poëte avec toute sorte de démonstrations d'amitié.

Il va sans dire que sa demande relativement à la propriété exclusive de la malle-poste jusqu'à Blois lui était accordée d'avance.

Mais M. Roger, ayant cette bonne fortune de tenir le poëte, ne voulut point le lâcher ainsi ; il le fit asseoir, et l'on causa.

— Pardieu ! dit M. Roger faisant surgir cette exclamation au milieu de la causerie, savez-vous d'où vous vient votre pension de douze cents livres, mon cher poëte?

— Mais, répondit Victor en souriant, elle me vient probablement en rémunération du peu que j'ai écrit.

— Ah bien, oui ! reprit le directeur des postes; voulez-vous que je vous dise, moi, d'où elle vous vient?

— Mais oui, vous me ferez plaisir, je l'avoue.

— Vous rappelez-vous la conspiration de Saumur?

— Sans doute.

— Vous rappelez-vous un jeune homme nommé Delon, qui fut compromis dans cette conspiration ?

— Parfaitement.

— Vous rappelez-vous lui avoir écrit, ou plutôt avoir écrit à sa mère une lettre dans laquelle vous offriez au proscrit la moitié de la chambre que vous occupiez, rue de Mézières, n° 10 ?

Cette fois, Victor ne répondit point ; il regarda le directeur des postes avec des yeux presque éblouis, non point de la splendeur de ce bon M. Roger, mais de sa pénétration.

Il avait écrit cette lettre seul, entre ses quatre murs; il n'en avait parlé à personne, et son bonnet de nuit lui-même, — ce confident que Louis XI conseillait de brûler dès qu'on lui avait confié quelque chose, — son bonnet de nuit lui-même n'en savait rien, vu qu'il ne portait pas de bonnet de nuit.

— Eh bien, continua le directeur des postes, cette lettre fut mise sous les yeux du roi Louis XVIII, qui vous connaissait déjà comme poëte. « Ah ! ah ! dit le roi, grand talent, bon cœur... Il faut récompenser ce jeune homme-là ! » Et il ordonna qu'une pension de douze cents francs vous fût accordée.

— Mais, enfin, balbutia Victor, comment cette lettre avait-elle été mise sous les yeux du roi Louis XVIII ?

Le directeur des postes poussa un éclat de rire homérique.

Si naïf que fût le poëte, il finit, cependant, par comprendre.

— Mais, alors, s'écria-t-il, qu'est devenue cette lettre ?

— Comment ! mais elle a *tout naturellement* été remise à la poste.

— De sorte qu'elle est parvenue à son adresse ?

— Probablement.

— Mais, si Delon avait accepté mon offre, si Delon était venu chez moi, que fût-il arrivé, alors ?

— Il fût arrivé, mon cher poëte, qu'il eût été arrêté, jugé et probablement exécuté.

— De sorte qu'on aurait pu croire que cette lettre, c'était un guet-apens ; de sorte que, s'il eût été arrêté, jugé, exécuté... cette pension que j'ai reçue, c'était le prix du sang ! Oh !...

Victor jeta un cri d'effroi rétrospectif, prit sa tête dans ses mains, et se précipita dans l'antichambre, où M. Roger le suivit, toujours riant, lui faisant observer qu'il oubliait son chapeau, et lui criant :

— Rappelez-vous que la malle-poste est à vous tout entière pour après-demain 15 avril.

Cette terreur rétrospective finit par se calmer : Delon était en sûreté, Delon était en Angleterre ; Hugo respira.

Seulement, il commença de croire à l'existence de ce fameux cabinet noir qu'il avait pris pour un fantôme, et se promit bien, lorsqu'il offrirait désormais sa chambre à un proscrit, de ne pas la lui offrir par la poste.

Le jour du départ pour Blois arrivé, il se rendit, avec madame Hugo et la femme de chambre, à l'hôtel des postes. Au moment où il montait en voiture, une ordonnance qui venait de le manquer chez lui arriva au grand galop, et lui remit un pli au cachet de la maison du roi.

C'était son brevet de chevalier de la Légion d'honneur, signé par le roi Charles X. — Hugo n'avait pas vingt-trois ans.

Il y a, je l'ai dit, un âge où ces sortes de choses causent une grande joie, surtout quand elles sont accordées d'une certaine façon.

Hugo et Lamartine avaient, d'abord, été confondus dans une promotion générale, dans ce qu'on appelle une *fournée*. Le roi Charles X raya leurs deux noms.

M. de la Rochefoucauld, qui patronait la liste, et particulièrement les deux jeunes poëtes, se hasarda à demander pourquoi Sa Majesté venait de rayer deux noms aussi illustres.

— C'est justement parce qu'ils sont illustres, monsieur, répondit Charles X, qu'ils ne doivent pas être confondus avec les autres noms. Vous me présenterez un rapport à part pour MM. Lamartine et Hugo.

Le brevet était accompagné d'une lettre officielle de M. le comte Sosthène de la Rochefoucauld, et d'une lettre amicale de son secrétaire, M. de Beauchesne.

M. de Beauchesne, ou plutôt Beauchesne, était la véritable lumière de M. de la Rochefoucauld dans tout ce qu'il faisait de bien, et, il faut le dire, ce directeur des beaux-arts tant raillé par les journaux de l'opposition du temps — je laisse à part la vie politique — a fait, en encouragements littéraires, d'excellentes choses.

Il est vrai, comme je l'ai dit, que, pour le guider dans cette voie, il avait Beauchesne.

Beauchesne était, à cette époque, un charmant garçon de vingt-quatre à vingt-cinq ans, et est devenu, depuis, un charmant poëte. Cœur loyal s'il en fut, il semblait avoir pris pour devise : *Video nec invideo* ; et, en effet, qu'aurait-il pu envier ? Tout ce qui était grand l'appelait *frère*, tout ce qui était bon l'appelait *ami*.

En franc et loyal Breton, la vraie monarchie tombée, Beauchesne resta fidèle à ses ruines. Je raconterai en son lieu comment nous manquâmes nous battre un jour pour cause politique, et je constaterai que jamais nous n'avions été meilleurs amis qu'à l'heure où nous mettions l'épée à la main.

Cher Beauchesne ! il disparut tout à coup : je fus dix ans, quinze ans sans le revoir. Un matin, il entra chez moi, comme s'il en fût sorti la veille, et me sauta au cou.

Il arrivait avec une charmante chose, tragédie ou drame, je ne sais trop, une œuvre de fantaisie tirée de nos anciens fabliaux, — *les Épreuves de la belle Griseldis,* — qui, selon toute probabilité, sera lue, reçue, jouée et applaudie aux Français.

Il avait un ravissant castel au bois de Boulogne ; il l'a vendu. Le lierre n'a pas le temps de pousser sur la maison des poëtes.

Je me rappelle qu'à l'époque où il venait de faire bâtir la sienne, il m'envoya son album pour y mettre quelques vers. J'y écrivis ceux-ci :

> Beauchesne, vous avez une douce retraite ;
> Moi, je suis sans abri pour les jours de malheur !
> Que votre beau castel, pour reposer sa tête,
> Garde dans son grenier une place au poëte,
> Qui vous garde en échange une place en son cœur.

Une seconde fois j'avais perdu de vue Beauchesne. Il m'arriva une de ces catastrophes qui me laissent indifférent, mais que beaucoup de gens regardent comme un grand malheur.

J'ouvre une lettre pleine de tendres protestations. Elle était de Beauchesne.

Je n'y ai pas répondu, alors : j'y réponds aujourd'hui.

Ce n'est point, au reste, la dernière fois que le nom de Beauchesne se trouvera sous ma plume. Ainsi, cher Beauchesne, je ne vous dis pas adieu ; je vous dis au revoir !...

Hugo recevait donc à la fois, avec son brevet de chevalier, et la lettre officielle de M. de la Rochefoucauld, et la lettre amicale de Beauchesne.

Il mit le tout sur son cœur, monta en voiture, et, dans le trajet de Paris à Blois, composa tout entière la ballade des *Deux Archers*.

En arrivant à Blois, il déposa, tout joyeux, son brevet entre les mains de son père.

Le vieux soldat détacha d'un de ses vieux habits qui avaient vu la poussière de tant de pays, un de ces vieux rubans qui avaient vu le feu de tant de batailles, et l'attacha à la boutonnière de la redingote de son fils.

Ce fut pendant ce séjour à Blois que le poëte reçut la lettre close de Charles X qui l'invitait à assister au sacre.

Il partit pour Reims en compagnie de Nodier.

A Reims, il trouva Lamartine, avec lequel il acheva de faire connaissance.

Chacun d'eux paya son hospitalité au roi :

Lamartine par son *Chant du sacre*; Hugo par son *Ode à Charles X*.

En 1826, *Bug-Jargal* parut. — De même que *Christine* avait été faite avant *Henri III*, *Bug-Jargal* avait été fait avant *Han d'Islande*. Je ne sais qu'elle cause opéra dans la publication une transposition chronologique.

En 1827, l'ambassadeur d'Autriche donne une grande soirée. A cette soirée, il invite tout ce qu'il y a d'illustre en France, et tout ce qu'il y a d'illustre en France, toujours fort avide de soirées, va à celle de l'ambassadeur d'Autriche.

Les maréchaux y allèrent comme les autres.

Seulement, à cette soirée, il arriva une singulière chose.

A la porte du salon était, comme d'habitude, un laquais chargé d'annoncer les personnages que l'on avait jugés dignes d'assister à la fête.

Le maréchal Soult se présente.

— Qui faut-il annoncer ? demande le laquais.

— *Le duc de Dalmatie*, répond le maréchal.

— *M. le maréchal Soult !* annonce le laquais, qui avait reçu ses ordres.

Ce pouvait être une erreur. L'*illustre épée*, comme l'appela, depuis, Louis-Philippe, qui peut-être, pas plus que l'ambassadeur d'Autriche, ne se souciait de l'appeler le duc de Dalmatie, l'illustre épée n'y fit pas attention.

Le maréchal Mortier se présente le second.

— Qui faut-il annoncer ? demande le laquais.

— *Le duc de Trévise.*

— *M. le maréchal Mortier !* annonce le laquais.

Les yeux des deux vieux compagnons de l'empereur se rencontrèrent; leurs regards se croisèrent comme deux éclairs, s'interrogeant l'un l'autre ; mais ils ne surent que se répondre : il n'était pas bien clair encore que ce fût un parti pris.

Le maréchal Marmont se présente le troisième.

— Qui faut-il annoncer? demande le laquais.

— *Le duc de Raguse.*

— *M. le maréchal Marmont,* annonce le laquais.

Cette fois, il n'y avait pas à s'y méprendre. Les deux premiers arrivés allèrent au troisième venu, et lui firent part de leur doute. Cependant, tous trois résolurent d'attendre encore.

Le duc de Reggio, le duc de Tarente et tous les autres ducs de création impériale vinrent les uns après les autres, et, quoique chacun d'eux eût donné son nom de duc, ils furent annoncés purement et simplement sous leur nom de famille.

L'insulte était claire, patente, publique, et, cependant ceux qui avaient été insultés se retirèrent silencieux, gardant l'insulte qui leur avait été faite.

Pas un d'eux n'eut l'idée de souffleter l'insulteur.

Qui demanda satisfaction ? qui l'obtint pour eux ?

Le poëte !

Trois jours après cette insulte faite à l'armée entière, dans la personne de ses chefs, l'*Ode à la Colonne* parut...

Pendant le cours de la même année 1827, *Cromwell* fut publié. On discuta peu sur le poëme, beaucoup sur la préface, qui contenait toute une poétique nouvelle.

En 1828, vinrent *les Orientales* et *le Dernier jour d'un condamné.*

Enfin, le 16 février 1829, fut joué, comme je l'ai dit, *Henri III.*

La révolution poétique était à peu près faite par Hugo et par Lamartine; mais la révolution dramatique était encore tout entière à faire.

Henri III venait franchement, hardiment, heureusement de commencer l'œuvre.

Aussi, cette représentation, que j'ai racontée dans tous ses détails, fut-elle, non-seulement une grande joie, mais encore un grand encouragement pour Hugo.

Nous nous revîmes après la représentation.

Il me tendit la main.

— Ah ! m'écriai-je, me voilà donc enfin des vôtres !

J'étais bien heureux de mon succès ; mais ce qui surtout me le rendait plus précieux, c'était le droit qu'il m'avait conquis de toucher toutes ces mains-là.

— Maintenant, me dit Hugo, à mon tour !

— Quand le jour sera venu, ne m'oubliez pas...

— Vous serez à la première lecture.

— C'est parole donnée ?

— C'est rendez-vous pris !

Et nous nous quittâmes.

En effet, dès le lendemain, Hugo choisit, parmi les différents sujets arrêtés d'avance dans son esprit, le drame de *Marion Delorme.*

Puis, comme nous faisons, nous autres créateurs, il la porta quelque temps dans son cerveau, ainsi que la mère porte l'enfant dans son sein.

Puis, enfin, il se dit un jour :

— Le 1er juin 1829, je commencerai mon drame.

Le 1er juin arrivé, il le commença, en effet.

Le 19, il avait fait les trois premiers actes.

Le 20, au point du jour, comme le soleil se levait emplissant de rayons d'or le cadre de la fenêtre qui éclairait sa chambre de la rue Notre-Dame-des-Champs, il fit le premier vers de son quatrième acte :

LE DUC DE BELLEGARDE.

Condamné?

LE MARQUIS DE NANGIS.

Condamné!

LE DUC DE BELLEGARDE.

Bien!... mais le roi fait grâce?...

Le lendemain, juste vingt-quatre heures après, et comme le soleil lui rendait sa visite accoutumée, il en écrivait le dernier vers :

On peut bien, une fois, être roi par mégarde!

Pendant ces vingt-quatre heures, il n'avait ni bu, ni mangé, ni dormi ; mais il avait fait un acte de près de six cents vers ; six cents vers qui, à mes yeux, comptent parmi les plus beaux de la langue française.

Le 27 juin, *Marion Delorme* était terminée.

CXXXI

Lecture de *Marion Delorme* chez Devéria. — *Steeple-chase* de directeurs. — *Marion Delorme* est arrêtée par la censure. — Hugo obtient une audience de Charles X. — Son drame est définitivement interdit. — On lui envoie le brevet d'une pension qu'il refuse. — Il se met à *Hernani,* et le fait en vingt-cinq jours.

Hugo n'eut pas besoin, comme moi, d'écrire à Nodier, et d'attendre un rendez-vous de Taylor : autant j'étais inconnu avant *Henri III*, autant Hugo était déjà illustre avant *Marion Delorme.*

Il indiqua, comme je l'ai dit, une lecture chez Devéria, et invita Taylor à cette lecture, et, avec Taylor, de Vigny, Émile Deschamps, Sainte-Beuve, Soumet, Boulanger, Beauchesne, moi, — toute la pléiade, enfin.

La lecture commença.

Le premier acte de *Marion Delorme* est un chef-d'œuvre; il n'y a rien à y reprendre, à part cette manie qu'a Hugo de faire entrer ses personnages par les fenêtres, au lieu de les faire entrer par les portes, et qui se trahissait là, chez lui, pour la première fois.

Nul cœur n'est plus exempt d'envie que le mien. J'écoutai donc ce premier acte avec une profonde admiration, mêlée, cependant, de quelque tristesse: je sentais que j'étais loin de cette forme-là, que je serais longtemps à y atteindre, si j'y atteignais jamais.

Puis vint le second acte, et successivement les trois derniers. — J'étais près de Taylor.

Au dernier vers de la pièce, il se pencha vers moi.

— Eh bien, me demanda-t-il, que pensez-vous de cela?

— Je dis que nous sommes tous flambés, si Victor n'a pas fait aujourd'hui sa meilleure pièce.

Puis j'ajoutai:

— Seulement, je crois qu'il l'a faite.

— Et pourquoi croyez-vous cela?

— Mais parce qu'il y a dans *Marion Delorme* toutes les qualités de l'homme mûr, et aucune des fautes du jeune homme. Le progrès est imposssible à qui débute par une chose complète, ou à peu près.

Je suis intéressé, ne fût-ce que par amour-propre, à croire que j'avais raison: mon avis est encore aujourd'hui que *Marion Delorme* est, sinon la meilleure, du moins une des meilleures pièces d'Hugo.

Je le félicitai bien sincèrement, bien consciencieusement; je n'avais jamais entendu rien de pareil à ces vers de *Marion Delorme*; j'étais écrasé sous la magnificence de ce style, moi à qui le style manquait surtout. On m'eût demandé dix ans de ma vie en me promettant qu'en échange j'atteindrais, un jour, à cette forme, je n'eusse point hésité; je les eusse donnés à l'instant même !

Une chose m'avait profondément blessé au cinquième acte, c'était que Didier marchât à la mort sans pardonner à Marion. Je suppliai Hugo de substituer à la propre inflexibilité de son caractère quelque chose de plus humain; Sainte-Beuve se joignit à moi, et, à nous deux, nous obtînmes le pardon de la pauvre Marion.

Restait la question de censure.

Personne de nous ne croyait que la commission d'examen laissât passer le caractère de Louis XIII, si admirablement tracé, justement à cause de la perfection des lignes et de la vivacité du coloris.

Il est vrai que l'acte de Louis XIII pouvait s'enlever sans rien ôter de l'intérêt de la pièce, et, plusieurs fois, Crosnier fit cette coupure au théâtre de la Porte-Saint-Martin, sans que le public s'en aperçût. C'était ce que les critiques de petits mots et de petites choses appelaient une superfétation, un hors-d'œuvre.

Hors-d'œuvre magnifique! superfétation sublime! — Je donnerais celui de mes drames que l'on voudrait prendre au choix, pour avoir fait le quatrième acte de *Marion Delorme*.

Au reste, ce fut pendant un temps le défaut dominant de Victor Hugo, de faire des quatrièmes actes qui pouvaient s'enlever comme des tiroirs. Le quatrième acte d'*Hernani*, où se trouve le gigantesque monologue de Charles-Quint, pourrait s'enlever sans faire de tort à la pièce; et il en est de même du quatrième acte de *Ruy Blas*.

Mais, de ce que ce quatrième acte est inutile à l'ouvrage, s'ensuit-il qu'une fantaisie merveilleuse doive être supprimée? de ce qu'une femme est belle, est-il absolument nécessaire de jeter ses diamants à l'eau, quand surtout elle en a pour un million ?

Le bruit de la lecture se répandit dans Paris, et ce fut un véritable *steeple-chase* des directeurs de théâtre à la rue Notre-Dame-des-Champs, pour avoir *Marion Delorme*.

Harel accourut d'abord; il entra et, trouvant le manuscrit sous sa main, commença par écrire, à tout hasard, au-dessous du titre de l'ouvrage : « Reçue au théâtre de l'Odéon, le 14 juillet 1829. »

C'était le jour anniversaire de la prise de la Bastille : Harel espérait prendre *Marion Delorme* de la même façon que nos pères avaient pris la Bastille, — par surprise !

Harel fut repoussé avec perte; mais, comme son nom était sur le manuscrit, il n'en soutint pas moins qu'il y avait prise de possession.

Après Harel, le lendemain ou le surlendemain, on annonça M. Crosnier.

Il fut introduit dans le salon.

Hugo lisait un journal; il se leva, indiqua de la main un siége à M. Crosnier, qui s'assit.

Hugo s'assit à son tour, et attendit.

Mais M. Crosnier gardait le silence; ce que voyant Hugo, il reprit son journal; — ce que voyant à son tour M. Crosnier, il se décida à parler.

— Monsieur, dit-il s'adressant à Hugo, j'étais venu pour avoir l'honneur de parler à monsieur votre père; on m'avait dit qu'il était chez lui. Si ce n'était point abuser de votre complaisance, je vous prierais de vouloir bien le faire prévenir que je l'attends.

— Hélas! monsieur, répondit Hugo, mon père est mort depuis un an, et je présume que c'est à moi que vous voulez parler.

— Je veux parler à M. Victor Hugo.

— C'est moi, monsieur.

Crosnier ne pouvait se figurer que ce petit jeune homme blond et rose, qui semblait un enfant de vingt ans, fût l'homme autour duquel, depuis cinq ou six ans, il se faisait déjà tant de bruit.

Alors, il exposa le but de sa visite.

Il venait demander *Marion Delorme* pour le théâtre de la Porte-Saint-Martin.

Hugo sourit, lui montra la réception d'Harel, que primait la réception convenue du Théâtre-Français.

Crosnier sourit à son tour de ce sourire fin qui lui est particulier; puis, prenant une plume:

— Monsieur Hugo, dit-il, permettez que j'inscrive ma réception au-dessous de celle de mon confrère.

— Inscrivez ce qu'il vous plaira, monsieur, dit Hugo; mais je vous ferai observer qu'il y a deux réceptions qui priment la vôtre.

— Peu importe, monsieur, je désire prendre rang. Eh! mon Dieu, qui sait? malgré ces deux réceptions, il se peut que ce soit moi qui joue l'ouvrage.

Et il écrivit au-dessous de la réception d'Harel: « Reçue au théâtre de la Porte-Saint-Martin, le 16 juillet 1829. »

Ce fut étayée d'avance sur cette double réception que *Marion Delorme* se présenta au Théâtre-Français, et y fut reçue par acclamation et à l'unanimité.

Je me rappelle qu'en sortant, enthousiasmé de cette lecture à laquelle nous avions assisté tous, Émile Deschamps, montrant l'affiche du soir, haussa les épaules, et s'écria avec compassion, à la vue du chef-d'œuvre de Racine:

— Et *ils* vont jouer *Britannicus!*...

Personne de nous aujourd'hui, pas même Émile Deschamps, n'avouerait avoir dit ce mot.

Et, moi, je déclare que nous l'eussions tous dit en 1829, et que plus d'un qui a fait, depuis, ses visites aux trente-neuf académiciens, le lui envia dans le moment.

La pièce fut distribuée et mise à l'étude immédiatement après la réception. Mademoiselle Mars jouait Marion; Firmin, Didier; Joanny, Nangis; Menjaud, Saverny, etc.

Mais, un matin, cette nouvelle terrible se répandit, que la pièce était arrêtée par la censure!

Même chose était arrivée à *Henri III*. La censure arrête toujours, c'est son état, quitte à lâcher ensuite, si elle a affaire à une œuvre qui se défende ou à un auteur qui crie.

J'avais crié, et *Henri III* était sorti sain et sauf de ses griffes, grâce à M. de Martignac, qui était venu à mon secours.

Hugo s'adressa donc à M. de Martignac.

Mais, si bienveillant, si spirituel, si littéraire même que fût ce modèle des ministres présents, passés et futurs, il s'avoua impuissant.

Il s'agissait, non plus d'un Valois, mais d'un Bourbon; non plus d'un prédécesseur, mais d'un aïeul de Charles X.

Charles X pouvait seul prononcer dans cette question de famille.

Hugo résolut de demander une audience à Charles X.

L'audience lui fut accordée.

A cette époque, on n'abordait les rois de France qu'en habit à la française et l'épée au côté. Hugo se décida à grand'peine à ce travestissement; mais Taylor se chargea de réunir les différentes pièces de l'habillement. Il tenait énormément à *Marion Delorme*, et, pour que *Marion Delorme* lui fût rendue, il eût habillé Hugo en Turc ou en Chinois.

Le jour de l'audience arriva. Hugo se rendit à Saint-Cloud. L'antichambre était comble.

Au nombre des personnes qui attendaient, étaient madame du Cayla, qui venait mettre la dernière main au ministère Polignac, et Michaud, de l'Académie, qui partait pour la Palestine. Michaud était lecteur du roi. Il était brodé d'or, à lui tout seul, comme quatre généraux ! C'était, cependant, un homme de beaucoup d'esprit que Michaud.

Hugo était occupé à causer avec lui, quand les deux portes s'ouvrirent, et qu'on annonça Son Altesse royale monseigneur le dauphin.

Hugo n'avait jamais vu de près celui pour lequel il avait voulu qu'on haussât l'Arc de triomphe, afin

> Que le géant de notre gloire
> Pût y passer sans se baisser!

Il vit apparaître quelque chose comme un singe, moins la grâce; une espèce de momie au visage tourmenté par un tic éternel, qui traversa la salle, répondant à tous les saluts, à tous les souhaits, à tous les hommages, par un grognement sourd dans lequel il était impossible de distinguer un seul mot articulé.

C'était le vainqueur du Trocadero! le pacificateur de l'Espagne!

Il n'en fit pas plus pour madame du Cayla que pour les autres. Peut-être, si quelque courtisan lui eût soufflé qu'il y avait là un grand poëte, se fût-il arrêté et eût-il regardé pour voir quelle espèce d'animal c'était.

Aucun courtisan ne prévint monseigneur le dauphin, et monseigneur le dauphin passa sans s'arrêter.

Presque aussitôt, Charles X passa à son tour, avec l'air aussi gracieux et aussi souriant que son fils avait l'air grotesque et rechigné. Il salua madame du Cayla de la voix; Michaud et Victor, de la main; les autres, de la tête, et entra dans son salon d'audience.

Une seconde après, on appela madame la comtesse du Cayla.

Sans s'inquiéter depuis quel temps elle attendait, ni si elle était venue avant les autres visiteurs, le dernier des rois chevaliers faisait passer la femme la première.

Madame du Cayla resta une heure environ avec le roi. Ce n'était pas trop pour accoucher d'un ministère qui luimême, un an plus tard, devait accoucher de la révolution de juillet.

Puis, quand madame du Cayla se fut retirée, on appela le poëte. Après s'être souvenu qu'il était le successeur de François Ier, Charles X se rappelait qu'il était le descendant de Louis XIV.

Le poëte entra.

Laissons-lui raconter à lui-même cette remarquable entrevue:

C'était le sept août. — O sombre destinée!
C'était le premier jour de leur dernière année!

Seuls, dans un lieu royal, côte à côte marchant,
Deux hommes, par endroits du coude se touchant,
Causaient... Grand souvenir qui dans mon cœur se grave!
Le premier avait l'air fatigué, triste et grave,
Comme un trop faible front qui porte un lourd projet.
Une double épaulette à couronne chargeait
Son uniforme vert à ganse purpurine,
Et l'Ordre et la Toison faisaient, sur sa poitrine,
Près du large cordon moiré de bleu changeant,
Deux foyers lumineux, l'un d'or, l'autre d'argent.
C'était un roi, vieillard à la tête blanchie,
Penché du poids des ans et de la monarchie!
L'autre était un jeune homme étranger chez les rois,
Un poëte, un passant, une inutile voix...

Dans un coin, une table, un fauteuil de velours
Miraient dans le parquet leurs pieds dorés et lourds ;
Par une porte en vitre, au dehors, l'œil, en foule,
Apercevait au loin des armoires de Boule,
Des vases du Japon, des laques, des émaux
Et des chandeliers d'or aux immenses rameaux.
Un salon rouge orné de glaces de Venise,
Plein de ces bronzes grecs que l'esprit divinise,
Multipliait sans fin ses lustres de cristal ;
Et, comme une statue à lames de métal,
On voyait, casque au front, luire, dans l'encoignure,
Un garde argent et bleu, d'une fière tournure.

Or, entre le poëte et le vieux roi courbé,
De quoi s'agissait-il ?
                  D'un pauvre ange tombé
Dont l'amour refaisait l'âme avec son haleine :
De Marion, lavée ainsi que Madeleine,
Qui boitait et traînait son pas estropié,
La censure, serpent, l'ayant mordue au pied.

Le poëte voulait faire, un soir, apparaître
Louis-Treize, ce roi sur qui régnait un prêtre ;
Tout un siècle : marquis, bourreaux, fous, bateleurs ;
Et que la foule vînt, et qu'à travers les pleurs,

Par moments, dans un drame étincelant et sombre,
Du pâle cardinal on crût voir passer l'ombre.

Le vieillard hésitait. — Que sert de mettre à nu
Louis-Treize, ce roi, chétif et mal venu?
A quoi bon remuer un mort dans une tombe?
Que veut-on? où court-on? sait-on bien où l'on tombe?
Tout n'est-il pas déjà croulant de tout côté?
Tout ne s'en va-t-il pas dans trop de liberté?
N'est-il pas temps plutôt, après quinze ans d'épreuve,
De relever la digue et d'arrêter le fleuve?
Certe, un roi peut reprendre alors qu'il a donné.
Quant au théâtre, il faut, le trône étant miné,
Étouffer des deux mains sa flamme trop hardie;
Car la foule est le peuple, et d'une comédie
Peut jaillir l'étincelle aux livides rayons
Qui met le feu dans l'ombre aux révolutions!
Puis il niait l'histoire, et, quoi qu'il en puisse être,
A ce jeune rêveur disputait son ancêtre;
L'accueillant bien, d'ailleurs; bon, royal, gracieux,
Et le questionnant sur ses propres aïeux.

Tout en laissant aux rois les noms dont on les nomme,
Le poëte luttait fermement, comme un homme
Épris de liberté, passionné pour l'art,
Respectueux pourtant pour ce noble vieillard.
Il disait : « Tout est grave, en ce siècle où tout penche.
L'art, tranquille et puissant, veut une allure franche.
Les rois morts sont sa proie; il faut la lui laisser.
Il n'est pas ennemi; pourquoi le courroucer
Et le livrer, dans l'ombre, à des tortionnaires,
Lui dont la main fermée est pleine de tonnerres?
Cette main, s'il l'ouvrait, redoutable envoyé,
Sur la France éblouie et le Louvre effrayé,
On s'épouvanterait — trop tard, s'il faut le dire, —
D'y voir subitement tant de foudres reluire!
Oh! les tyrans d'en bas nuisent au roi d'en haut.
Le peuple est toujours là qui prend la muse au mot,
Quand l'indignation, jusqu'au roi qu'on révère,
Monte du front pensif de l'artiste sévère!

Sire, à ce qui chancelle est-on bien appuyé ?
La censure est un toit mauvais, mal étayé,
Toujours prêt à tomber sur les noms qu'il abrite.
Sire, un souffle imprudent, loin de l'éteindre, irrite
Le foyer, tout à coup terrible et tournoyant,
Et, d'un art lumineux, fait un art flamboyant.
D'ailleurs, ne cherchât-on que la splendeur royale,
Pour cette nation moqueuse mais loyale,
Au lieu des grands tableaux qu'offrait le grand Louis,
Roi-soleil fécondant les lis épanouis,
Qui, tenant sous son sceptre un monde en équilibre,
Faisait Racine heureux, laissait Molière libre,
Quel spectacle, grand Dieu ! qu'un groupe de censeurs
Armés et parlant bas, vils esclaves chasseurs,
A plat ventre couchés, épiant l'heure où rentre
Le drame, fier lion, dans l'histoire, son antre ! »

Ici, voyant vers lui, d'un front plus incliné,
Se tourner doucement le vieillard étonné,
Il hasardait plus loin sa pensée inquiète,
Et, laissant de côté le drame et le poëte,
Attentif, il sondait le dessein vaste et noir
Qu'au fond de ce roi triste, il venait d'entrevoir.
— Se pourrait-il ? quelqu'un aurait cette espérance ?
Briser le droit de tous ! retrancher à la France,
Comme on ôte un jouet à l'enfant dépité,
De l'air, de la lumière et de la liberté !
Le roi ne voudrait pas, lui, roi sage et roi juste !
Puis, choisissant les mots pour cette oreille auguste,
Il disait que les temps ont des flots souverains ;
Que rien, ni ponts hardis, ni canaux souterrains,
Jamais, excepté Dieu, rien n'arrête et ne dompte
Le peuple qui grandit ou l'Océan qui monte ;
Que le plus fort vaisseau sombre et se perd souvent,
Qui veut rompre de front et la vague et le vent ;
Et que, pour s'y briser, dans la lutte insensée,
On a derrière soi, roche partout dressée,
Tout son siècle, les mœurs, l'esprit qu'on veut braver,
Le port même où la nef aurait pu se sauver !...

Charles-Dix, souriant, répondit : « O poëte! »

Le soir, tout rayonnant de lumière et de fête;
Regorgeant de soldats, de princes, de valets,
Saint-Cloud, joyeux et vert, autour du fier palais
Dont la Seine, en fuyant, reflète les beaux marbres,
Semblait avec amour presser sa touffe d'arbres;
L'Arc de triomphe, orné de victoires d'airain ;
Le Louvre, étincelant, fleurdelisé, serein,
Lui répondaient de loin du milieu de la ville;
Tout ce royal ensemble avait un air tranquille,
Et, dans le calme aspect d'un repos solennel,
Je ne sais quoi de grand qui semblait éternel!

. . . .

Le lendemain de cette entrevue et de ce refus, — car Charles X refusa de laisser jouer *Marion Delorme*, — la pension de Victor Hugo, qui était de deux mille quatre cents francs, fut portée à six mille livres, à titre de dédommagement.

Tout le monde sait que le poëte, de son côté, refusa, nous ne dirons pas dédaigneusement, mais dignement, cette augmentation de pension.

On a fait beaucoup de bruit, depuis, autour de ce refus. Tels puritains touchent aujourd'hui un traitement de sénateur qui ont reproché au poëte d'avoir, après l'interdiction de *Marion Delorme* par Charles X, gardé sa pension primitive de deux mille quatre cents francs.

Dieu fasse miséricorde à ceux-là! ils sont aujourd'hui dans les antichambres de l'Élysée, et le premier poëte de France et, par conséquent, du monde, est à Guernesey!

Je demande pardon à Lamartine de faire d'Hugo le premier poëte de France et du monde : Hugo est exilé; Lamartine est trop généreux pour ne point lui céder le pas. Si Lamartine eût été exilé comme Hugo, — et je regrette pour sa gloire qu'il ne le soit pas! — j'eusse dit: « Les deux premiers poëtes de France ; les deux premiers poëtes du monde!»

Hugo, en revenant de Saint-Cloud, trouva Taylor qui l'attendait chez lui.

La nouvelle apportée, comme celle du page de madame Malbrouck, était assez mauvaise. Taylor se désespérait.

— Nous n'avons rien dans nos cartons! répétait-il.

Notez que la Comédie-Française avait dans ses cartons dix pièces de M. Viennet, quatre ou cinq de M. Delrieu, deux ou trois de M. Lemercier, — sans compter le *Pertinax* de M. Arnault, le *Julien* de M. de Jouy, etc., etc.

C'est là ce que Taylor appelait n'avoir rien dans ses cartons!

— Nous comptions sur *Marion Delorme* pour notre hiver, disait-il; notre hiver est perdu!...

Hugo le laissa se lamenter.

— Et quand espériez-vous jouer *Marion Delorme*? demanda-t-il.

— Mais au mois de janvier ou de février.

— Ah! bon! alors, nous avons de la marge... Eh bien...

Il calcula.

— Nous sommes au 7 août: revenez le 1er octobre.

Taylor revint le 1er octobre.

Hugo prit un manuscrit, et le lui donna.

C'était *Hernani*.

Hugo avait commencé ce second ouvrage le 17 septembre et l'avait fini le 25 du même mois.

Il avait mis à l'exécuter trois jours de moins que pour *Marion Delorme*.

Hâtons-nous de dire que, d'avance, les plans de ces deux pièces étaient faits dans la tête du poëte.

CXXXII

L'invasion des barbares. — Répétitions d'*Hernani*. — Mademoiselle Mars et 'hémistiche du *lion*. — La scène des *portraits*. — Hugo redemande le rôle de doña Sol à mademoiselle Mars. — Les complaisances de Michelot pour le public. — Le quatrain de l'armoire. — Joanny.

Cette fois, il n'y avait rien à craindre de la censure : ne fût-ce que par pudeur, elle n'eût point osé arrêter *Hernani*.

Je crois que j'ai dit *la pudeur* de la censure !

Ah ! ma foi, tant pis ! puisque le mot est tombé sur le papier, qu'il y reste !

La pièce prenait naturellement la place de son aînée; elle fut lue pour la forme, reçue avec des bravos, des acclamations, des cris, — Hugo lit très-bien, surtout ses propres ouvrages, — distribuée et mise en répétition.

Je consigne ici qu'Hugo lit très-bien, non pas que je pense que sa manière de lire ait pu influer sur le plus ou le moins d'enthousiasme de la réception, mais parce que, ne l'ayant jamais entendu à la tribune, je ne puis, d'après les opinions très-variées que j'ai vu exprimer devant moi sur son talent d'orateur, me faire une idée de la façon dont il parle en public. Ce que je sais, c'est que ses discours lus m'ont toujours paru des chefs-d'œuvre de langue et de logique.

Avec les répétitions commencèrent les déboires.

Il n'y avait, au Théâtre-Français, de sympathie réelle pour la littérature romantique que chez le vieux Joanny ; les autres — mademoiselle Mars la première, malgré le splendide succès qu'elle venait d'obtenir dans la duchesse de Guise, — ne regardaient l'envahissement qui s'opérait que comme une espèce d'invasion de barbares à laquelle il fallait se soumettre en souriant.

Dans les caresses que nous faisait mademoiselle Mars, il y avait toujours les restrictions mentales de la femme violée.

Michelot, professeur au Conservatoire, homme du monde,

homme poli, nous présentait une surface des plus gracieuses et des plus agréables.

Au fond, il nous abhorrait.

Quant à Firmin, qui nous fut si utile par son talent, — talent réel, quoique rejetant au plus haut degré la forme, c'est-à-dire le côté plastique de l'art, — il n'avait pas d'opinion littéraire ; il avait seulement une espèce d'instinct dramatique qui donnait, à défaut d'art, le mouvement et la vie à son jeu.

Il nous aimait donc assez, nous chez qui étaient ses qualités, à lui : la vie et le mouvement ; mais il craignait fort les autres, les vieux ; de sorte qu'il restait neutre dans toutes les querelles littéraires, et assistait rarement à une lecture, afin de ne pas être obligé de manifester son opinion. Ce n'était pas un obstacle, mais ce n'était pas non plus un soutien.

La pièce était distribuée — nous parlons des rôles principaux — entre les quatre artistes que nous venons de nommer, et qui étaient les premiers du Théâtre-Français.

Mademoiselle Mars jouait doña Sol ; Joanny, Ruy Gomez ; Michelot, Charles-Quint, et Firmin, Hernani.

J'ai dit que notre littérature n'était pas sympathique à mademoiselle Mars ; mais je dois ajouter ou plutôt répéter une chose, c'est que, comme mademoiselle Mars, au théâtre, était le plus honnête homme du monde, une fois la première représentation engagée, une fois que le feu des applaudissements ou des sifflets avait salué le drapeau — fût-il étranger — sous lequel elle combattait, elle se serait fait tuer plutôt que de reculer d'un pas ; elle aurait subi le martyre plutôt que de renier, nous ne dirons pas sa foi, — notre école n'était pas sa foi, — mais son serment.

Seulement, pour en arriver là, il fallait passer par cinquante ou soixante répétitions, et ce qu'il y avait, pendant ces cinquante ou soixante répétitions, d'observations hasardées, de grimaces faites, de coups d'épingle donnés à l'auteur, c'était incalculable.

Il va sans dire que ces coups d'épingle pour le corps étaient bien souvent des coups de poignard pour le cœur.

J'ai raconté ce que j'avais souffert avec mademoiselle Mars pendant les répétitions d'*Henri III*; les discussions, les querelles, les disputes même que j'avais avec elle; les emportements auxquels, malgré mon obscurité, je n'avais pu, au risque de ce qui en adviendrait, m'empêcher de me laisser aller.

La même chose devait arriver et arriva à Hugo.

Mais Hugo et moi avons deux caractères absolument opposés; lui est froid, calme, poli, sévère, plein de mémoire du bien et du mal; moi, je suis en dehors, vif, débordant, railleur, oublieux du mal, quelquefois du bien.

Il en résultait, entre mademoiselle Mars et Hugo, des dialogues tout à fait différents des miens.

Notez qu'au théâtre, en général, le dialogue entre l'acteur et l'auteur a lieu par-dessus la rampe, c'est-à-dire de l'avant-scène à l'orchestre; de sorte que pas un mot n'en est perdu pour les trente ou quarante artistes, musiciens, régisseurs, comparses, garçons de théâtre, allumeurs et pompiers assistant à la répétition.

Cet auditoire, comme on le comprend, toujours disposé à bien accueillir les épisodes destinés à le distraire de l'ennui du fait principal, la répétition, ne contribue pas peu à agacer les nerfs des interlocuteurs, et, par conséquent, à infiltrer une certaine aigreur dans les relations téléphoniques qui s'établissent de l'orchestre au théâtre.

Les choses se passaient à peu près ainsi:

Au milieu de la répétition, mademoiselle Mars s'arrêtait tout à coup.

— Pardon, mon ami, disait-elle à Firmin, à Michelot ou à Joanny, j'ai un mot à dire à l'auteur.

L'acteur auquel elle s'adressait faisait un signe d'assentiment, et demeurait muet et immobile à sa place.

Mademoiselle Mars s'avançait jusque sur la rampe, mettait la main sur ses yeux, et, quoiqu'elle sût très-bien à quel endroit de l'orchestre se trouvait l'auteur, elle faisait semblant de le chercher.

C'était sa petite mise en scène, à elle.

— M. Hugo? demandait-elle; M. Hugo est-il là?

— Me voici, madame, répondait Hugo en se levant.
— Ah! très-bien! merci... Dites-moi, monsieur Hugo...
— Madame?
— J'ai à dire ce vers-là :

> Vous êtes, mon lion, superbe et généreux!

— Oui, madame ; Hernani vous dit :

> Hélas! j'aime pourtant d'une amour bien profonde!
> Ne pleure pas... Mourons plutôt! Que n'ai-je un monde,
> Je te le donnerais! Je suis bien malheureux!

et vous lui répondez :

> Vous êtes, mon lion, superbe et généreux!

— Est-ce que vous aimez cela, monsieur Hugo ?
— Quoi ?
— Vous êtes, *mon lion !*...
— Je l'ai écrit ainsi, madame ; donc, j'ai cru que c'était bien.
— Alors, vous y tenez, à votre *lion ?*
— J'y tiens et je n'y tiens pas, madame ; trouvez-moi quelque chose de mieux, et je mettrai cette autre chose à la place.
— Ce n'est pas à moi à trouver cela : je ne suis pas l'auteur, moi.
— Eh bien, alors, madame, puisqu'il en est ainsi, laissons tout uniment ce qui est écrit.
— C'est qu'en vérité, cela me semble si drôle d'appeler M. Firmin *mon lion!*
— Ah! parce qu'en jouant le rôle de doña Sol, vous voulez rester mademoiselle Mars ; si vous étiez vraiment la pupille de Ruy Gomez de Sylva, c'est-à-dire une noble Castillane du XVIᵉ siècle, vous ne verriez pas dans Hernani M. Firmin ; vous y verriez un de ces terribles chefs de bande qui faisaient trembler Charles-Quint jusque dans sa capitale ; alors, vous

comprendriez qu'une telle femme peut appeler un tel homme son *lion*, et cela vous semblerait moins drôle !

— C'est bien ! puisque vous tenez à votre *lion*, n'en parlons plus. Je suis ici pour dire ce qui est écrit ; il y a dans le manuscrit : « Mon lion ! » je dirai : « Mon lion ! » moi... Mon Dieu ! cela m'est bien égal ! — Allons, Firmin !

Vous êtes, mon lion, superbe et généreux !

Et la répétition continuait.

Seulement, le lendemain, arrivée au même endroit, mademoiselle Mars s'arrêtait comme la veille ; comme la veille, elle s'avançait sur la rampe ; comme la veille, elle mettait la main sur ses yeux ; comme la veille, elle faisait semblant de chercher l'auteur.

— M. Hugo ? disait-elle de sa voix sèche, de sa voix, à elle ; de la voix de mademoiselle Mars, et non pas de Célimène. — M. Hugo est-il là ?

— Me voici, madame, répondait Hugo avec sa même placidité.

— Ah ! tant mieux ! je suis bien aise que vous soyez là.

— Madame, j'avais eu l'honneur de vous présenter mes hommages avant la répétition.

— C'est vrai... Eh bien, avez-vous réfléchi ?

— A quoi, madame ?

— A ce que je vous ai dit hier.

— Hier, vous m'avez fait l'honneur de me dire beaucoup de choses.

— Oui, vous avez raison... Mais je veux parler de ce fameux hémistiche.

— Lequel ?

— Eh ! mon Dieu, vous savez bien lequel !

— Je vous jure que non, madame ; vous me faites tant de bonnes et justes observations, que je confonds les unes avec les autres.

— Je parle de l'hémistiche du *lion*...

— Ah ! oui : *Vous êtes, mon lion !* je me rappelle...

— Eh bien, avez-vous trouvé un autre hémistiche?
— Je vous avoue que je n'en ai pas cherché.
— Vous ne trouvez donc pas cet hémistiche dangereux?
— Qu'appelez-vous dangereux?
— J'appelle dangereux ce qui peut être sifflé.
— Je n'ai jamais eu la prétention de ne pas être sifflé.
— Soit; mais il faut être sifflé le moins possible.
— Vous croyez donc qu'on sifflera l'hémistiche du *lion*?
— J'en suis sûre!
— Alors, madame, c'est que vous ne le direz pas avec votre talent habituel.
— Je le dirai de mon mieux... Cependant, je préférerais...
— Quoi?
— Dire autre chose.
— Quoi?
— Autre chose, enfin!
— Quoi?
— Dire, — et mademoiselle Mars avait l'air de chercher le mot, que, depuis trois jours, elle mâchait entre ses dents, — dire, par exemple... heu... heu... heu...

    Vous êtes, *monseigneur*, superbe et généreux!

Est-ce que *monseigneur* ne fait pas le vers comme *mon lion*?
— Si fait, madame; seulement, *mon lion* relève le vers, et *monseigneur* l'aplatit. J'aime mieux être sifflé pour un bon vers qu'applaudi pour un méchant.
— C'est bien, c'est bien!... ne nous fâchons pas... On dira votre *bon vers* sans y rien changer! — Allons, Firmin, mon ami, continuons...

    Vous êtes, mon lion, superbe et généreux!

Il est bien entendu que, le jour de la première représentation, mademoiselle Mars, au lieu de dire: « Vous êtes, mon lion! » dit: « Vous êtes, monseigneur! »

Le vers ne fut ni applaudi ni sifflé : il n'en valait plus la peine.

Un peu plus loin, Ruy Gomez, après avoir surpris Hernani et doña Sol dans les bras l'un de l'autre, fait, à l'annonce de l'entrée du roi, cacher Hernani dans une chambre dont la porte est masquée par un tableau.

Alors, commence la fameuse scène connue sous le nom de *scène des portraits*, scène qui a soixante et seize vers, scène qui se passe entre don Carlos et Ruy Gomez, scène que doña Sol écoute muette et immobile comme une statue, scène à laquelle elle ne prend part qu'au moment où le roi veut faire arrêter le duc, et où, arrachant son voile et se jetant entre le duc et les gardes, elle s'écrie :

                            Roi don Carlos, vous êtes
Un mauvais roi !...

Ce long silence et cette longue immobilité avaient toujours choqué mademoiselle Mars. Le Théâtre-Français, habitué aux traditions de la comédie de Molière ou de la tragédie de Corneille, était on ne peut plus rebelle à la mise en scène du drame moderne, et, en général, ne comprenait ni l'ardeur du mouvement ni la poésie de l'immobilité.

Il en résultait que la pauvre doña Sol ne savait que faire de sa personne pendant ces soixante et seize vers.

Un jour, elle résolut de s'en expliquer avec l'auteur.

Vous connaissez sa façon d'interrompre la répétition, et sa manière de s'avancer sur les quinquets.

L'auteur est debout à l'orchestre ; mademoiselle Mars debout à la rampe.

— Vous êtes là, monsieur Hugo ?
— Oui, madame.
— Ah ! bien !... Rendez-moi donc un service.
— Avec grand plaisir... Lequel ?
— Celui de me dire ce que je fais là, moi.
— Où cela ?

— Mais sur le théâtre, pendant que M. Michelot et M. Joanny causent ensemble.

— Vous écoutez, madame.

— Ah! j'écoute... Je comprends; seulement, je trouve que j'écoute un peu longtemps.

— Vous savez que la scène était beaucoup plus longue, et que je l'ai déjà raccourcie d'une vingtaine de vers?

— Eh bien, mais ne pourriez-vous pas la raccourcir encore de vingt autres?...

— Impossible, madame!

— Ou, tout au moins, faire que j'y prenne part d'une façon quelconque?

— Mais vous y prenez part naturellement, par votre présence même. Il s'agit de l'homme que vous aimez; on débat sa vie ou sa mort; il me semble que la situation est assez forte pour que vous en attendiez impatiemment mais silencieusement la fin.

— C'est égal... c'est long!

— Je ne trouve pas, madame.

— Bon! n'en parlons plus... Mais, certainement, le public se demandera: « Que fait donc là mademoiselle Mars, la main sur sa poitrine? Ce n'était pas la peine de lui donner un rôle pour la faire tenir debout, un voile sur les yeux, et sans parler, pendant toute une moitié d'acte! »

— Le public se dira que, sous la main, non pas de mademoiselle Mars, mais de doña Sol, son cœur bat; que, sous le voile, non pas de mademoiselle Mars, mais de doña Sol, son visage rougit d'espérance ou pâlit de terreur; que, pendant le silence, non pas de mademoiselle Mars, mais de doña Sol, l'amante d'Hernani amasse dans son cœur l'orage qui éclate par ces mots, médiocrement respectueux d'une sujette à son seigneur:

>   Roi don Carlos, vous êtes
> Un mauvais roi!

et, croyez-moi, madame, cela suffira au public.

— C'est votre idée, soit! Au fait, je suis bien bonne de me

tourmenter ainsi : si l'on siffle pendant la scène, ce ne sera pas moi qu'on sifflera, puisque je ne dis pas un mot... Voyons, Michelot; voyons, Joanny, continuons.

> Roi don Carlos, vous êtes
> Un mauvais roi!...

La, vous êtes content, n'est-ce pas, monsieur Hugo?

— Très-content, madame.

Et, avec son imperturbable sérénité, Hugo saluait et s'asseyait.

Le lendemain, mademoiselle Mars arrêtait la répétition au même endroit, s'avançait sur la rampe, mettait sa main sur ses yeux, et, de la même voix que la veille:

— M. Hugo est-il là? demandait-elle.

— Me voici, madame.

— Eh bien, avez-vous trouvé à me faire dire quelque chose?

— Où cela?

— Mais vous le savez bien... dans la fameuse scène où ces messieurs disent cent cinquante vers, tandis que je les regarde et que je me tais... Je sais qu'ils sont charmants à regarder; mais cent cinquante vers, c'est long!

— D'abord, madame, la scène n'a pas cent cinquante vers; elle n'en a que soixante et seize, je les ai comptés; puis je ne vous ai pas promis de vous faire dire quelque chose, puisque, au contraire, j'ai essayé de vous prouver que votre silence et votre immobilité, dont vous sortez par un éclat terrible, étaient une des beautés de cette scène.

— Des beautés! des beautés!... J'ai bien peur que le public ne soit pas de votre avis.

— Nous verrons.

— Oui, mais il sera un peu tard quand vous verrez... Ainsi, vous tenez bien décidément à ce que je ne dise pas un mot de toute la scène?

— J'y tiens.

— Ça m'est égal; j'irai au fond, et je laisserai ces messieurs causer de leurs affaires sur le devant de la scène.

— Vous irez au fond si vous voulez, madame; seulement, comme ces affaires dont ils parlent sont autant les vôtres que les leurs, vous ferez un contre-sens... Quand il vous plaira, madame, on continuera la répétition.

Et la répétition continuait.

Mais, chaque jour, il y avait quelque interruption dans le genre de celles que nous venons de signaler; cela agaçait fort Hugo, qui, encore à son début dramatique, avait cru que le plus difficile était de créer la pièce, et le plus ennuyeux, de la faire, et qui s'apercevait que tout cela était ineffable jouissance comparé aux répétitions.

Enfin, un jour, la patience lui manqua.

La répétition finie, il monta sur le théâtre, et, s'approchant de mademoiselle Mars :

— Madame, dit-il, je voudrais bien avoir l'honneur de vous dire deux mots.

— A moi? répondit mademoiselle Mars, étonnée de la solennité du début.

— A vous.

— Et où cela?

— Où vous voudrez.

— Venez, alors.

Et mademoiselle Mars, marchant la première, conduisit Hugo dans ce qu'on appelait, alors, le petit foyer, situé, à ce que je crois, à l'endroit où est aujourd'hui le salon de la loge du directeur.

Louise Despréaux y était assise seule dans un coin.

Louise Despréaux, comme nous l'avons dit, était une des antipathies de mademoiselle Mars, qui protégeait madame Menjaud. J'ai raconté en son lieu la scène que j'avais eue avec mademoiselle Mars, à propos de Louise Despréaux, lors de la distribution du rôle du page de la duchesse de Guise.

En voyant entrer mademoiselle Mars et Hugo, elle se leva et sortit discrètement, — Il est vrai que je soupçonne fort la curieuse de dix-sept ans d'avoir collé, du côté de l'oreille, son visage blond et rose à la porte.

Mademoiselle Mars s'arrêta, posant sur la cheminée la main dont elle tenait son rôle.

— Eh bien, demanda-t-elle, que vouliez-vous me dire?

— Je voulais vous dire, madame, que je viens de prendre une résolution.

— Quelle résolution, monsieur?

— Celle de vous redemander votre rôle.

— Mon rôle!... lequel?

— Celui que vous m'aviez fait l'honneur de réclamer dans mon drame.

— Comment, le rôle de doña Sol, s'écria mademoiselle Mars tout étourdie, ce rôle-là?

Et elle montrait le rouleau de papier qu'elle tenait à la main, fronçant son sourcil noir sur un œil qui prenait, à certains moments, une incroyable expression de dureté.

Hugo s'inclina.

— Oui, dit-il, le rôle de doña Sol, celui que vous tenez à la main.

— Ah! par exemple, dit mademoiselle Mars en frappant le marbre de la cheminée avec le rôle, et le parquet avec son pied, voilà la première fois que cela m'arrive, qu'un auteur me redemande son rôle!

— Eh bien, madame, je crois qu'il est bon que l'exemple soit donné, et je le donne.

— Mais, enfin, pourquoi me le reprenez-vous?

— Parce que je crois m'apercevoir d'une chose, madame: c'est que, quand vous me faites l'honneur de m'adresser la parole, vous paraissez ignorer complétement à qui vous parlez.

— Comment cela, monsieur?

— Oui, vous êtes une femme d'un grand talent, je sais cela... mais il y a une chose dont, je le répète, vous semblez ne pas vous douter, et que, dans ce cas, je dois vous apprendre: c'est que, moi aussi, madame, je suis un homme d'un grand talent: tenez-vous-le donc pour dit, je vous prie, et traitez-moi en conséquence.

— Vous croyez donc que je le jouerai mal, votre rôle?

— Je sais que vous le jouerez admirablement bien, madame; mais je sais aussi que, depuis le commencement des répétitions, vous êtes fort impolie envers moi; ce qui est indigne à la fois et de mademoiselle Mars et de M. Victor Hugo.

— Oh! murmura mademoiselle Mars en mordant ses lèvres pâles, vous mériteriez bien que je vous le rendisse, votre rôle!

Hugo tendit la main.

— Je suis prêt à le recevoir, madame, dit-il.

— Et, si je ne le joue pas, qui le jouera?

— Oh! mon Dieu! madame, la première personne venue... Tenez, par exemple, mademoiselle Despréaux. Elle n'aura pas votre talent, sans doute; mais elle est jeune, elle est jolie; sur trois conditions que le rôle exige, elle en réunit deux; puis, en outre, elle aura pour moi ce que je vous reproche, à vous, de ne pas avoir, c'est-à-dire la considération que je mérite.

Et Hugo restait le bras tendu et la main ouverte, attendant que mademoiselle Mars lui rendît le rôle.

— Mademoiselle Despréaux! mademoiselle Despréaux! murmura mademoiselle Mars; ah! par exemple! la plaisanterie est bonne!... Vous lui faites votre cour, à ce qu'il paraît, à mademoiselle Despréaux?

— Moi? Je ne lui ai jamais parlé de ma vie!

— De sorte que vous me redemandez positivement, officiellement, votre rôle?

— Officiellement, positivement, je vous redemande mon rôle.

— Eh bien, moi, je le garde, votre rôle. Je le jouerai, et comme personne ne vous le jouerait à Paris, je vous en réponds!

— Soit, gardez le rôle; mais n'oubliez pas ce que je vous ai dit à l'endroit des égards que se doivent entre eux des gens de notre mérite.

Et Hugo salua mademoiselle Mars, la laissant tout ébouriffée de cette haute dignité à laquelle ne l'avaient point habituée les auteurs de l'Empire, à genoux devant son talent, et surtout arrêtés par cette certitude que leurs pièces ne feraient pas un sou sans elle.

A partir de ce jour, mademoiselle Mars fut froide mais polie envers Hugo, et, comme elle l'avait promis, le soir de la première représentation venu, elle joua admirablement le rôle.

Michelot, tout au contraire de mademoiselle Mars, était poli, presque louangeur ; mais, comme, dans le fond de l'âme, il nous détestait, à l'heure de la lutte, au lieu de combattre loyalement et vaillamment, ainsi que faisait mademoiselle Mars, il passait sournoisement à l'ennemi, indiquant d'un coup d'œil aux tirailleurs du parterre l'endroit faible, le moment opportun.

Beaucoup de vers furent *pris* dans le rôle de Michelot, qu'un acteur moins *complaisant* pour le public n'eût pas laissé prendre. — Au reste, avant la représentation, nous avions fait une rude guerre aux choses hasardées qui se trouvaient dans le rôle de don Carlos ! je me rappelle, entre autres, avoir, tout en le regrettant fort, fait couper à Hugo un quatrain auquel Michelot paraissait tenir beaucoup ; je me suis expliqué pourquoi, depuis.

Ces quatre vers appartenaient à ce charmant grotesque qui est propre à Hugo, et qui n'est à personne que lui.

Au moment où Ruy Gomez de Sylva rentre chez sa nièce et est sur le point d'y surprendre don Carlos et Hernani, ce dernier, qui craint pour la réputation de doña Sol, veut faire cacher le roi et se cacher lui-même dans l'armoire fort étroite d'où don Carlos vient de sortir, et où il était déjà très-mal étant tout seul ; mais le roi se révolte contre la proposition. Est-ce donc, dit-il,

> Est-ce donc une gaine à mettre des chrétiens ?
> Nous nous pressons un peu ; vous y tenez, j'y tiens.
> Le duc entre et s'en vient vers l'armoire où nous sommes,
> Pour y prendre un cigare... Il y trouve deux hommes !

Ces vers, qui, pour faire leur effet comique, devaient être jetés avec la gaieté et la désinvolture d'un roi de dix-neuf ans en bonne fortune, — notez que Charles-Quint n'a que dix-neuf ans lorsqu'il est nommé empereur d'Allemagne, — ces vers étaient déclamés du même ton que Mahomet disant :

> Si j'avais à répondre à d'autres que Zopyre,
> Je ne ferais parler que le Dieu qui m'inspire ;

> Le glaive et l'Alcoran, dans mes terribles mains,
> Imposeraient silence au reste des humains!

C'était parfaitement insensé ; aussi, sur mes instances, et malgré les réclamations de Michelot, qui espérait bien à part lui que ces quatre vers *produiraient leur effet,* la coupure fut-elle décidée et impitoyablement maintenue.

J'ai dit qu'il n'en était pas de même de Joanny ; Joanny était un vieux soldat plein d'honneur et de franchise qui arrivait à la quatrième répétition sans manuscrit, et sachant déjà imperturbablement son rôle ; de sorte que, s'il y avait réellement quelque reproche à lui faire, c'était celui d'être blasé par trente ou quarante répétitions générales, quand venait le jour de la première représentation.

Cette première représentation était pour le parti une affaire importante. J'avais gagné le Valmy de la révolution littéraire; il s'agissait pour Hugo d'en gagner le Jemmapes, et, alors, l'école nouvelle était lancée sur la voie des victoires.

Aussi, quand viendra cette première représentation d'*Hernani*, lui accorderons-nous toute l'attention qu'elle mérite.

Mais, pour le moment, force nous est, esclave que nous sommes de la chronologie, de passer de Victor Hugo à de Vigny, d'*Hernani* à *Othello*.

CXXXIII

Alfred de Vigny. — L'homme et ses œuvres. — Harel, directeur de l'Odéon. — Chute de la *Christine* de Soulié. — Parenthèse à propos de Lassailly. — Lettre d'Harel, avec préface de moi et post-scriptum de Soulié. — Je lis ma *Christine* à l'Odéon. — Harel me demande de la mettre en prose. — Première représentation du *More de Venise*. — Les acteurs et les journaux.

A la place de *Marion Delorme,* et en attendant ce fameux 1er octobre où Hugo s'était engagé à donner le drame inconnu auquel il travaillait, le Théâtre-Français s'était décidé à mettre en répétition l'*Othello* de Shakspeare, traduit par Alfred de Vigny, lequel *Othello* avait, comme *Henri III* et *Marion Delorme,* obtenu un énorme succès de lecture devant le comité.

Alfred de Vigny complétait, dans une condition un peu inférieure, la trinité poétique de l'époque: on disait, indifféremment, et sans leur assigner de rang, Hugo et Lamartine, ou Lamartine et Hugo ; puis, après eux, venait Alfred de Vigny.

Alfred de Vigny avait peu d'imagination, mais une grande correction de style; il était connu par son roman de *Cinq-Mars*, qui n'aurait qu'un succès médiocre s'il paraissait aujourd'hui, mais qui, dans ce moment de disette littéraire, avait eu beaucoup de vogue.

Au moment où Hugo avait lu *Marion Delorme*, de Vigny avait laissé dire à ses amis — ce sont toujours les amis qui disent ces sortes de choses — que Didier et Saverny, les deux principaux personnages du drame, étaient une imitation de Cinq-Mars et de de Thou. Je suis convaincu qu'en écrivant sa pièce, Hugo n'avait pas même pensé au roman de de Vigny.

Outre le roman de *Cinq-Mars*, de Vigny avait fait de charmants petits poëmes comme on en faisait alors: — c'était Byron qui avait mis ces sortes de compositions à la mode; — de Vigny, dis-je, avait fait cinq ou six petits poëmes charmants, parmi lesquels *Éloa* et *Dolorida*. Enfin, il venait de publier une fort touchante élégie sur deux malheureux jeunes gens qui s'étaient suicidés à Montmorency, au bruit de la musique d'un bal.

D'ailleurs, de Vigny était un singulier homme : poli, affable, doux dans ses relations, mais affectant l'immatérialité la plus complète ; cette immatérialité allait, du reste, parfaitement à son charmant visage aux traits fins et spirituels, encadré dans de longs cheveux blonds bouclés, comme un de ces chérubins dont il semblait le frère. De Vigny ne touchait jamais à la terre par nécessité : quand il reployait ses ailes, et qu'il se posait, par hasard, sur la cime d'un montagne, c'était une concession qu'il faisait à l'humanité, et parce que, au bout du compte, cela lui était plus commode pour les courts entretiens qu'il avait avec nous. Ce qui nous émerveillait surtout, Hugo et moi, c'est que de Vigny ne paraissait pas soumis le moins du monde à ces grossiers besoins de notre nature, que quelques-uns de nous—et Hugo et moi étions du nombre de ceux-là— satisfaisaient, non-seulement sans honte, mais encore avec une certaine sensualité. Personne de nous n'avait jamais surpris de Vigny à table. Dorval, qui, pendant sept ans de sa vie, avait passé chaque jour plusieurs heures près de lui, nous avouait, avec un étonnement qui tenait presque de la terreur, qu'elle ne lui avait jamais vu manger qu'un radis !

Proserpine, qui, cependant, était déesse, n'avait pas, elle, cette sobriété : enlevée par Pluton, entraînée en enfer, elle avait, dès le premier jour, et malgré la préoccupation que devait naturellement lui donner le séjour peu récréatif où elle avait été conduite, mangé sept grains de grenade!

Tout cela n'empêchait point de Vigny d'être un agréable confrère, gentilhomme jusqu'au bout des ongles, très-capable de vous rendre un service, très-incapable de vous jouer un mauvais tour.

Nul n'aurait pu dire précisément l'âge de de Vigny; mais, par approximation, comme on savait que de Vigny avait, au retour de Louis XVIII, servi dans les gardes, — en supposant qu'il eût eu dix-huit ans à son entrée au service, c'est-à-dire en 1815, — il devait en avoir trente-deux en 1829.

On voit que tous ces grands démolisseurs étaient fort jeunes, et que les poëtes révolutionnaires ressemblaient fort aux trois généraux de la Révolution dont j'ai parlé, je crois, qui commandaient l'armée de Sambre et Meuse, et qui avaient soixante et dix ans à eux trois : Hoche, Marceau, mon père.

Cette future représentation d'*Othello* faisait grand bruit. Nous connaissions tous la traduction de de Vigny, et, quoique nous eussions mieux aimé être soutenus par des troupes nationales, et par un général français, que par ce poétique condottiere, nous comprenions qu'il fallait accepter toutes les armes qu'on nous apportait contre nos ennemis, du moment surtout où ces armes sortaient de l'arsenal de notre grand maître à tous, — Shakspeare.

Mademoiselle Mars et Joanny étaient chargés des rôles principaux.

C'étaient de puissants auxiliaires; mais ce n'étaient pas précisément ceux qu'il nous eût fallu. Mademoiselle Mars et Joanny étaient un peu empruntés sous des habits qui, poétiquement, n'étaient pas faits à leur taille. Mademoiselle Mars, charmante femme de l'Empire, spirituelle, légère, fine, gracieuse, mordante, n'avait rien de la mélancolique, douce et naïve maîtresse du More; et Joanny, avec son nez retroussé à la Odry, avec ses gestes sans grandeur et sans majesté, n'avait rien du sombre et terrible amant de Desdémona.

Le rôle d'Iago, que Ducis avait remplacé par celui de Pezarre, comme on remplace une jambe de chair et d'os par une jambe de bois, était échu à Perrier, et allait paraître au grand jour, ou plutôt à la grande lumière, pour la première fois.

On attendait donc impatiemment cette représentation; mais, en attendant cette solennité, qui, ainsi que nous l'avons dit, allait avoir lieu au Théâtre-Français, une autre représentation se préparait à l'Odéon, et elle avait pour moi une double importance, car c'était celle de la *Christine à Fontainebleau* de Frédéric Soulié.

La *Christine* de M. Brault, morte quelques jours après sa naissance, comme je l'ai dit en son lieu et place, avait disparu sans laisser trace aucune.

L'Odéon venait de se réorganiser sur de nouvelles bases. Harel, que nous avons vu apparaître chez Hugo pour lui enlever *Marion Delorme* par surprise, venait d'être nommé directeur de l'Odéon, en remplacement, je crois, d'Éric Bernard.

Il avait ouvert le théâtre par *les États de Blois*, de Lucien Arnault, qui n'avaient eu qu'un succès médiocre, malgré le luxe avec lequel l'ouvrage avait été monté; et, homme de presse, habile à manier le triple élément qu'on appelle le feuilleton, l'entre-filet et la réclame, Harel battait bruyamment la caisse à propos de la *Christine à Fontainebleau* de mon ami Soulié.

Je n'avais pas revu Frédéric depuis ce soir où nous nous

étions quittés un peu refroidis l'un pour l'autre, et décidés à faire notre *Christine* chacun de notre côté.

Henri III, son succès et tout le bruit qu'il avait mené avec lui, avaient passé sans que j'entendisse le moins du monde parler de Soulié.

Sa *Christine* s'apprêtait, et je n'entendais point parler de lui davantage.

Il m'avait envoyé deux places de galerie pour sa *Juliette*; je lui avais envoyé deux places de balcon pour mon *Henri III*; et notre échange de politesses s'était borné là.

J'attendais mes places pour *Christine*; à mon grand étonnement, je ne les reçus point. — Plus tard, j'appris que c'était Harel qui, de peur que je ne fusse malveillant à l'ouvrage, s'était opposé à ce qu'on me les envoyât.

N'ayant point de place pour la première représentation, je ne cherchai pas à m'en procurer; et je me couchai bien certain, la pièce applaudie ou sifflée, d'en avoir des nouvelles le lendemain, dès le matin.

En effet, un de mes bons amis, garçon qui n'avait fait, à cette époque-là, que ses preuves d'esprit, et qui a fait depuis ses preuves de science, Achille Comte, entra dans ma chambre, à sept heures du matin.

La pauvre *Christine* était tombée à plat; — Soulié avait eu, à ce qu'il paraît, l'idée d'introduire dans la forêt de Fontainebleau un bandit italien qui y avait produit l'effet le plus grotesque.

La veille, j'aurais cru, d'après la façon dont Soulié s'était conduit envers moi, que cette nouvelle m'eût fait plaisir; mais, tout au contraire, elle me frappa douloureusement au cœur. — Saintes et primitives amitiés de la jeunesse, vous êtes seules sincères!

Non-seulement la lecture de *Marion* m'avait produit un effet immense, mais encore elle m'avait fait un bien énorme: elle m'avait ouvert, en exécution poétique, des horizons tout à fait inconnus; elle m'avait révélé des procédés de vers dont je ne me doutais pas; puis, enfin, elle m'avait donné l'idée première d'*Antony*.

Dès le lendemain de la lecture de *Marion Delorme*, je m'étais donc mis au travail avec un courage inouï. Avant que la musique des vers que j'avais entendus la veille eût cessé, je m'étais mis à l'œuvre, bercé par leur harmonie mourante; et la nouvelle *Christine* ouvrit les yeux à l'écho lointain et mélodieux qui vivait encore dans mon âme, quoique le bruit se fût éteint.

Qu'on me permette une petite digression à propos de *Christine*. Je la donne comme étude de mœurs ; on ne la prendra, je l'espère, que pour ce qu'elle vaut.

Il y avait, alors, de par le monde littéraire, un grand garçon à moitié fou, avec un long nez de travers et des jambes comme le Seringuinos des *Pilules du Diable*. Sa position sociale était, je crois, d'être le fils d'un apothicaire d'Orléans; il faisait le don Juan subalterne avec les femmes de chambre et les filles de portier, qu'il transformait, dans ses élégies et dans ses sonnets, en baronnes et en duchesses ; il écrivait un roman qui a été imprimé, mais qui n'a jamais été lu, j'en suis sûr. Ce roman avait pour titre *les Rouleries de Trialph*.

Lui se nommait Lassailly.

Il y a des gens qui ont l'étrange privilége d'introduire le grotesque dans les scènes les plus douloureuses ou les plus attendrissantes ; Lassailly était des plus favorisés parmi ces privilégiés du ridicule.

Un jour, j'étais couché; j'écrivais la première scène entre Paula et Monaldeschi. Tout à coup, j'entends la porte de mon salon qui s'ouvre, et un être quelconque qui s'approche de ma chambre à coucher avec des hurlements ; puis je vois la porte de ma chambre à coucher qui s'ouvre à son tour, et Lassailly qui entre en roulant sur le tapis et en s'arrachant les cheveux.

L'apparition avait quelque chose de si grotesque, de si effrayant même, que j'étendis la main vers des pistolets à deux coups placés dans un enfoncement, au chevet de mon lit.

Lassailly reconnu, je repoussai les pistolets, et j'attendis l'explication de cette espèce d'arlequinade.

L'arlequinade était triste : le père du pauvre diable s'était jeté à l'eau ; Lassailly venait d'apprendre, en même temps, que son père était noyé et que le cadavre, retiré de l'eau, était exposé à la morgue d'Orléans, d'où il ne pouvait sortir que moyennant une certaine somme.

Cette somme, Lassailly n'en possédait pas le premier denier, et il venait me la demander.

A cette vue d'un fils qui pleurait son père mort d'une si déplorable façon, une seule chose se dressa devant mes yeux : ce ne fut pas cette douleur peut-être sincère dans le fond, mais exagérée dans la forme au point d'en devenir grotesque ; ce fut ce malheur réel, imprévu, irréparable, ce malheur, spectre hâve et ruisselant, qui, morne, les yeux éteints, et le front sillonné d'herbes marines, sortait de l'eau de la Loire, et allait se coucher sur la dalle humide de la morgue.

Je n'essayai pas de consoler Lassailly ; on ne console que ceux qui ne demandent pas mieux que d'être consolés. Rachel pleurant ses enfants dans Rama, qu'elle remplissait de ses gémissements, ne voulut pas être consolée, parce qu'ils n'étaient plus.

— Mon ami, lui dis-je, allons au plus pressé : vous désirez partir pour Orléans, n'est-ce pas ? faire enterrer votre père ? Vous dites qu'il vous faut cent francs ; je crois qu'il vous faut plus que cela, et je voudrais vous offrir ce qu'il vous faut ; mais je ne puis vous offrir que ce que j'ai... Ouvrez le tiroir de ce chiffonnier, il y a dedans cent trente-cinq francs ; prenez-en cent trente, laissez-m'en cinq...

Lassailly essaya de se jeter dans mes bras, fit un effort pour m'embrasser, et m'appela son sauveur ; mais je le repoussai doucement en lui indiquant de la main le tiroir du chiffonnier, et en lui répétant :

— Là, là... tenez... Prenez cent trente francs, et laissez-m'en cinq.

Lassailly prit les cent trente francs, et sortit.

Lassailly sorti, je repris et terminai ma scène de Paula et Monaldeschi.

Quinze jours après, on m'apporta le premier numéro d'un petit journal qui n'eut jamais, il est vrai, que ce numéro. Un critique s'annonçait dans un article préparatoire, comme devant, pour la première fois, dire la vérité sur toutes les réputations pompeuses, fausses, nées dans une nuit. Grâce à ce critique, les choses et les hommes seraient, enfin, remis à la place que Dieu leur avait faite.

La série de ces justices vengeresses, de ces exécutions littéraires, commencerait par Alexandre Dumas.

L'article était signé Lassailly, et avait été payé cent francs !

Celui qui m'apportait le journal savait ce que, quinze jours auparavant, j'avais fait pour Lassailly.

— Eh bien, me demanda-t-il, que dites-vous de cela?

— Le pauvre garçon, répondis-je, il aura peut-être eu à faire enterrer sa mère !

Et je serrai le journal dans le tiroir du chiffonnier où Lassailly avait pris les cent trente francs qu'il ne m'a jamais rendus.

Depuis, Lassailly est mort, et le journal n'a pas ressuscité.

Revenons aux deux *Christine*.

Lorsque j'appris, comme je l'ai dit, la chute de celle de Soulié, la mienne était finie depuis un mois, à peu près, et elle avait pris le développement qu'elle a aujourd'hui. J'allai, le jour même, trouver le directeur du Théâtre-Français, une espèce de mulâtre aux gros yeux, au sang jaune, dont j'ai oublié le nom ; et, la lettre du comité à la main, la *Christine* de M. Brault étant jouée, je demandai la mise en répétition de la mienne. Il y avait justement comité le lendemain ; le directeur me répondit qu'il en référerait à ce comité.

Le comité décida que, comme il était de notoriété publique que j'avais fait des changements à mon ouvrage, je devais être soumis à une seconde lecture.

Mais cette seconde lecture étant, en réalité, une troisième lecture, je m'y refusai absolument.

J'en étais là de ce conflit avec la Comédie-Française, qui

commençait ainsi cette série de bonnes relations qu'elle a toujours eues avec moi, lorsque je reçus une lettre d'Harel conçue en ces termes :

« Mon cher Dumas, que dites-vous de cette idée de mademoiselle Georges :

» Jouer immédiatement votre *Christine* sur le même théâtre et avec les mêmes acteurs qui ont joué la *Christine* de Soulié ?

» Quant aux conditions, c'est vous qui les ferez.

» Ne vous préoccupez pas de cette idée que vous étranglez la pièce d'un ami ; elle est morte hier de sa belle mort.

» Votre tout dévoué,

» HAREL. »

J'appelai mon domestique, et, au-dessus de l'épître que je viens de transcrire, j'écrivis ces mots :

« Mon cher Frédéric, lis cette lettre.
» Quel brigand que ton ami Harel !

» A toi,

« ALEX DUMAS. »

Mon domestique porta la lettre à la scierie de la Gare. Une heure après, il me rapporta la réponse.

Au bas de la même lettre, Frédéric avait écrit :

« Mon cher Dumas,

» Harel n'est pas mon ami, c'est un directeur.
» Harel n'est pas un brigand, c'est un spéculateur.
» Je ne ferais pas ce qu'il fait, mais je lui conseillerais de le faire.
» Ramasse les morceaux de ma *Christine*, — et il y en a

beaucoup, je t'en préviens, — jette-les dans la hotte du premier chiffonnier qui passera, et fais jouer ta pièce.

» Tout à toi.

» F. SOULIÉ. »

C'était un assez curieux autographe, on en conviendra, que cette lettre d'Harel, avec sa préface et son post-scriptum.

Ainsi autorisé, je ne vis plus d'inconvénient à accepter les offres d'Harel. Ma seule condition fût que, reçue ou non par le comité de lecture, ma pièce passerait dans les six semaines de la date du traité.

La lecture au comité fut fixée au samedi suivant, et la lecture aux acteurs au dimanche soir.

Ce n'était pas sans motif que je m'étais défié du comité: il me reçut à correction, et, de même que le comité du Théâtre-Français m'avait donné Samson pour correcteur, le comité de l'Odéon me donna MM. Tissot et Sainte-Beuve pour conseils.

Cavé avait, en se levant, déclaré que la pièce renfermait de grandes beautés, mais qu'elle était injouable. — C'était le seul ami que j'eusse au comité !

Harel était fort ébranlé. Harel, tout homme d'esprit qu'il était, ne savait pas distinguer un bon vers d'un mauvais vers; il ignorait le beau et le grand.

Qu'on note bien que je ne dis point cela à propos de ses doutes sur *Christine* ; je dis cela en thèse générale.

Son dieu était Voltaire. Avant de mourir, il eut le bonheur d'être couronné pour avoir fait l'éloge de l'auteur de *Zaïre*.

Tout en admirant fort Voltaire philosophe et conteur, j'appréciais, au contraire, assez peu Voltaire poëte, et surtout poëte dramatique ; comme dramaturge, ses ressorts sont communs, usés, mélodramatiques ; comme écrivain, ses vers sont lâches, sentencieux et mal rimés.

C'est un malheur pour le philosophe de Ferney, mais, il

faut l'avouer, il n'est à peu près irréprochable que dans son infâme poëme de *la Pucelle*; et ceux que révoltent l'impiété, la calomnie historique et l'ingratitude nationale, ne sauraient admirer ce chef-d'œuvre, tout chef-d'œuvre qu'il est.

Malgré l'opinion de Cavé, malgré l'ébranlement d'Harel, la lecture aux acteurs n'en demeura pas moins fixée au lendemain : il y avait traité. Je dis *il y avait traité*, parce que, s'il n'y eût pas eu traité, la lecture n'aurait certainement pas eu lieu.

Seulement, Harel demanda, pour Jules Janin, la permission d'assister à cette lecture.

Janin, avait, à cette époque, tous droits chez Harel, et, quoique je ne me fiasse pas absolument au goût fantasque et capricieux du futur prince des critiques, je ne mis aucune opposition à sa présence. Je possédais, alors, cet effroyable aplomb qui accompagne toujours l'inexpérience et la suprême satisfaction de soi-même.

Il m'a fallu bien des succès pour me guérir de mon amour-propre !

Je lus aux acteurs, la classe d'individus, à tout prendre, la plus apte à juger d'avance l'effet d'une pièce, quoique chaque comédien écoute, en général, l'ouvrage qu'on lui lit au point de vue égoïste, ne se préoccupant que des effets de son rôle, et ne s'alarmant que des effets des rôles voisins.

La lecture eut un grand succès ; mais Harel n'en resta pas moins tourmenté d'une idée qui ne se produisit que le lendemain.

Le lendemain, il entra chez moi, avec le premier rayon du jour ; il venait me proposer purement et simplement de mettre *Christine* en prose.

Ce fut ainsi que, dès le premier moment, Harel se manifesta à moi dans toute sa gloire.

Il va sans dire que je lui ris au nez, et qu'après lui avoir ri au nez, je le mis à la porte

Le lendemain de ce lendemain, la première répétition eut lieu, comme si aucune proposition n'eût été faite.

La pièce était admirablement montée; Georges jouait Christine; Ligier, Sentinelli; Lockroy, Monaldeschi; et mademoiselle Noblet, qui débutait ou à peu près, jouait Paula.

Il était écrit là-haut que la personne pour laquelle avait été fait ce dernier rôle ne le jouerait pas! L'homme propose et Dieu dispose.

Il n'y avait pas jusqu'aux deux bouts de rôle des assassins de Monaldeschi qui ne fussent joués par deux acteurs du plus grand mérite, — Stockleit et Duparay.

Au moment où commençaient mes répétitions, finissaient celles d'Alfred de Vigny. Nos antagonistes étaient exaspérés contre nous, et il y avait de quoi. Ils demandaient à grands cris que l'on ne nous jouât point, et, nous, nous demandions à cris plus grands encore, qu'on les jouât.

La première représentation du *More de Venise* se présenta donc avec toutes les apparences d'une bataille. Mademoiselle Mars avait passé avec armes et bagages de l'ancienne comédie dans le drame moderne; Joanny, Perrier et Firmin nous étaient acquis; enfin, il n'y avait pas jusqu'à cet excellent David qui n'eût accepté le petit rôle de Cassio dans l'exhibition shakspearienne qui se préparait.

Il faut avoir vu la rage des hommes qui, depuis trente ans, accaparaient le Théâtre-Français, pour se faire une idée des rugissants anathèmes qui se lançaient contre nous. Ces messieurs ne semblaient connaître Shakspeare que par ce qu'en avait dit Voltaire, et Schiller que par ce qu'en avait dit M. Petitot. Quand M. Lebrun et M. Ancelot avaient emprunté, l'un *Marie Stuart* et l'autre *Fiesque,* au Shakspeare allemand, ils avaient trouvé que MM. Ancelot et Lebrun avaient fait bien de l'honneur à Schiller, et une foule d'articles avaient démontré que, d'ouvrages très-médiocres, d'ouvrages dignes des tréteaux de la foire, l'un et l'autre avaient fait de véritables chefs-d'œuvre académiques!

Mais, cette fois, ce n'était plus Shakspeare corrigé, châtré, émondé que le public allait voir: c'était — sauf ce qu'il devait nécessairement perdre de sa taille à la traduction — le géant qui avait rempli à lui seul le xvie, le xviie et le xviiie siècle de l'Angleterre.

Si ces sacriléges exhibitions se continuaient, qu'allaient dire Zaïre en face de Desdémone, Ninus en face d'Hamlet, les *Deux Gendres* en face du *Roi Lear?* Pâles et faibles contrefaçons de la nature et de la vérité, il leur allait donc falloir ou rentrer dans le néant ou soutenir la comparaison !

Aussi, j'ouvre un journal au hasard, et je lis :

« On arrivait à la représentation du *More de Venise* comme à une bataille dont le succès devait décider d'une grande question littéraire. Il s'agissait de savoir si Shakspeare, Schiller et Gœthe allaient chasser de la scène française Corneille, Racine et Voltaire. »

C'était d'une mauvaise foi adorable et d'un venin charmant. Grâce à cette idée de l'expulsion des maîtres, on montait la tête aux bourgeois, et la question, entièrement déplacée, donnait, par la forme même, raison à ceux qui la posaient.

Eh ! mon Dieu, non ! on ne chassait pas plus les maîtres de l'art, de leur Parnasse séculaire, que la bourgeoisie ne chassait l'aristocratie des positions que, depuis le commencement de la monarchie, l'aristocratie occupait. Non, on ne disait pas aux grands seigneurs : « Retirez-vous, et cédez-nous la place ! » On leur disait : « Laissez-nous aspirer aux mêmes droits que vous, si nous avons des titres à ces droits. L'Olympe païen était assez grand pour six mille dieux ; pressez-vous un peu, dieux de la vieille France, et laissez entrer les dieux scandinaves et germains. La religion de Molière, de Corneille et de Racine sera toujours la religion de l'État ; mais que la liberté des cultes soit proclamée ! »

Mais, eux, étroits et exclusifs, au lieu d'accueillir ces dieux nouveaux ; au lieu de les acclamer dans ce qu'ils avaient de céleste, et de les critiquer dans ce qu'ils avaient de vulgaire ; eux proscrits politiques d'hier, ils voulaient faire de la proscription littéraire aujourd'hui. C'était incroyable, étrange, inouï, et cependant, c'était comme cela !

Malgré une violente opposition, *Othello* réussit. Pour la première fois, on entendait les rugissements de la jalousie africaine, et l'on s'émut, l'on frissonna, l'on frémit aux sanglots de cette terrible colère.

Joanny, porté par le rôle, fut souvent remarquable, très-beau une fois ou deux ; je n'ai rien vu de plus pittoresque que cette grande figure africaine, traversant le théâtre pendant la nuit, drapée comme un spectre dans son grand burnous blanc, et murmurant d'une voix sombre, et le bras étendu vers la demeure de Desdémone :

..... Attends, femme ! j'arrive !
Ton sang, bientôt versé par mon bras satisfait,
Va couler sur ce lit qu'a souillé ton forfait !

Mademoiselle Mars, bien autrement savante en art que Joanny, fut plus constamment belle ; une fois elle fut sublime ; ce fut lorsque, se dressant sur son lit, elle s'écria, démentant d'avance l'accusation d'Iago :

..... Il ne le dira pas !

J'écris tout cela de mémoire, comme on le comprend bien, et je cite les points lumineux qui se dessinent dans mon esprit à travers une nuit de vingt-deux ans.

Qu'on me pardonne donc de ne citer que ces deux-là.

Au reste, ce qu'il y avait d'étrange dans la situation, c'est que les journaux libéraux, c'est-à-dire ceux qui prêchaient le mouvement et le progrès en politique, étaient réactionnaires en littérature : tandis que les journaux royalistes, c'est-à-dire ceux qui prêchaient la stagnation et l'immobilité en politique, étaient révolutionnaires en littérature.

C'était à n'y rien comprendre, tant qu'on ne savait pas que *le Constitutionnel*, *le Courrier français*, et *la Pandore* étaient rédigés par MM. Jay, Jouy, Arnault, Étienne, Viennet, etc.; tandis que *la Quotidienne*, *le Drapeau blanc*, *la Foudre* étaient rédigés par Merle, Théaulon, Brisset, Martainville, Lassagne, Nodier et Mély-Jannin.

Les uns travaillaient pour le Théâtre-Français, et, ayant usurpé la place, voulaient la garder; les autres n'avaient, en général, ravaillé que pour les boulevards, et ils voulaient qu'une brèche opérée aux remparts classiques leur donnât à leur tour entrée dans la place. Merle était, en outre, le mari de madame Dorval, dont le talent commençait à faire sensation, et qui avait créé, avec un succès incontesté, les rôles d'Amélie dans *Trente Ans ou la Vie d'un joueur*, de Charlotte Corday dans *Sept Heures*, et de Louise dans *l'Incendiaire*.
— Nous ne parlons pas de celui d'Héléna dans *Marino Faliero :* le rôle était mauvais, et madame Dorval avait cela de particulier qu'elle ne savait pas rendre bon un mauvais rôle.

J'ai dit que les répétitions de *Christine* avaient commencé. Laissons-les aller leur train, et faisons une trouée dans le monde de la ville, que nous avons abandonné depuis un bien long temps, ce nous semble, pour le monde du théâtre.

Tout en changeant de scène, nous retrouverons sur celle où je conduis le lecteur un comédien qui valait bien les acteurs que nous quittons.

Ce n'était point, au reste, un de ceux qui, depuis cinquante ans, eussent joué les rôles les moins curieux dans le grand drame qui avait attiré tous les yeux et occupé tous les esprits pendant la fin du XVIIIe et le commencement du XIXe siècle.

Pour que le lecteur sache à quoi s'en tenir, nous lui dirons tout de suite qu'il s'agit de Paul-François-Jean-Nicodème comte de Barras.

CXXXIV

Le citoyen général Barras. — Le docteur Cabarrus me présente chez lui. — Les deux seuls remords de Barras. — Ses dîners. — Le chasseur de la princesse de Chimay. — Fauche-Borel. — Le *gâchis* du duc de Bordeaux. — Leçon d'histoire donnée à un ambassadeur. — Walter Scott et Barras. — Dernière joie de l'ancien directeur. — Sa mort.

J'ai raconté de quelle façon mon succès d'*Henri III* m'avait lancé dans le monde, et quelle curiosité il avait excitée pour son auteur. Au nombre des personnes qui avaient désiré que je leur fusse présenté était Barras.

J'avais pour lui, homme de la Convention et du Directoire, du 9 thermidor et du 13 vendémiaire, un nom doublement historique, — le nom de mon père et le mien.

On connaît Barras par cœur. Fils d'une vieille famille de Provence, il était entré de bonne heure au service; envoyé dans l'île de France et dans l'Inde, où il avait vaillamment concouru à la défense de Pondichéry, il était sorti du service avec le grade de capitaine, et était venu à Paris, où il avait mené une vie fort dissipée. Pris au milieu de cette existence de plaisirs par ses concitoyens du Var, qui l'avaient fait député en 1792, il avait siégé à la Convention parmi les montagnards ; chargé, l'année suivante, d'une mission ayant pour but de réprimer le double mouvement fédéraliste et royaliste qui agitait le Midi, il avait assisté à la reprise de Toulon sur les Anglais ; là, il avait connu le chef de bataillon Bonaparte, et avait été ainsi à même d'apprécier l'avantage qu'un parti pouvait tirer d'un pareil homme.

Nommé, au 9 thermidor, commandant de la force armée de Paris, ce fut lui qui s'empara de Robespierre et qui le livra à l'échafaud. Quelques jours après, attaqué lui-même par les sections, — à défaut de mon père, appelé par la Convention, et qui, comme on l'a vu, ne pouvait répondre à cet appel à cause de son absence, — il poussa en avant Bonaparte, qui fit pour lui le 13 vendémiaire, et contre lui le 18 brumaire,

A cette époque, disait-on, — mais cela me parait une de ces calomnies que les vainqueurs, pour se faire absoudre de leur victoire, quand elle n'est pas tout à fait légale, jettent volontiers sur les vaincus; — à cette époque, disait-on, Barras était en train de négocier le retour des Bourbons, et douze millions étaient promis au nouveau Monk pour prix de cette restauration.

L'événement du 18 brumaire ayant tué la contre-révolution bourbonienne, Barras, proscrit par son ancien protégé, se retira à Bruxelles, puis à Rome. En 1816 seulement, il revint en France, et se fixa à Chaillot, qu'il habitait depuis cette époque, et où il tenait, grâce à deux cent mille livres de rente viagère qu'il avait sauvées des différents naufrages de sa vie politique, une charmante maison fort luxueuse, en domestiques surtout. Je dis *en domestiques surtout*, parce que le grand luxe de table de Barras était d'avoir autant de domestiques que de convives, et j'ai dîné deux ou trois fois chez Barras, moi vingt ou vingt-cinquième.

Je fus présenté à l'ancien directeur par un de mes plus anciens et de mes meilleurs amis, par un homme que j'ai grand plaisir à voir quand je me porte bien, et plus grand plaisir encore quand je suis malade; par le docteur Cabarrus, fils de la belle madame Tallien.

Cabarrus était, alors, ce qu'il est, au reste, encore aujourd'hui, une grande et forte organisation, sympathique de visage, sympathique de caractère. Doué d'un esprit charmant, d'une science réelle, d'une observation incessante, Cabarrus, par sa position sociale moins que par sa valeur personnelle, avait été jeté au milieu de toutes les aristocraties : aristocratie de naissance, aristocratie de talent, aristocratie de science. Personne ne raconte, et, chose plus rare, n'écoute mieux que lui : il a la bouche fine, spirituelle, rieuse, et il rit avec de belles dents, ce qui met la lumière dans le rire. — Barras l'aimait beaucoup, et il n'y a là rien d'étonnant, tous ceux qui connaissent Cabarrus l'aiment.

Ce fut donc Cabarrus qui, un mercredi matin, me conduisit chez Barras. J'étais prévenu qu'on appelait toujours l'ancien directeur *citoyen général*; on n'y était pas forcé, bien entendu, mais c'était le titre qui lui faisait le plus de plaisir.

Barras nous reçut dans son grand fauteuil, qu'il ne quittait guère plus que, vers les dernières années de sa vie, Louis XVIII ne quittait le sien. Il se rappelait parfaitement mon père, l'accident qui l'avait éloigné du commandement de la force armée au 13 vendémiaire, et je me souviens qu'il me répéta plusieurs fois, ce jour-là, ces paroles, que je reproduis textuellement :

— Jeune homme, n'oubliez pas ce que vous dit un vieux républicain; je n'ai que deux regrets, je devrais dire deux remords, et ce sont les seuls qui seront assis à mon chevet le jour où je mourrai : j'ai le double remords d'avoir renversé Robespierre par le 9 thermidor, et élevé Bonaparte par le 13 vendémiaire.

On voit que je n'ai pas oublié ce que m'avait dit Barras, quoique, sur l'un de ces deux points, — et je laisse au lecteur à deviner lequel, — je ne partage pas tout à fait son opinion.

C'était le mercredi que Barras recevait. Cabarrus avait choisi ce jour-là, espérant que le « citoyen général » me retiendrait à dîner, et qu'ainsi je me trouverais avec quelques illustrations de la fin de l'autre siècle et du commencement de celui-ci; illustrations qui, au reste, quelles qu'elles fussent, une fois chez Barras, subissaient le niveau républicain, et n'étaient plus que des citoyens ou des citoyennes.

L'attente de Cabarrus ne fut pas trompée : l'ancien directeur nous invita à dîner, nous offrant, si nous ne voulions pas retourner à Paris, une voiture pour nous promener au bois en attendant l'heure de se mettre à table.

Cabarrus avait ses affaires; j'avais les miennes; nous acceptâmes le dîner, refusâmes la voiture, et prîmes congé de Barras.

Barras était, en 1829, un très-beau vieillard de soixante-quatorze ans. Je le vois encore dans son fauteuil à roulettes, où les mains et la tête semblaient être restées seules vivantes, mais aussi paraissaient avoir concentré en elles la vie de tout le corps, coiffé d'une casquette qui ne le quittait jamais, et qu'il ne quittait pour personne.

De temps en temps, cette vie morale, si l'on peut parler ainsi, vie factice, vie toute de volonté, l'abandonnait, et il avait, alors, l'air d'un mourant.

Nous revînmes à l'heure du dîner. J'ai dîné trois fois chez Barras, et, à chaque dîner, j'ai été témoin d'un incident assez curieux.

Le premier jour, — celui dont je parle, — nous étions à peu près vingt ou vingt-cinq à table.

Au nombre des convives était madame Tallien, devenue princesse de Chimay.

Elle était arrivée accompagnée d'un chasseur dont les plumes merveilleuses avaient fait l'admiration de tout le monde.

On nous avait introduits au salon, où les premiers venus faisaient les honneurs aux convives, au fur et à mesure qu'ils se présentaient.

On ne voyait Barras qu'à table.

L'heure du repas arrivée, on ouvrait à deux battants les portes de la salle à manger, chacun cherchait la place qui lui était indiquée ; la porte de la chambre à coucher s'ouvrait : on roulait Barras au centre de la table ; les convives s'asseyaient et attaquaient d'habitude avec grand appétit un fastueux repas.

Quant à Barras, son dîner était étrange : on apportait devant lui un énorme gigot que l'on coupait de façon à en faire sortir tout le jus ; on emportait ensuite le gigot à la cuisine, et on en laissait le jus dans l'assiette creuse de Barras ; Barras émiettait du pain dans ce jus, et mangeait cette espèce de pâtée.

Je ne lui vis jamais manger autre chose, les trois fois que je dînai chez lui.

Ce jour-là, au milieu du dîner, on entendit un grand bruit dans la cuisine. C'était comme une lutte, les cris étaient mêlés d'éclats de rire.

Barras avait l'habitude d'être admirablement servi, et dans un silence remarquable. Aucun des vingt ou vingt-cinq domestiques qui se tenaient derrière les convives ne soufflait le mot, ne choquait une assiette, ne froissait un couvert d'argent. A part le luxe de viandes qui chargeait la table, on se serait cru dans une école pythagoricienne.

Un seul avait son franc parler : c'était le valet de chambre, l'intendant, disons mieux, l'ami de Barras.

Il s'appelait Courtaud.

— Courtaud ! demanda Barras en fronçant le sourcil, quel est donc ce bruit ?

— Je ne sais, citoyen général, répondit Courtaud, fort étonné lui-même d'une infraction pareille aux règles de la maison ; je vais voir.

Courtaud sortit, et, cinq secondes après, rentra. Tous les visages, au reste, étaient tournés du côté de la porte.

— Eh bien ? demanda Barras.

— Oh ! ce n'est rien, citoyen général, répondit Courtaud en riant.

— Mais, enfin, qu'est-ce ?

— Ce sont les domestiques des citoyens — et Courtaud montrait les convives, appartenant, du reste, pour la plupart, à l'opinion républicaine, — qui sont en train de plumer le chasseur de la citoyenne Tallien, et il crie, le pauvre diable, parce que, en lui tirant les plumes, on lui pince un peu la peau.

— Et qu'a-t-il fait pour mériter d'être plumé tout vif par les autres domestiques ? reprit Barras.

— Il a appelé sa maîtresse *madame la princesse de Chimay !*

— Alors, le supplice est juste : sa maîtresse ne s'appelle pas la princesse de Chimay, elle s'appelle la citoyenne Tallien.

Un autre jour, — c'était à table encore, — un couvert était resté vacant. Le convive en retard était le fameux Fauche-Borel, l'agent royaliste que vous savez, qui devait, six mois plus tard, réduit à la misère, par l'ingratitude des Bourbons, se tuer à Neuchâtel en se jetant par une fenêtre. Il avait de grandes familiarités chez Barras, et l'on disait que c'était par son intermédiaire qu'avaient été liées les négociations échouées en 1798 entre les Bourbons et l'ancien directeur.

Fauche-Borel était donc en retard. Au rôti, il arrive attendri, les yeux humides, un mouchoir à la main.

— Enfin, vous voilà, mon cher Fauche-Borel, dit Barras ; pourquoi donc ce retard ?

— Ah ! citoyen général, demandez-moi plutôt d'où vient mon émotion.

— Eh bien, mon cher Fauche-Borel, je vous demande d'où vient votre émotion.

— Oh ! général, le spectacle le plus touchant, le plus attendrissant, le plus exemplaire... Imaginez-vous que j'arrive des Tuileries...

— Ah ! ah !... Et c'est là que vous avez vu ce spectacle touchant, attendrissant, exemplaire?... Vous avez eu du bonheur, mon ami, et vous êtes tombé au bon moment ! — Voyons, racontez-nous ce que vous avez vu, que nous soyons à notre tour touchés, attendris, édifiés.

— Figurez-vous, citoyen général, que M. le duc de Bordeaux avait, dans le grand salon où il jouait, répandu de l'eau sur le parquet...

— Vraiment !

— Et que le duc de Damas lui a dit : « Monseigneur, vous avez fait du *gâchis* sur le parquet ; j'en suis désespéré, mais vous le balayerez. — Comment, je le balayerai ! a répondu le jeune prince ; est-ce qu'il n'y a pas des balayeurs ici? — Il y en a ; mais, cette fois, comme le gâchis a été fait par Votre Altesse, c'est Votre Altesse qui le balayera... Allez chercher un balai ! » a dit le duc à un laquais ; et, comme celui-ci hésitait : « Je vous l'ordonne ! » a-t-il ajouté. Cinq minutes après, le domestique est arrivé avec un balai. Son Altesse a versé beaucoup de larmes ; mais M. de Damas a tenu bon, et monseigneur a été obligé de balayer lui-même le gâchis qu'il avait fait ! — Que dites-vous de cela, citoyen général ?

— Je dis, répondit Barras avec ce ton railleur qui lui était habituel, que le gouverneur de M. le duc de Bordeaux fait bien d'apprendre un état à son élève ; au train dont y vont ses nobles parents, il en aura bientôt besoin !

Une autre fois, — c'était toujours à table, — un illustre général, homme de guerre éminent, homme d'esprit remarquable, et qui était, alors, ambassadeur à Constantinople, racontait avec amertume une scène de la Révolution.

Par hasard, il avait derrière lui Courtaud, ce valet de chambre, cet intendant, cet ami de Barras ; l'homme au franc parler.

Celui-ci étend la main, et touche le général à l'épaule juste au beau milieu de son récit.

— Général, dit-il, je vous arrête... Ce que vous racontez ne s'est point passé comme vous le dites : vous calomniez la Révolution !

Le général, indigné, se tourne vers Barras, comme pour en appeler à lui de la familiarité d'un laquais.

Mais Barras :

— Messieurs, Courtaud a raison ! — Raconte l'aventure comme elle s'est passée, Courtaud ; rétablis les faits, et donne une leçon d'histoire à M. l'ambassadeur.

Et Courtaud, à la grande satisfaction de Barras, et au grand ébahissement de la société, raconta les faits comme ils s'étaient passés.

A l'époque où Walter Scott était venu à Paris pour y chercher des documents sur le règne de Napoléon, dont il se proposait d'écrire l'histoire, Barras, qui avait des documents précieux à lui communiquer, désira le voir, et pria Cabarrus — qui sait sa Révolution comme Courtaud, mais qui la raconte mieux que celui-ci, n'en déplaise à la mémoire du citoyen général Barras, — d'inviter le célèbre romancier à venir dîner chez lui. Cabarrus commença par avoir une longue conversation avec Walter Scott, lequel, sachant qu'il avait affaire au fils de madame Tallien, causa beaucoup de tous les événements dans lesquels la mère de Cabarrus avait joué un rôle ; enfin, le messager aborda le véritable objet de sa visite, et transmit au poëte écossais l'invitation de Barras.

Mais Walter Scott secoua la tête.

— Je ne puis dîner avec cet homme, répondit-il; j'écrirai du mal de lui, et l'on dirait, dans notre Écosse, que *je lui ai jeté à la tête les plats de sa table!*

Un jour, Cabarrus m'invita à passer chez lui vers une heure de l'après-midi. Je me rendis exactement à l'invitation.

— Barras mourra aujourd'hui, me dit-il; voulez-vous le voir une dernière fois avant qu'il meure ?

— Certainement, répondis-je ; je suis curieux de pouvoir dire plus tard aux gens qui ne le connaîtront que de nom : « J'ai vu Barras le jour de sa mort. »

— Eh bien, venez avec moi ; je vais littéralement lui dire adieu.

Nous montâmes en voiture, et nous nous rendîmes à Chaillot.

Nous trouvâmes Courtaud fort triste ; lorsque Cabarrus lui demanda comment allait son maître, il se contenta de secouer la tête.

Il n'introduisit pas moins Cabarrus dans la chambre du moribond, et, comme j'étais avec Cabarrus, il me fit entrer en même temps.

Nous nous attendions à trouver Barras triste, pâle, abattu, défait ; Barras était gai, souriant, presque rouge ; il est vrai que cette rougeur était une question de fièvre.

On commença par excuser ma présence. J'avais rencontré Cabarrus aux Champs-Élysées, et, ayant appris qu'il venait prendre des nouvelles de Barras, j'avais voulu en venir prendre avec lui.

Barras me fit, de la tête, un petit signe amical pour me dire que j'étais le bienvenu,

— Mais, s'écria Cabarrus, que me disait donc ce terroriste de Courtaud, général? Il prétendait que vous étiez plus mal; vous me paraissez vous porter admirablement, au contraire !

— Ah ! oui, dit Barras, parce que vous me trouvez riant tout seul... Cela n'empêchera point, mon cher Cabarrus, que je ne sois mort ce soir !... — Entendez-vous cela, Dumas? je suis comme Léonidas : ce soir, je soupe chez Pluton ! et je pourrai dire à votre père, qui serait si content de vous voir, que, moi, je vous ai vu.

— Mais qui vous faisait donc rire, quand nous sommes entrés? demanda Cabarrus en essayant de détourner la conversation, et de la ramener de la mort à la vie.

— Ce qui me faisait rire? répondit Barras. Je vais te le dire. C'est que je viens de jouer un bon tour à nos gouvernants... Comme j'ai été au pouvoir, ils ont les yeux sur moi; ils savent que je vais mourir, et ils guettent le moment de ma mort, pour mettre la main sur mes papiers. Depuis ce matin, en conséquence, je suis occupé à mettre mon cachet sur ces trente ou quarante cartons. Aussitôt ma mort, ils seront saisis; j'ai donné ordre qu'on introduisît un référé, qu'on plaidât à grand bruit... Cela pourra durer quatre mois, six mois, un an... Après quoi, mes héritiers perdront, mes papiers étant des papiers d'État. Alors ces quarante cartons que vous voyez-là seront solennellement ouverts en conseil des ministres... Eh bien, à la place de ces papiers précieux qui sont en sûreté, savez-vous ce qu'ils trouveront?

— Non, je ne m'en doute pas, je l'avoue.

— Les comptes de mes blanchisseuses, depuis trente-cinq ans... et ils en auront long à déchiffrer, car j'ai sali du linge depuis le 9 thermidor jusqu'aujourd'hui.

Et Barras poussa un éclat de rire si franc et si joyeux, qu'il en tomba en faiblesse.

Le soir, comme lui-même l'avait prédit, il était mort.

CXXXV

La maison de mademoiselle Georges. — Harel et Jules Janin. — Les jeunes Tom et Popol. — Prière de ce dernier contre le choléra. — Vie orientale de Georges. — Sa propreté. — Défaut contraire d'Harel. — Vingt-quatre mille francs jetés par la fenêtre. — La Saint-Antoine. — Piaff-Piaff. — Ses débordements. — Son trépas. — Son oraison funèbre.

Mes répétitions de *Christine* m'avaient ouvert la maison de mademoiselle Georges, comme mes répétitions d'*Henri III* m'avaient ouvert la maison de mademoiselle Mars.

C'était une maison d'une composition bien originale que celle qu'habitait ma bonne et chère Georges, rue Madame, n° 12, autant qu'il m'en souvient.

D'abord, dans les mansardes, Jules Janin, second locataire.

Au second, Harel, principal locataire.

Au premier et au rez-de-chaussée, Georges, sa sœur et ses deux neveux.

L'un de ces deux neveux, qui est aujourd'hui un grand, beau et spirituel garçon portant le nom d'Harel, avait longtemps, soit en province, soit à Paris, figuré stéréotypé sur les affiches de sa tante, qui ne pouvait pas plus se passer de lui au théâtre qu'à la ville.

On se rappelle cette phrase, qui, pendant cinq ou six ans, ne subit aucune altération :

» Le jeune Tom, âgé de dix ans, remplira le rôle de... »

Puis les noms variaient depuis celui de Joas jusqu'à celui de Thomas Diafoirus; l'âge seul ne variait jamais : le jeune Tom restait toujours âgé de dix ans.

Il faut rendre justice au jeune Tom, il exécrait la comédie; aussi, chaque fois qu'il lui fallait entrer en scène, murmurait-il entre ses dents :

— Maudit théâtre! et penser qu'il ne brûlera pas!

— Que dis-tu, Tom? demandait mademoiselle Georges.

— Rien, ma tante, répondait Tom; je repasse mon rôle.

Son frère Paul, qu'on appelait le petit Popol, était bien le plus drôle de corps qui eût jamais existé : une tête charmante avec de beaux yeux noirs, et de longs cheveux châtains, avait grossi sur un corps trop petit pour elle. Cette disproportion donnait à l'aspect de l'enfant quelque chose de grotesque; il avait énormément d'esprit, était gourmand comme Grimod de la Reynière; et, tout au contraire de Tom, fut resté toute sa vie en scène, pourvu qu'il y eût eu quelque chose à manger.

A l'époque où je l'ai connu, ce n'était encore qu'un marmot de six ou sept ans, et déjà il avait trouvé moyen, sous toute sorte de prétextes plus ingénieux les uns que les autres, de se faire ouvrir un crédit au café qui fait le coin de la rue de Vaugirard et de la rue Molière. Un beau jour, il se trouva que le compte du jeune Popol montait à une centaine d'écus! En trois mois, il avait absorbé pour trois cents francs de bavaroises et de riz au lait qu'il venait chercher au nom de sa mère, ou au nom de sa tante, et qu'il buvait ou mangeait dans les escaliers, dans les corridors ou derrière les portes.

C'était lui qui, dans *Richard Darlington*, placé en perspective, de manière à paraître de la grandeur d'un homme ordinaire, représentait le président; il avait à sa droite une sonnette, à sa gauche un verre d'eau sucrée; il agitait la sonnette avec la gravité de M. Dupin, et buvait le verre d'eau sucrée avec la dignité de M. Barrot.

Le petit gueux n'avait jamais voulu apprendre une seule prière, ce qui faisait beaucoup rire le voltairien Harel; quand, tout à coup, à l'époque du choléra, on s'aperçut que le jeune Popol disait, matin et soir, une oraison qu'il avait, sans doute, improvisée pour la circonstance.

On fut curieux de savoir ce que pouvait être cette oraison; on se cacha, on écouta, et l'on entendit.

On entendit la prière suivante :

« Seigneur, mon Dieu! prenez ma tante Georges; prenez mon oncle Harel; prenez mon frère Tom; prenez maman Bébelle; prenez mon ami Provost, et laissez le petit Popol et la cuisinière! »

La prière ne porta pas bonheur au pauvre petit, si fervente

qu'elle fût : le choléra le prit, et l'emporta, lui quinze centième, dans la même journée.

Nous avons dit ce qu'était le frère Tom ; nous avons tous vu jouer maman Bébelle sous le nom de Georges cadette ; disons, maintenant, quelques mots de la tante Georges, la plus belle femme de son temps, et de l'oncle Harel, l'homme le plus spirituel de son époque.

La tante Georges était, alors, une admirable créature âgée de quarante et un ans, à peu près. Nous avons déjà donné son portrait, écrit ou plutôt dessiné par la plume savante de Théophile Gautier. Elle avait surtout la main, le bras, les épaules, le cou, les yeux d'une richesse et d'une magnificence inouïes ; mais, comme la belle fée Mélusine, elle sentait, dans sa démarche, une certaine gêne à laquelle ajoutaient encore — je ne sais pourquoi, car Georges avait le pied digne de la main — des robes d'une longueur exagérée.

A part les choses de théâtre, pour lesquelles elle était toujours prête, Georges était d'une paresse incroyable. Grande, majestueuse, connaissant sa beauté, qui avait eu pour admirateurs deux empereurs et trois ou quatre rois, Georges aimait à rester couchée sur un grand canapé, l'hiver dans des robes de velours, dans des vitchouras de fourrures, dans des cachemires de l'Inde ; et l'été dans des peignoirs de batiste ou de mousseline. Ainsi étendue dans une pose toujours nonchalante et gracieuse, Georges recevait la visite des étrangers, tantôt avec la majesté d'une matrone romaine, tantôt avec le sourire d'une courtisane grecque ; tandis que des plis de sa robe, des ouvertures de ses châles, des entre-bâillements de ses peignoirs, sortaient, pareilles à des cous de serpent, les têtes de deux ou trois lévriers de la plus belle race.

Georges était d'une propreté proverbiale ; elle faisait une première toilette avant d'entrer au bain, afin de ne point salir l'eau dans laquelle elle allait rester une heure ; là, elle recevait ses familiers, rattachant de temps en temps, avec des épingles d'or, ses cheveux qui se dénouaient, et qui lui donnaient, en se dénouant, l'occasion de sortir entièrement de l'eau des bras splendides, et le haut, parfois même le bas d'une gorge qu'on eût dite taillée dans du marbre de Paros.

Et, chose étrange ! ces mouvements, qui, chez une autre femme, eussent été provoquants et lascifs, étaient simples et naturels chez Georges, et pareils à ceux d'une Grecque du temps d'Homère ou de Phidias ; belle comme une statue, elle ne semblait pas plus qu'une statue étonnée de sa nudité, et elle eût, j'en suis sûr, été bien surprise qu'un amant jaloux lui eût défendu de se faire voir ainsi dans sa baignoire, soulevant, comme une nymphe de la mer, l'eau avec ses épaules et ses seins blancs.

Georges avait rendu tout le monde propre autour d'elle, — excepté Harel.

Oh ! Harel, c'était autre chose ! La propreté était pour lui un immense sacrifice, et, ce sacrifice, il ne le faisait que contraint et forcé. Aussi, Georges, qui l'adorait, et qui ne pouvait se passer un seul instant d'entendre cliqueter ce charmant esprit à ses oreilles, Georges déclarait-elle à tout venant que c'était cet esprit seul qu'elle aimait, et que, quant au reste, elle le laissait parfaitement libre d'en disposer en faveur de qui lui agréerait.

A cette époque, Georges avait encore des diamants magnifiques, et, entre autres, deux boutons qui lui avaient été donnés par Napoléon, et qui valaient chacun à peu près douze mille francs.

Elle les avait fait monter en boucles d'oreilles, et portait ces boucles d'oreilles-là de préférence à toutes autres.

Ces boutons étaient si gros, que bien souvent Georges, en rentrant le soir, après avoir joué, les ôtait, se plaignant qu'ils lui allongeaient les oreilles.

Un soir, nous rentrâmes et nous nous mîmes à souper. Le souper fini, on mangea des amandes ; Georges en mangea beaucoup, et, tout en mangeant, se plaignit de la lourdeur de ces boutons, les tira de ses oreilles, et les posa sur la nappe.

Cinq minutes après, le domestique vint avec la brosse, nettoya la table, poussa les boutons dans une corbeille avec les coques des amandes, et, amandes et boutons, jeta le tout par la fenêtre de la rue.

Georges se coucha sans songer aux boutons, et s'endormit tranquillement ; ce qu'elle n'eût pas fait, toute philosophe qu'elle était, si elle eût su que son domestique avait jeté par la fenêtre pour vingt-quatre mille francs de diamants.

Le lendemain, Georges cadette entra dans la chambre de sa sœur, et la réveilla.

—Eh bien, lui dit-elle, tu peux te vanter d'avoir une chance, toi ! regarde ce que je viens de trouver.

— Qu'est cela ?

— Un de tes boutons.

— Et où l'as-tu trouvé ?

— Dans la rue.

— Dans la rue ?

— C'est comme je te le dis, ma chère... dans la rue, à la porte... Tu l'auras perdu en rentrant du théâtre.

— Mais non, je les avais en soupant.

— Tu en es sûre ?

— A telles enseignes, que, comme ils me gênaient, je les ai ôtés et les ai mis près de moi. Qu'en ai-je donc fait après ?... où les ai-je serrés ?...

— Ah ! mon Dieu, s'écria Georges cadette, je me rappelle : nous mangions des amandes, le domestique a nettoyé la table avec la brosse...

— Ah ! mes pauvres boutons ! s'écria Georges à son tour, descends vite, Bébelle ! descends !

Bébelle était déjà au bas de l'escalier. Cinq minutes après, elle rentrait avec le second bouton : elle l'avait retrouvé dans le ruisseau.

— Ma chère amie, dit-elle à sa sœur, nous sommes trop heureuses ! Fais dire une messe, ou, sans cela, il nous arrivera quelque grand malheur.

Nous avons parlé de la malpropreté d'Harel ; elle était de notoriété publique, et lui-même en prenait une espèce d'orgueil ; homme de paradoxe, il s'amusait à faire des amplifications sur cette triste supériorité.

Quand il voyait Georges couchée sur son canapé au milieu de ses chiens bien peignés, bien lavés, avec leur collier de maroquin au cou, il soupirait d'ambition.

Car Harel avait une ambition qu'il avait manifestée bien souvent, et qui n'avait jamais été satisfaite : — c'était d'avoir un cochon !

A son avis, saint Antoine était le plus heureux des saints, et il était, comme lui, prêt à se retirer au désert, si la Providence daignait lui accorder le même compagnon.

La fête d'Harel approchant, nous résolûmes, Georges, et moi, de combler les modestes désirs d'Harel ; nous achetâmes, moyennant vingt-deux livres tournois, un cochon de trois à quatre mois ; nous lui mîmes une couronne de diamants sur la tête, un bouquet de roses au côté, des nœuds de pierreries aux pattes, et, le conduisant majestueusement comme une mariée, nous entrâmes dans la salle à manger, au moment où nous crûmes l'heure venue de faire à Harel cette douce surprise.

Aux cris que poussait le nouvel arrivant, Harel abandonna à l'instant même la conversation de Lockroy et de Janin, si attachante qu'elle fût, et accourut vers nous.

Le cochon tenait à la patte un compliment qu'il présenta à Harel.

Harel se précipita sur son cochon, — car il devina du premier coup que ce cochon était à lui, — le serra contre son cœur, se frotta le nez à son groin, le fit asseoir près de lui sur la grande chaise de Popol, le maintint sur cette chaise avec une écharpe à Georges, et se mit à le bourrer de toute sorte de friandises.

Le cochon, baptisé séance tenante, reçut d'Harel — qui déclara contracter envers lui les obligations d'un parrain envers son filleul — le nom euphonique de Piaff-Piaff.

Dès le même soir, Harel se retira à son second étage avec Piaff-Piaff, et, comme nul ne s'était préoccupé du coucher de l'animal, Harel s'empara d'une robe de velours à Georges, et lui en fit une litière.

Cela amena, le lendemain, entre Georges et Harel, une grande altercation où, pris pour juges par les parties, nous condamnâmes Harel à payer à Georges deux cents francs d'indemnité sur la recette du soir.

La robe fut envoyée au magasin, et l'on en fit des costumes de page.

Cette amitié d'Harel pour son cochon devint une frénésie. Un jour, Harel m'aborda à la répétition en me disant :

— Vous ne savez pas, mon cher? J'aime tant mon cochon, que je couche avec lui !

— Eh bien, lui répondis-je, je viens de rencontrer votre cochon, qui m'a dit exactement la même chose.

Je crois que c'est le seul mot auquel Harel n'ait rien trouvé à répliquer.

Il en fut de Piaff-Piaff comme de tous les animaux trop aimés : il sentit sa puissance, il en abusa, et les choses finirent, un jour, par mal tourner pour lui.

Piaff-Piaff, bien nourri, bien logé, bien caressé, couchant avec Harel, en était arrivé au poids honorable de cent cinquante livres ; ce qui était — nous en avions fait le calcul — cinquante livres de plus que Janin, trente livres de plus que Lockroy, dix livres de plus que moi, cinquante livres de moins qu'Éric Bernard : il avait été arrêté, dans un conseil d'où avait été exclu Harel, qu'arrivé au poids de deux cents livres, Piaff-Piaff serait utilisé en boudin et en saucisses.

Malheureusement pour lui, chaque jour, il commettait dans la maison quelque nouveau désordre qui amenait une menace universelle d'avancer l'heure fixée pour son trépas, et, cependant, malgré tous ces méfaits, l'adoration d'Harel pour Piaff-Piaff était tellement connue, que les plus dures résolutions finissaient toujours par tourner à la miséricorde.

Mais, un jour, il arriva que, Piaff-Piaff rôdant à l'entour d'une espèce de cage où se tenait un magnifique faisan que j'avais donné à Tom, le faisan eut l'imprudence d'allonger le cou entre deux barreaux pour pincer un grain de blé, et Piaff-Piaff allongea le groin, et pinça la tête du faisan.

Tom était à quatre pas de là ; il vit se faire le tour, et jeta les hauts cris.

Le faisan, décapité, n'était plus bon qu'à être rôti.

Tant que Piaff-Piaff, en s'attaquant à tout le monde, avait eu l'intelligence de respecter les objets appartenant à Tom, Piaff-Piaff, comme nous l'avons dit, avait joui du bénéfice des circonstances atténuantes; mais, cette dernière maladresse commise, il n'y avait point de plaidoyer, si éloquent qu'il fût, qui pût sauver le meurtrier. Georges déclara énergiquement qu'il avait mérité la mort. Personne, pas même Janin, n'osa aller contre le jugement.

Le jugement rendu, on résolut de profiter de l'absence d'Harel pour le mettre à exécution, et, tout chaud, tout bouillant, on envoya chercher le charcutier en le prévenant d'apporter son couteau.

Cinq minutes après, Piaff-Piaff poussait des cris à ameuter tout le quartier.

On gardait la porte de la rue pour écarter Harel, si, par hasard, il revenait en ce moment là ; seulement, on avait oublié que le jardin possédait une sortie sur le Luxembourg, et qu'Harel pouvait rentrer de ce côté.

Tout à coup, comme Piaff-Piaff donnait ces notes douloureuses qui annoncent l'approche de l'agonie, la porte s'ouvrit, et Harel parut en criant :

— Qu'est-ce qu'on fait à mon pauvre Piaff-Piaff? qu'est-ce qu'on lui fait?

— Ma foi, dit Georges, tant pis ! il devenait trop désagréable, ton affreux Piaff-Piaff !

— Ah ! pauvre animal ! pauvre bête ! s'écria Harel, je parie qu'on l'égorge !

Puis, après une pause d'un instant :

— Au moins, dit-il d'un ton plaintif, avez-vous recommandé au charcutier de mettre beaucoup d'oignon dans le boudin?... J'adore l'oignon !

Telle fut l'oraison funèbre de Piaff-Piaff.

FIN DU TOME CINQUIÈME

TABLE

Pages.

CXII. — Je passe du secrétariat aux archives. — M. Bichet. — Côté par lequel je ressemble à Piron. — Mes moments perdus. — M. Picyre et M. Parseval de Grandmaison. — Une scène qui manque au *Distrait*. — *La Peyrouse*. — Succès intime......... 1

CXIII. — Le peintre Lethière. — Madame Hannemann. — Gohier. — Andrieux. — Renaud. — Desgenettes. — Larrey, Augereau et la momie d'Égypte. — Les soldats de la nouvelle école. — Mon éducation dramatique. — Je passe dans les bureaux forestiers. — Le cabinet aux bouteilles vides. — Trois jours hors du bureau. — Comparution devant M. Deviolaine.................... 13

CXIV. — Achèvement de *Christine*. — Un protecteur, s'il vous plaît. — Nodier me recommande à Taylor. — Le commissaire royal et l'auteur d'*Hécube*. — Lecture officieuse devant Taylor. — Lecture officielle devant le comité. — Je suis reçu par acclamation. — Ivresse du triomphe. — Comme on écrit l'histoire. — Incrédulité de M. Deviolaine. — Picard. — Son opinion sur ma pièce. — Opinion de Nodier. — Relute au Théâtre-Français et réception définitive 24

CXV. — Cordelier-Delanoue. — Une séance de l'Athénée. — M. Villenave. — Sa famille. — Les cent trente-deux Nantais. — Cathelineau. — La chasse aux *bleus*. — Forest. — Une page d'histoire. — Sauveur. — Le comité royaliste. — Souchu. — La tombe miraculeuse. — Carrier..................................... 40

CXVI. — La maison de M. Villenave. — Le despotisme du maître. — La coquetterie du savant. — Description du sanctuaire de la science. — J'y suis admis à la faveur d'un autographe de *Buo-*

Pages.

naparte. — La lézarde. — Huit mille livres d'in-folio. — Le pastel de Latour. — Voyages à la découverte d'un Elzévir ou d'un Faust. — La chute du portrait et la mort de l'original............. 54

CXVII. — Première représentation de *Roméo et Juliette*, de Soulié. — Anaïs et Lockroy. — Pourquoi il n'y a pas, en France, d'actrice pour jouer Juliette. — Les études du Conservatoire. — Une seconde *Christine* au Théâtre-Français. — M. Évariste Dumoulin et madame Valmonzey. — Conspiration contre moi. — Je cède mon tour à la représentation. — Comment je trouve le sujet d'*Henri III*. — Mon opinion sur cette pièce......................... 72

CXVIII. — Lecture d'*Henri III* chez M. Villenave et chez Roqueplan. — Autre lecture chez Firmin. — Béranger y assiste. — Un mot sur son influence et sa popularité. — Effet que produit mon drame. — Réception à la Comédie-Française. — Lutte pour la distribution des rôles. — Ultimatum de M. de Broval. — Convaincu du crime de poésie, j'en appelle au duc d'Orléans. — Son Altesse royale me fait suspendre mes appointements. — M. Laffitte me prête trois mille francs. — Condamnation de Béranger......... 82

CXIX. — Le duc d'Orléans me fait supprimer les gratifications. — Un folliculaire. — *Henri III* et la censure. — Ma mère est frappée de paralysie. — Cazal. — Edmond Halphen. — Visite au duc d'Orléans. — Première représentation d'*Henri III*. — Effet qu'elle produit sur M. Deviolaine. — Félicitations de M. de Broval...... 92

CXX. — Le lendemain de la victoire. — Interdiction d'*Henri III*. — J'obtiens une audience de M. de Martignac. — Il lève l'interdiction. — Les hommes-obstacles. — Le duc d'Orléans me fait appeler dans sa loge. — Mot de lui à Charles X au sujet de mon drame. — Encore un folliculaire. — Visite à Carrel. — Le tir Gosset et les pistolets n° 5. — Un duel impossible.................. 105

CXXI. — L'Arsenal. — La maison de Nodier. — Profil du maître. — Le congrès des bibliophiles. — Les trois chandelles. — Debureau. — Mademoiselle Mars et Merlin. — La famille de Nodier. — Ses amis. — Dans quelles maisons j'ai de l'esprit. — Le salon de l'Arsenal. — Comment Nodier racontait. — Le bal et la bassinoire.. 116

CXXII. — Oudard me transmet les ordres du duc d'Orléans. — Je suis nommé bibliothécaire adjoint. — Comme quoi il en résulte quatre cents francs d'économie pour Son Altesse. — Rivalité avec Casimir Delavigne. — Pétition des classiques contre les pièces romantiques. — Lettre à l'appui, de mademoiselle Duchesnois. — Ronde fantastique. — Par qui Racine fut déclaré n'être qu'un *polisson*. — Belle indignation du *Constitutionnel*. — Première représentation de *Marino Faliero*.......................... 130

CXXIII. — Le magnétisme. — Opération sur une somnambule. — Je me fais magnétiser. — Mes observations. — Je magnétise à mon tour. — Expérience faite en diligence. — Autre expérience chez le procureur de la République de Joigny. — La petite Marie D***. — Ses prédictions politiques. — Je la guéris de la peur. 146

CXXIV. — Nouveaux procès de presse. — *Le Mouton enragé.* — Fontan. — Mot d'Harel sur lui. — *Le Fils de l'Homme* en police correctionnelle. — L'auteur plaide sa cause en vers. — Embarras du duc d'Orléans à propos d'un portrait historique. — Les deux usurpations 162

CXXV. — Quels sont les plus grands ennemis d'une pièce à succès. — Probité de mademoiselle Mars comme actrice. — Sa loge. — Les habitués de ses soupers. — Vatout. — Denniée. — Becquet. — Mornay. — Mademoiselle Mars chez elle. — Ses derniers jours au théâtre. — Résultat matériel du succès d'*Henri III*. — Ma première spéculation. — Refonte de *Christine*. — Où je vais chercher l'inspiration. — Deux autres caprices............... 175

CXXVI. — Victor Hugo. — Sa naissance. — Sa mère. — Les Chassebœuf et les Cornet. — Le capitaine Hugo. — Signification de son nom. — Quel fut le parrain de Victor. — La famille Hugo en Corse. — M. Hugo est appelé à Naples par Joseph Bonaparte. — Il est nommé colonel et gouverneur de la province d'Avellino. — Souvenirs de la première enfance du poëte. — Fra Diavolo. — Joseph, roi d'Espagne. — Le colonel Hugo est fait général, comte, marquis et majordome. — L'archevêque de Tarragone. — Madame Hugo et ses enfants à Paris. — Le couvent des Feuillantines.. 187

CXXVII. — Départ pour l'Espagne. — Voyage de Paris à Bayonne. — Le trésor. — Ordre de marche du convoi. — M. du Saillant. — M. de Cotadilla. — Irun. — Ernani. — Salinas. — Le bataillon d'*éclopés*. — Les rations de vivres de madame Hugo. — Les quarante grenadiers hollandais. — Mondragon. — Le précipice. — Burgos. — Celadas. — Alerte. — La revue de la reine.......... 203

CXXVIII. — Ségovie. — M. de Tilly. — L'Alcazar. — Les doublons. — Le château de M. de la Calprenède et celui du grand d'Espagne. — Les bourdalous. — Otero. — Encore les Hollandais. — Le Guadarrama. — Arrivée à Madrid. — Le palais de Masserano. — La comète. — Le collége. — Don Manoel et don Bazilio. — Tacite et Plaute. — Lillo. — L'hiver de 1812 à 1813. — L'Empecinado. — Le verre d'eau sucrée. — L'armée de mérinos. — Retour à Paris.. 219

CXXIX. — Grenadier ou général. — Premier début de Victor Hugo. Il obtient une mention honorable au concours académique. — Il remporte trois prix dans les jeux Floraux. — *Han d'Islande.* — Le poëte et le garde du corps. — Mariage d'Hugo. — Les *Odes et Ballades.* — Proposition du cousin Cornet................... 236

Pages.

CXXX. — Léopoldine. — Les opinions du fils de la Vendéenne. — Le conspirateur Delon. — Hugo lui offre un asile. — Louis XVIII fait une pension de douze cents francs à l'auteur des *Odes et Ballades*. — Le poëte chez le directeur général des postes. — Comment il apprend l'existence du cabinet noir. — Il est nommé chevalier de la Légion d'honneur. — Beauchesne. — *Bug-Jargal*. — La soirée de l'ambassadeur d'Autriche. — *Ode à la Colonne*. — *Cromwell*. — Comment fut faite *Marion Delorme*.......... 245

CXXXI. — Lecture de *Marion Delorme* chez Devéria. — *Steeplechase* de directeurs. — *Marion Delorme* est arrêtée par la censure. — Hugo obtient une audience de Charles X. — Son drame est définitivement interdit. — On lui envoie le brevet d'une pension qu'il refuse. — Il se met à *Hernani*, et le fait en vingt-cinq jours. 257

CXXXII. — L'invasion des barbares. — Répétitions d'*Hernani*. — Mademoiselle Mars et l'hémistiche du *lion*. — La scène des *portraits*. — Hugo redemande le rôle de doña Sol à mademoiselle Mars. — Les complaisances de Michelot pour le public. — Le quatrain de l'armoire. — Joanny..................................... 269

CXXXIII. — Alfred de Vigny. — L'homme et ses œuvres. — Harel, directeur de l'Odéon. — Chute de la *Christine* de Soulié. — Parenthèse à propos de Lassailly. — Lettre d'Harel, avec préface de moi et post-scriptum de Soulié. — Je lis ma *Christine* à l'Odéon. — Harel me demande de la mettre en prose. — Première représentation du *More de Venise*. — Les acteurs et les journaux 282

CXXXIV. — Le citoyen général Barras. — Le docteur Cabarrus me présente chez lui. — Les deux seuls remords de Barras. — Ses dîners. — Le chasseur de la princesse de Chimay. — Fauche-Borel. — Le *gâchis* du duc de Bordeaux. — Leçon d'histoire donnée à un ambassadeur. — Walter Scott et Barras. — Dernière joie de l'ancien directeur. — Sa mort........................ 297

CXXXV. — La maison de mademoiselle Georges. — Harel et Jules Janin. — Les jeunes Tom et Popol. — Prière de ce dernier contre le choléra. — Vie orientale de Georges. — Sa propreté. — Défaut contraire d'Harel. — Vingt-quatre mille francs jetés par la fenêtre. — La Saint-Antoine. — Piaff-Piaff. — Ses débordements. — Son trépas. — Son oraison funèbre........................ 306

FIN DE LA TABLE DU TOME CINQUIÈME.

www.ingramcontent.com/pod-product-compliance
Lightning Source LLC
Chambersburg PA
CBHW071248160426
43196CB00009B/1213